感動詞の言語学

ひつじ研究叢書〈言語編〉

第100巻　日本語の「主題」　　　　　　　　　　　　　　堀川智也 著
第101巻　日本語の品詞体系とその周辺　　　　　　　　　村木新次郎 著
第102巻　感動詞の言語学　　　　　　　　　　　　　　　友定賢治 編
第103巻　場所の言語学　　　　　　　　　　　　　　　　岡智之 著
第104巻　文法化と構文化　　　　　　　　　　　　秋元実治・前田満 編
第105巻　新方言の動態30年の研究　　　　　　　　　　　佐藤髙司 著
第106巻　品詞論再考　　　　　　　　　　　　　　　　　山橋幸子 著
第107巻　認識的モダリティと推論　　　　　　　　　　　木下りか 著
第108巻　言語の創発と身体性　　　　　　　　　　児玉一宏・小山哲春 編
第109巻　複雑述語研究の現在　　　　　　　　　　岸本秀樹・由本陽子 編
第110巻　言語行為と調整理論　　　　　　　　　　　　　久保進 著
第111巻　現代日本語ムード・テンス・アスペクト論　　　工藤真由美 著
第112巻　名詞句の世界　　　　　　　　　　　　　　　　西山佑司 編
第113巻　「国語学」の形成と水脈　　　　　　　　　　　釘貫亨 著
第115巻　日本語の名詞指向性の研究　　　　　　　　　　新屋映子 著
第116巻　英語副詞配列論　　　　　　　　　　　　　　　鈴木博雄 著
第117巻　バントゥ諸語の一般言語学的研究　　　　　　　湯川恭敏 著
第118巻　名詞句とともに用いられる「こと」の談話機能　金英周 著
第119巻　平安期日本語の主体表現と客体表現　　　　　　高山道代 著
第120巻　長崎方言からみた語音調の構造　　　　　　　　松浦年男 著
第121巻　テキストマイニングによる言語研究　　　　岸江信介・田畑智司 編
第122巻　話し言葉と書き言葉の接点　　　　　　　　石黒圭・橋本行洋 編
第123巻　パースペクティブ・シフトと混合話法　　　　　山森良枝 著
第124巻　日本語の共感覚的比喩　　　　　　　　　　　　武藤彩加 著
第125巻　日本語における漢語の変容の研究　　　　　　　鳴海伸一 著
第126巻　ドイツ語の様相助動詞　　　　　　　　　　　　髙橋輝和 著

ひつじ研究叢書
〈言語編〉
第102巻

感動詞の言語学

友定賢治 編

ひつじ書房

はじめに

　本書のきっかけとなったのは、日本学術振興会科学研究費補助金による、「現代日本語感動詞の実証的・理論的基盤構築のための調査研究」(平成19年度〜平成22年度)である。その申請書に、研究目的として次のように記した(一部抽出)。

　　音声コミュニケーションの研究が注目され始めている。どのような情報をもった話し手と聞き手が、どのような気持ちで発話するのかといった発話状況を重視する研究であり、文の骨格部分の文法研究ではなく、文の伝達・表出部分を重要視する研究である。具体的な分析対象として、たとえば終助詞、感動詞、フィラー、さらには言いよどみなどがクローズアップされることになる。このような研究のためには、自然会話での使用状況を綿密に整理し、それに基づいた理論化が必須である。

　　本研究は、感動詞に焦点をしぼる。従来の研究では、感動詞は概念も明確でなく、さまざまな語の寄せ集めであり、「感動の意味を表わす語」といったまとめ方もされていた。近年、田窪行則・金水敏や森山卓郎らによって、談話管理理論や情報科学理論に基づいた整理が始まり、ようやく本格的な研究が始まったばかりである。ただ、内省や作例によっているものが多く、実際の言語使用現場での生々しい様相を十分には捉えきれていない。方言や自然会話に基づいた研究を精力的にすすめつつあるメンバーが集まり、感動詞の地域性について明らかにするとともに、認知科学的・社会科学的なアプローチを統合して、日本語音声コミュニケーションにおける感動詞のはたらきについて明らかにしようとするものである。

　近年、感動詞やフィラーに関する研究がさかんになりつつあり、この状況には変化が生じていると言ってもよいであろう。ただ、感動詞研究の広がりを見渡せるようなものはまだない。

本書は、この科研に関わった14名が、各自の関心から研究をまとめたものであるが、集まった論文は、

　1　理論的研究　　2　記述的研究　　　3　会話分析的研究
　4　地理的研究　　5　対照言語学的研究　6　調査法の開発

と大きく分類でき、感動詞研究の枠組みを示すものとなった。ただ、定延論文でふれているが、感動詞やフィラーについて、幼児は教えられることもないし、使用を間違えることもない。感動詞の習得研究も期待されるが、本書にはなく、感動詞研究を網羅するところまでは至っていない。今後の課題である。

　本書の内容を概観しておきたい。「理論的研究」で、定延は、感動詞の言語的性格を内部状態との関連性から論じ、結びつく内部状態が「いま・ここ・私」の内部状態のもの（1類）と、そうでないもの（2類）に2分できることを提案する。金田は、特に文末に現れる感動詞に注目し、終助詞と比較しながら、感動詞が文において果たす役割について論じている。青木は、ルネッサンス期のフランス語の中で、間投詞が創造されるさまを論じ、間投詞を問題にするということは、文法学と修辞学を統合する理論を模索することであり、また統語論、意味論、語用論を越えて、これらを連続して扱う理論と方法論を提唱することにほかならないと主張している。森山は、新情報との遭遇において多様な応答表現の使い分けがあることをとりあげ、「単純に導入するもの」、「新情報に対して強化するもの」、「新情報導入に対して意外感を表すもの」の3類に分けて論じている。

　「記述的研究」で、冨樫は、「げっ」をとりあげ、この語は、驚きといった感情を単に表すのではなく、いくつかの使用条件が存在し、それらを的確に説明するためには「意外性」「予想外／想定外」といった概念が必要であることを指摘する。大工原は「日本でリンゴといったら、まぁ（一）青森ですね。」といった、「まあ」の強調的な用法が生起する条件について考察している。小西は富山方言の「なーん」の多様な用法について詳細な記述を行い、友定は、否定応答詞「うんにゃ」の表現特性について整理している。野田は日本語学習者の感動詞使用について論じ、日本語非母語話者の感動詞の

運用がどのような場合に不自然になるのか、また、不自然になるのはなぜかを明らかにしている。

「会話分析的研究」では、串田・林が、感動詞「いや」の相互行為における働きを解明し、それを通じて、WH質問への抵抗という現象に関する系統的な記述をしている。

「地理的研究」では、小林が全国823地点からのアンケート調査結果に基づき、「猫を呼ぶ声」をとりあげ、分布の形成について考察している。

「対照言語学的研究」では、パウル・チブルカが、日本語感動詞の「ア」とドイツ語感動詞の「ach」等の比較を通じて、日独語間では、話し手が態度を表出する際に用いる感動詞の用法が異なることを論じている。

「調査法の開発」は、感動詞研究にとって、きわめて重要な問題である。使用場面を言葉で説明して使用語を聞くという一般的な方法は、感動詞調査では難しい。有元は、使用場面を映像化し、それを見てもらって使用語を聞くという、ビデオ調査法を提案している。

本書がひとつのきっかけとなり、感動詞研究がいよいよ盛んになることが執筆者一同の願いである。

友定賢治
2014年12月

目次

はじめに　　　　　　　　　　　　　　　　　　　　　　V

I　理論的研究　　　　　　　　　　　　　　　　　　　1

感動詞と内部状態の結びつきの明確化に向けて
　　　　　　　　　　　　　　　　　　　定延利之　　3

文末の感動詞・間投詞
　　感動詞・間投詞対照を視野に入れて　　金田純平　　15

フランス語文法における間投詞の一議論
　　　　　　　　　　　　　　　　　　　青木三郎　　39

感動詞と応答
　　新情報との遭遇を中心に　　　　　　　森山卓郎　　53

II　記述的研究　　　　　　　　　　　　　　　　　　83

予想外と想定外
　　感動詞「げっ」の分析を中心に　　　　冨樫純一　　85

「まあ」の強調的用法の生起条件
　　　　　　　　　　　　　　　　　　　大工原勇人　　97

富山市方言の「ナーン」
　　否定の陳述副詞・応答詞およびフィラーとしての意味・機能
　　　　　　　　　　　　　　　　　　　小西いずみ　　115

否定応答詞の考察
　　「うんにゃ」を中心に　　　　　　　　友定賢治　　133

日本語非母語話者の感動詞の不自然な運用
　　　　　　　　　　　　　　　　　　　野田尚史　　149

III　会話分析的研究　　　　　　　　　167

WH質問への抵抗
　　感動詞「いや」の相互行為上の働き　　　　串田秀也／林　誠　169

IV　地理的研究　　　　　　　　　213

猫の呼び声の地理的研究
　　動物に対する感動詞　　　　　　　　　　　　　小林　隆　215

V　対照言語学的研究　　　　　　　237

感動詞の多層性をめぐる考察
　　日独対照を例に　　　　　Paul Cibulka（パウル・チブルカ）　239

VI　調査法の開発　　　　　　　　253

感動詞類調査のための「ビデオ質問調査票」の開発について
　　　　　　　　　　　　　　　　　　　　　　　有元光彦　255

　あとがき　　　　　　　　　　　　　　　　　　　　269

　語句索引　　　　　　　　　　　　　　　　　　　　271

　執筆者一覧　　　　　　　　　　　　　　　　　　　277

I 理論的研究

感動詞と内部状態の結びつきの明確化に向けて

定延利之

1. はじめに

　他の品詞と同様、感動詞も研究者によって定義が異なり、たとえば「おはよう」のような挨拶ことばを感動詞に含めるか否か、応答のことばとの区別をどうするかに関しては判断が分かれる状況にある（前者については加藤 2006: 134、後者については定延 2002 を参照されたい）。だが、少なくとも典型的な感動詞がいわゆる「指示的意味」や「文法的機能」を持たず、人間の何らかの内部状態と結びついている（たとえば感動詞「あ」が気づきや痛みという内部状態と結びついている）ということは広く認められていると言ってよいだろう。

　ただし、感動詞と内部状態の結びつきは認められていても、その結びつきがどのようなものなのかは、未だほとんど明らかにされていない。

　たとえば、通りすがりの相手から「あ、すいません、このあたりに交番ないでしょうか」などと質問を受けた話し手が「さー」と答え始めた場合、直後には「わかりません」「このへん交番はないですけどねえ」のような、質問者にとって都合の悪い返答しか続かない。「さー、あそこです」のような発話は不自然である。しかし、だからといって「話し手は、自分がこれから悪い返答をすることを相手に伝えるために「さー」を用いる」などと考えること、つまり「「さー」と言い始める時点で話し手は（いまの例なら「交番はどこにあるか」という問題の）検討作業を心内で終えており、（質問者にとって都合の悪い）答を得ている」と考えることは、いつも正しいだろうか？　次の対話（1）では「植民地になる国とならない国の差はどこにあるか」という女性からの質問に対して、男性が「さ

ー」で答え始めているが、
(1) 女性：ねーねー　植民地にねー　　　なる国とね
　　男性：　　　　　　　　　　　　うん　　　　うん
　　女性：ならない国の差ってのはどこにあると思う？
　　男性：
　　女性：
　　男性：さーうーんー　どこにあんにゃろねーんー
（Expressive Speech プロジェクト神戸データ）

その直後には「うー」「んー」という検討中のことばが続いている。このことは、「さー」が単なる否定的な検討結果を告げる目印ではなく、「さー」と言う時点で話し手が、良い返答はできないものか（このあたりに交番はないか）と、まだ検討し続けていることを示してはいないだろうか？──以上の問題は結局のところ、「感動詞「さー」と内部状態「見込みのない検討中」の結びつきをどう考えるか？」という問題である。

　筆者はこうした感動詞や韻律、声質に関する具体的な問題の検討を通じて、よりリアルな発話行為と文法の姿を追求しようとしている。ただし、「さー」についてはすでに述べたことがあるので（定延 2005a, 2005b, 2010）、本稿では別の角度からの展開をはかる。具体的には、「現場性」という考えを取り入れ、感動詞を韻律や発話キャラクタ（金水 2003; 定延 2006）も含めて観察することによって、感動詞と内部状態の結びつきを多少とも明確化したい。

2. エビデンシャリティ[1] から見た「強調」のしゃべり方

　「感動詞が結びついている内部状態とは基本的に「いま・ここ・私」（cf. Bühler 1934/2011 の "origo"）の内部状態である」ということは一見、当たり前のことのように思えるかもしれない。だが、内部状態と結びついているはずのさまざまな「強調」のしゃべり方を観察すると、必ずしもそうではないということがわかる。ここではまず前提として、「強調」のしゃべり方をエビデンシャリティ（証拠性）の観点から観察してみる。

たとえば、「スワンラータンという料理って、からいんですか？」という質問を受けて答える場合を考えてみよう。スワンラータンという料理のことはまったく知らないので、その料理について百科事典を調べ、「非常にからいことで有名」という記述を見いだして答えるという状況では、次の（2a, b）のように答えることは自然だろう。

(2) a. すごくからいよ。
　　 b. ［2つの「からい」を同じような高さで］からいからい。

たとえば、(2a)であれば「すごくからいよ。だって、ほら、ここにそう書いてあるもん」、(2b)であれば「からいからい。あの、忙しいから、あとはこの本見て」などという具合である。だが、このような(2a, b)に比べて、次の(3a–d)のように答えるのは、聞き手を脅かしてやろうといった特別のきもちがなければ不自然である。

(3) a. そーりゃあもうからいよ。
　　 b. ［最初の「か（ー）らい」を高く、後の「からい」を低く］か（ー）らいからい。
　　 c. ［りきみ声で］か、ら、い、よー。
　　 d. ［ささやき声で］か、ら、い、よー。

もちろん、(3a)の「そーりゃあもう」（「それはもう」）、(3b)のイントネーション（「【高い山、低い山】」と仮称する）、(3c)のりきみ声、(3d)のささやき声は、それぞれ結びついている内部状態が微妙に異なっており、単純にひとくくりにはできないが、上述の状況ではふつう不自然という点ではほぼ一致している（話者によっては(3b)の不自然さははっきりしなくなるが）。そしてまた、本で調べたのではなく、［スワンラータンを試してあまりのからさに驚いた］という経験を持っており、そういう経験を持っている「体験者」として答えるという状況なら、この不自然さが解消されるという点でも一致している。

以上で示したのは、これまで「強調」という見出しのもとに一緒くたにされていた(2)(3)のようなさまざまなものが、実際は、エビデンシャリティというごく大ざっぱな観点から見ても、「から

い」と言うに際しての証拠が百科事典で得られるような知識でよいのか（(2)）、それとも体験でなければならないのか（(3)）に関して、違っているということである。

3. 現場性からみたさまざまな「強調」のしゃべり方

　ここで、「現場性」という見方を導入しよう。人間の内部状態と結びつくものは感動詞の他にもさまざまあるが、それらが特に「いま・ここ・私」の内部状態に限って結びつく度合いを仮に現場性と呼ぶことにする。現場性が極端に高いとは、「いま・ここ・私」の内部状態とだけ結びつき、その他の内部状態とは結びつかないということである。逆に、現場性が極端に低い（イメージで言えば負の値をとる）とは、「いま・ここ・私」の内部状態とだけ結びつかず、その他の内部状態とは結びつくということである。両者の間にあるのは、「いま・ここ・私」の内部状態と結びつくが、その他の内部状態とも結びつくという場合である。

　さて、エビデンシャリティの観点とも関連するが、上述の(3)は、現場性の観点からみても興味深いことを教えてくれる。スワンラータンという料理はからいのかという問いに体験者が答える状況では、「体験を語るということは、それを再度体験すること」という趣旨のラボフのことばのとおり（Labov 1972: 354）、かつての内部状態（からい）が（誇張・脚色を加えて）再現される。だが、それは本来スワンラータンを実際に試した「あの時、あの場所で」の内部状態である。したがって(3a)の「そーりゃあもう」、(3b)のイントネーション【高い山、低い山】、(3c)のりきみ声、(3d)のささやき声はすべて、現場性が極端に高くはないということになる。が、これらどうしの間にはさらに細かな違いもある。

　いままさにここでスワンラータンを食しているところで、他には誰もおらず、したがって誰からも「からいですか」などと問われていないという状況では、「そーりゃあもうからいね」などと独り言を言わないように、(3a)の「そーりゃあもう」は現場性が極端に低い。これとほぼ同様と思えるのが(3b)の「か（ー）らい、か

らい」だが、(3a) よりはやや自然かもしれない。他方、同じ状況でりきんだり、ささやいたりして「か、ら、い、なー」と言うことはできるように、(3c) のりきみ声、(3d) のささやき声は、現場性が或る程度は高い。

　以上のように、内部状態と結びついているさまざまな「強調」のしゃべり方は、現場性が必ずしも高くはない。では感動詞はどうだろうか。

4. 現場性からみた感動詞

　感動詞は基本的に現場性が極めて高いと言うことができる。たとえば (4) の内部状態（からさ）は、「いま・ここ・私」のものでなければならない。
　(4) a. あー、からい。
　　　b. ひゃー、からい。
　　　c. げっ、からい。
会話での実例を見ても同じことが言える。たとえば次の (5) では、最終部「私あれ恐怖やわー」において、ふだん感じている老人性認知症への恐怖がりきみ声で語られているが、
　(5) でもそのあの脳ミソの構造ってどいなってんのやろなー。
　　　あの忘れていくのんでもー。私あれ恐怖やわー。
　　　　　　　　　　　　　（Expressive Speech Project 神戸データ）
このりきみ声を「あー」などという感動詞に変えて「私あれ、あー恐怖やわー」などとすることはあまり自然ではない。気味の悪い虫をいまここで見つけて「なんでこんな気持ち悪い虫いるのかな。あー恐怖やわー」などと言うような場合は問題ないが、常日頃感じている老人性認知症への恐怖を、なごやかな談笑の中で改めて語るという、現場性のやや低い状況では「あー」は相対的に不自然である。
　別の例を挙げる。「熱出したり、おう吐、下痢したり、……」と、男性話者が女性話者に集団食中毒の体験を語る会話では、男性が淡々と、時折笑みさえ浮かべながら語るのに対して、女性が眉間にしわを寄せた渋面で、「はあー、たいへんねー」と苦しげにりきん

図1：食中毒の体験の場面（右側の男性が体験者）

でいる（図1）。

　女性の感動詞「はあー」は驚嘆という、「いま、ここで話を聞いている私」の内部状態と結びついているが、渋面やりきみ声は、「その時、その場所で、あなたたち」の内部状態（苦しい）への「共感」という形で理解できる。話者によっては、相手の食中毒体験に共感して「あいたた……」と言うことさえあるが、それでも苦しみと結びつく感動詞「くー」を入れて「はあー、くー、たいへんねー」などと言うのは不自然である。

　「感動詞が結びついている内部状態とは基本的に「いま・ここ・私」の内部状態である」ということは一見、当たり前のことのように思えるかもしれないが、前節で見たように「強調」のしゃべり方には同じことが成り立たない。これは現場性の極端な高さという、感動詞の基本的な特徴としてとらえるべきものである。

5. 感動詞の2分

　ただし、感動詞の中にも、現場性が極端には高くなく、「いま・ここ・私」のものではない内部状態とも結びつき得るものがある。たとえば感動詞「あら」は、「箱を開けてみればあら不思議」と言う場合、「その時、その場所で、その人物」の内部状態と結びついている。このような場合、感動詞は「いま・ここ・私」の内部状態と結びついている場合とは韻律的特徴が違っている。以下このことを述べるに際して、便宜上、「いま・ここ・私」の内部状態と結び

ついている場合の感動詞を感動詞1類、「いま・ここ・私」以外の内部状態と結びついている場合の感動詞を感動詞2類と仮称することにする。

　感動詞1類は、結びつく内部状態に応じて韻律が変化する。その変化は多様だが、単純な原則を立てることができる。(この原則に対する大きな例外については第6節で述べる。)

　たとえば、驚きや興味惹起、感心といった内部状態と結びつく感動詞1類(具体的には「あ」「あら」「あれ」「え」「お」「は」「ふーん」「へー」など)は原則として、上昇調か高平調で発せられる。ただし、「ふーん」を上昇調で発する際、上昇の前に下降を付ける(高い音から始めて下降させ、そこから上昇させる)と、アイロニカルあるいは侮蔑的といったニュアンスが加わるように、長さや高さ、上昇の緩急、上昇前の下降の有無、声質などによって、驚き、興味惹起、感心という内部状態にはさまざまな意味が加わる。

　検討中という内部状態と結びつく感動詞1類(「あー」「あの」「うーん」「えー」「えっと」「えと」「えーと」「さー」「ふーん」「まー」「んー」など)は原則として、低い平坦調で発せられる。ただし、ここでも韻律の細かな違いが内部状態の違いと結びついていることには変わりがない。また、驚きその他の例として挙げた「ふーん」がここにも現れているように、1つの感動詞が複数の内部状態と結びつくことは珍しくないし、「さー」のように2つの類にまたがる(つまり後述の感動詞2類にも属することがある)感動詞もあるということに注意されたい。

　納得・応諾の内部状態と結びつく感動詞1類(「あー」「うん」「えー」「おー」「はー」「はい」「ふーん」「ほー」など)は原則として下降調で発せられる。韻律の細かな違いが内部状態と結びついていること、ここにも「ふーん」があるように1つの感動詞が複数の内部状態と結びつき得ることは上と同様である。

　もちろん、感動詞と結びつく内部状態は以上に尽きるものではないが、ここで述べたいことは感動詞1類(たとえば「ふーん」)が、結びつく内部状態(驚き・興味惹起・感心か、検討中か、納得・応諾か)に応じて韻律を変えるということであり、感動詞1類につい

てはこれ以上の観察は述べない。

これに対して次の（6）の「あら」「おや」「さあ」「なんと」「まあ」のような感動詞2類の場合、韻律は内部状態によらず下降調、というより頭高型アクセントで、相対的に固定されている。

(6) a. 箱を開けてみればあら不思議。
　　 b. 箱を開けてみればおや不思議。
　　 c. 箱を開けたからさあ大変。
　　 d. 箱を開けてみればなんと中身は〜。
　　 e. 箱を開けたらまあ大変。

感動詞1類の「おや」が「おんやぁあー」のように、ねばって長い上昇調で発せられることもあるのに対して、2類の「おや」はそれがむずかしい。遊びの文脈で2類の「なんと」を「ぬぁんと」とねばることはあるようで、あくまで傾向以上のものではないが、2類の韻律は相対的に固定されている。

6. 発話キャラクタからみた感動詞

感動詞2類は、(6)に挙げたように驚きの内部状態と結びついている。驚きという内部状態と結びつく感動詞1類は上昇調か高平調で発せられるので、下降調の感動詞2類との違いは明らかなはずである。

ところが、感動詞1類は、感動詞2類と同じ下降調で発せられることがある。つまり、「いま・ここ・私」の内部状態（驚き）と結びついている感動詞が、上昇調や高平調ではなく下降調、というより頭高型アクセントで発せられることがある。これは、感動詞1類と2類は韻律的特徴が異なるという、これまで述べてきた観察を覆しかねないことだが、実はこれは一部の発話キャラクタ（話し手像 cf. 金水2003、定延2011a, b）の物言いに限られている。

具体的には、頭高型で「あら」と言って何かに驚くのは『上品』な『女性』を中心とするキャラクタに限られる。「あら」を上昇調や高平調で発するキャラクタはもっと幅広く、多くの男性は頭高型よりも上昇調や高平調の方が言いやすい。「まあ」と驚く場合はそ

もそも頭高型しかなく、これも『上品』な『女性』を中心とするキャラクタに限っての物言いである。「あれ」は上昇調や高平調なら多くの男性でも抵抗なく発することができるが、頭高型なら「あれ、そのようなことを。なりませぬなりませぬ」といった『昔の御姫様』などのことばでしかない。また、頭高型で「おや」と言って驚くのは『上品』な『年配』の『男性』を中心とするキャラクタに限られる。テレビの子供向け教育番組の中で、子供の人形が「おや、試験紙が赤くなったね」などと言う時、「おや」は頭高型ではなく上昇調で発せられる。「はて」はそもそも頭高型しかなく、これも『上品』な『年配』の『男性』あるいは『老人』を中心とするキャラクタに限っての物言いである。つまり『上品』なキャラクタは、「いま・ここ・私」のこととしてではない、「よそ事・他人事」のように驚く。

　何かに驚いたり、興味を惹かれたり、感心したりするのは、それなりの興奮状態の実現であるから、それらの内部状態と結びつく感動詞のイントネーションは（興奮状態と対応する）高い音調になるだろう、そして平静状態から興奮状態への移行も併せて顕現される場合は（平静状態と対応する）低い音調から高い音調への上昇が、高い音調に先立って現れるだろうというのは、生理学的というより常識レベルの考えである。上に挙げた頭高型の「あら」などは、このような考えが単純すぎることを示しているが、たとえば「『まあ』は下降調のみ」「『あら』は下降調も上昇調・高平調も」「『あれ』は（現代人の物言いとしては）上昇調・高平調のみ」という観察を並べるだけでは、何も見えてこない。生理学的〜常識的な考えが原則としては妥当であり、頭高型の「あら」などが例外的なものだと言うには、発話キャラクタとその発話（つまり役割語）に目配りする必要がある。

7. まとめと補足

　本稿の具体的な主張は以下5点である。
　第1点。「強調」のさまざまなしゃべり方と比べると、感動詞は

基本的には、現場性が極端に高く、結びつく内部状態は「いま・ここ・私」の内部状態である。

　第2点。感動詞は、結びつく内部状態が「いま・ここ・私」の内部状態のもの（1類）と、そうでないもの（2類）に2分できる。

　第3点。感動詞1類に関しては、韻律と内部状態の対応は多様だが、単純な原則を立てることができる。たとえば「ふーん」が、「あ」「あら」「あれ」「え」「お」「は」「へ」と同様に上昇調や高平調なら気づきや興味惹起の内部状態と結びついたり、「あー」「はー」「へー」「ほー」と同様に感心の内部状態と結びついたりする（さらにそれらの内部状態は「ふーん」の長さや高さ、上昇の緩急、上昇前の下降の有無、声質などでアイロニカルあるいは侮蔑的な内部状態になり得る）、その一方で「あー」「あの」「うーん」「えー」「えっと」「えと」「えーと」「んー」と同様に低平調なら検討中の内部状態と結びつき、「あー」「うん」「えー」「おー」「はー」「はい」「ふーん」「ほー」と同様に下降調なら納得や応諾の内部状態と結びつくという具合である。

　第4点。感動詞2類の場合、韻律は内部状態によらず頭高型で、固定的である。

　第5点。感動詞1類が、感動詞2類と同じ頭高型で発せられることがあるが、この場合は発話キャラクタが『上品』な人物像に偏っている。つまり『上品』なキャラクタの話し手は、「いま・ここ・私」のこととしてではなく、「よそ事・他人事」のように驚く。それに比べて感動詞1類が本来の1類の韻律で発せられる場合、発話キャラクタはより幅広い。

　以上では、「現場性が極端に高く、1類であり、韻律が多様で、発話キャラクタが幅広く考えられるもの」から「現場性が相対的に低く、2類であり、韻律が固定的で、発話キャラクタが限定されているもの」まで、感動詞の内訳を見たと言うこともできる。前者が前言語的な叫びに近く、後者が「ふつう」のことばに近いことは言うまでもない。本稿が感動詞の基本として、後者ではなく前者を据えていることは、そもそも本稿が感動詞を、「強調」のさまざまなしゃべり方と対比し、「現場性の極端な高さ」を特徴としたことか

らも、また、許容される発話キャラクタの幅の違いからも伺えるだろうが、この措置は、感動詞が「ふつう」のことばとは違っていることを考慮したものでもある。「ふつう」のことばは、母語話者であっても覚え（時に覚え間違い）、必要に応じて思い出し（時に思いだし損ね）、使い分ける（時に使い間違う）ものだが、感動詞は母語話者は幼少時から忘れず、間違わない。感動詞の観察を通じて、この「母語話者の誤用不可能性」がいかにして実現されているかを今後さらに検討するためにも、感動詞を「ふつう」の記号的なことばから遠いものとして位置づけておく次第である。

［謝辞］　本稿は、日本学術振興会の科学研究費補助金による基盤研究（B）（課題番号：19320067、研究代表者：友定賢治、課題番号：19300073、研究代表者：Nick Campbell）の成果の一部である。

---

*1　ここでの「エビデンシャリティ」という用語の使用はあくまで便宜上のものであって厳密なものではないということを断っておく。ここで取り上げる語句や韻律、声質が（知識や経験のような）情報源を「表す」、といった考えを無条件に認めることに筆者は疑問を感じており、第1節末尾に述べた「よりリアルな発話行為と文法の姿の追求」も、こうした疑問に根ざしている。

文　献

Bühler, Karl. (1934/2011). *Theory of Language: The Representational Function of Language*. [Translated by Donald Fraser Goodwin.] Amsterdam/Philadelphia: John Benjamins.
加藤重広（2006）『日本語文法入門ハンドブック』研究社.
金水敏（2003）『ヴァーチャル日本語 役割語の謎』岩波書店.
Labov, William. (1972). *Language in the Inner City: Studies in the Black English Vernacular*. Philadelphia: University of Pennsylvania Press.
定延利之（2002）「「うん」と「そう」に意味はあるか」定延利之（編）『「うん」と「そう」の言語学』ひつじ書房、pp.75-112.
定延利之（2005a）『ささやく恋人、りきむレポーター―口の中の文化―』岩波書店.
定延利之（2005b）「「表す」感動詞から「する」感動詞へ」『言語』、第34巻、

第 11 号、大修館書店、pp.33–39.
定延利之（2006）「ことばと発話キャラクタ」『文学』、第 7 巻、第 6 号、岩波
　　　書店、pp.117–129.
定延利之（2010）「会話においてフィラーを発するということ」『音声研究』、
　　　第 14 巻、第 3 号、pp.1–13.
定延利之（2011a）『日本語社会 のぞきキャラくり―顔つき・カラダつき・こ
　　　とばつき―』三省堂.
定延利之（2011b）「キャラクタは文法をどこまで変えるか？」金水敏（編）
　　　『役割語研究の発展』くろしお出版、pp.17–26.

文末の感動詞・間投詞
感動詞・間投詞対照を視野に入れて

金田純平

1. はじめに

　感動詞は、単に驚きや感嘆といった文から独立した成分ではなく、談話の進行における話者の行動に伴う認知的な働きを持つという見方がある。田窪（1995）は、談話管理・知識処理の見地から感動詞を、事態や先行する相手の発話内容に対する知識への入出力制御に伴うものと位置づけている。この観点から、田窪（2005）はまた、言語構造上の感動詞の位置づけについての研究の重要性を認めている。

　本稿では、日本語の文における感動詞、特に文末に現れる感動詞に注目し、終助詞と比較しながら感動詞が文において果たす役割について再検討を行う。また、英語やフランス語、現代ギリシャ語などでも文末（右周辺）に間投詞や副詞が現れることを取り上げ、他言語の間投詞と比較・対照するうえで、日本語の感動詞には文末詞（終助詞・間投助詞）あるいは談話標識としての接続詞や副詞を考察の射程に含めて、感動詞・間投詞の対照の枠組みに取り入れる必要があること主張する。さらに、以上の主張を踏まえ、文法面で日本語の感動詞と他言語の間投詞を通言語的に考察できるようなインタフェースの提案を行いたい*1。

2. 問題の所在　文末間投詞

　感動詞・間投詞の特徴として、それ一語自体で文（渡辺1971でいう「陳述」）になることが挙げられる。しかし、(1)(2)のように、感動詞・間投詞のあとに文が続くこともある。

(1) <u>あ</u>、この自転車、壊れてる。
(2) <u>Hey</u>, there's a bicycle broken.

　(1) では、話者が問題となっている自転車が壊れていることを発見し、ちょっとした驚き（あるいは当惑）をおぼえて「あ」と叫び、続いてその驚きの対象について、品定め文のように「壊れてる」と述べている。(2) は、壊れた自転車を見つけた話者が、それを修理してほしいと駆け込んできたという状況での発話であるが、これは呼びかけの間投詞 hey で聞き手の注意を話者に向けさせ、その注意喚起の理由に相当する内容「自転車が壊れてるよ」を続けている。「あ」や hey は、もちろん単独で発話になり、後続の内容も、感動詞・間投詞無しで文になる。しかし、間投詞（感動詞）と後続の文の両者がひとまとまりになって行われる発話——間投詞のあとに幾分のポーズが置かれるものの——になっていることは、感動詞・間投詞が文・発話を始める要素であるという考え方のほうが妥当であることを示すものである。このような、文あるいは発話の始めに現れるものを、本稿では感動詞・間投詞の文頭用法として位置づける。また、単独で用いられる独立用法も形式的には文頭用法といえるので、本稿ではこれを文頭用法に含めておく。

　一方で、感動詞・間投詞には、文頭用法に対して文末用法とも言うべきものが見られる。

(3) 人遣い荒いなあ、<u>おい</u>。
(4) Burnt out and still working, <u>huh</u>?　　　(MONSTER 1, p.94)
　「その疲れた様子でまだお仕事かい？」
(5) Les frites, c'est bon, hein?
　Lit. "The French fries, that's good, huh?"
　「フライドポテトおいしいよね」

　(3) は、独り言、あるいは独り言を装った不平不満の発話であるが、この「おい」は、文末の述語の位置よりも後ろに現れ、また、単独・文頭用法のような聞き手への注意喚起・促しの発話にはなっていない。この「おい」は、むしろ話者にとって迷惑に感じられる行動に対する「おいおい、よしてくれよ」の「おいおい」と共通している。

(4)(5)では付加疑問 tag question のように英語・フランス語の間投詞 huh, hein が現れている。これらの間投詞は単独または文頭用法の場合、相手の発話内容が理解できなかったときの問い返しであり、日本語で言えば「え」に相当する。しかし、文末の付加疑問の位置に現れた場合は問い返しではない。この huh と hein は、文末になくても発話として十分成立するが、それは単に話者の認識「疲れた様子なのにまだ仕事をするのか」「フライドポテトというものはおいしいのか」を尋ねる質問になり、この huh, hein があることで単なる質問ではなく、むしろ聞き手と協調的な認識をとろうとする発話である。その意味で英語の huh、フランス語の hein の文末用法は、驚きの間投詞というよりも付加疑問の不変化詞であり、日本語の終助詞「ね」「よ」と強い類似性が見られる。
　これらの間投詞の文末用法は、文頭用法と同じ形式であっても、その文中の位置によって振る舞いが異なる。ここから、感動詞・間投詞は文を構成する要素になること、そして、文頭・文末(あるいは文中)といった統語環境も考慮することが必要になってくる。

3. 感動詞と終助詞

　前項で見た英語・フランス語の間投詞 huh、hein の文末用法について、日本語の終助詞に相当する小辞であると述べた。このことは、文に現れる間投詞の対照をする上で、日本語からは感動詞だけでなく終助詞を含めて考える必要があることを如実に示している。ここでは日本語に立ち返って、感動詞と終助詞の関係についてもう一度確認する。

3.1　感動詞と終助詞の共通点
　日本語の終助詞と感動詞には共通性といってもよいぐらいの密接な関係がある。その理由をいくつか以下に述べる。
　● 話し言葉との親和性
　感動詞・終助詞のいずれも、もっぱら話し言葉、あるいは話し言葉的な文字言語(親しい間での手紙やカジュアルなメールなど)の

レジスターで用いられる。英語の huh やフランス語の hein では，使用に際しては親しい相手との日常会話に限定され（Beeching 2002）、日本語の感動詞・終助詞よりも使用できるレジスターには制限がある。

● 周辺性

大修館書店『言語学大辞典』および Ameka（2006）でも触れられているが、感動詞・間投詞は従来から文を構成する要素として積極的には位置づけられておらず、命題の外側にあるものとされる。また、典型的な出現位置は文頭か句の切れ目であり、位置の面でも周辺性が見られる。

● 独立性とイントネーション

感動詞はそれ自体で文になるような極めて強い独立性を持っている。また、イントネーションについて見ると、同じ「え」の音を発するものであっても、下降調の肯定応答の「ええ」と上昇調の驚き・嫌悪の「ええっ」のようにイントネーションによってそのあり方が変わってくる点で、イントネーションが大きく関わっている（田窪 2005）。

また、終助詞・間投助詞は、述語や文節の名詞句等に従属する形で現れるが、助詞自体に上昇調や上昇下降調といったイントネーションとともに現れ、イントネーションによってその発話態度や発話行為が異なる点でも、感動詞と共通する（小山 1997; 石井・キャンベル 2004; 金田 2006）。

● 語彙的な共通性

「ね」「な」については、感動詞（呼びかけ）と終助詞・間投助詞の両方に共通する語句である。また、発話のスタイルや話者の属性・人物像によって、「ね」「な」の出現が選択——たとえば「ね」は女性、「な」は男性など——されるが、その出現については、同じスタイル（話者・人物像）の同じ発話の中で、感動詞・終助詞・間投助詞が一致しなければならない。

(6) a. ねえ、ライオンってねえ、意外とおとなしいんだね？
    b. なあ、ライオンってなあ、意外とおとなしいんだな？
    c. ?なあ、ライオンってなあ、意外とおとなしいんだね？

(6a) では「ね」、(6b) では「な」にいずれも一致しているが、(6c) のように「な」と「ね」の両方が現れるような発話は、奇妙に聞こえる。

3.2　感動詞と終助詞の統語的相違点

　感動詞と終助詞は、「ね」「な」が語彙的に共通しており、また、(3) の「おい」のように呼びかけの感動詞が文末に現れる点で、感動詞と終助詞は連続的に見える。しかし、文末用法の感動詞は終助詞と同じものではない。その理由として、まず、終助詞の「ね」と、呼びかけの感動詞「ねえ」では、違う意図の発話になっている点があげられる。

　(7)　a.　北村さん、あした来るのね（上昇調）
　　　 b.　北村さん、あした来るの、ねえ（下降調）
　　　 c.　北村さん、あした来るのねえ（昇降調）

終助詞 (7a) では終助詞「ね」が上昇調で発音され、北村さんが翌日来ることを確認する発話であるのに対し、文末感動詞の「ねえ」が現れる (7b) では、質問に対する回答を促す（迫る）ものであり、イントネーションは下降調である。また、(7c) のように終助詞「ね」の部分を昇降調で発音すると、(7b) の「ねえ」と発音上は近似するものの、発話としてはたとえば独り言のようになり、(7b) とは同じにならない。さらに、終助詞の「な」と呼びかけの「なあ」が文末において共起する点でも、文末の感動詞と終助詞の違いは明らかである。

　(8)　その話、ホンマやな（上昇調）、なあ（下降調）

(8) は大阪方言での作例であるが、文末感動詞の「なあ」は下降調で、ダメ押しするように相手を促すものであり、上昇調の終助詞「な」が確認の発話であることの言語的実現であることを見ると、両者は明確に区別される。このほか、発音上の違いとして、終助詞はそれ自体に卓立的に高く発音できるが、文末用法の感動詞は非卓立的な音調で発音される点がある。それは、(7b) の「ねえ」、(8) の「なあ」を高く発音することが不自然に聞こえることからも言える。

4. 日本語感動詞の文末用法の特徴

前節では、日本語において感動詞の文末用法と終助詞が、その使用や語彙的特徴には強い共通性がみられるものの、統語的には全く異なるものであることを確認した。本節では、日本語の感動詞の文末用法の談話的特徴について、伝統的な3分類である感情感動詞・呼びかけ詞・応答詞のそれぞれに分けてみていくことにする。

4.1 感情感動詞

発見・遭遇といった〈驚きタイプ〉のものは、当然といえば当然かもしれないが、文頭以外に現れることはない。(9)の発見したときに発せられる「あっ」は、(9b)のように発話の最後にくるとかなり異常な発話に聞こえる。

(9) a. <u>あっ</u>、こんなとこにあった。
　　 b. ??こんなとこにあった、<u>あっ</u>。

もっとも、発話の途中に「あっ」が現れることがあるとすれば、それは次のように、発話の途中で違う認識にいたったというような状況である。

(10) あっ、こんなとこに、<u>あっ</u>、違った。

最初の「あっ」は、探索中のものを発見したと思ったときの感動詞であり、「こんなとこにあった」と続けようとしたところ、よく見ると違っていたことに新たに気付いて途中でキャンセルし、改めて「あっ」と発したというものである。それぞれの「あっ」は一連の探索行動の中でのことではあるものの、驚きの対象が異なる。「あっ、こんなところに」までを〈驚き1〉とすれば、途中の2番目の「あっ」は誤認であったことが分かった発見の〈驚き2〉に対応するものであり、この「あっ」により〈驚き1〉は強制終了している。

そのように考えると、感動詞は、前の発言内容や文脈を継承せずに断絶するものであるという特徴が浮かびあがる。これは、Fraser (1999)による談話標識の定義の1つである、直前または直後の発話に関連付ける手続きと対立するものであり、むしろ談話の流れに

割り込み、直前の談話文脈を断絶し、新たな発話にするものと言い換えられる。

　発見・驚きに対し、安堵の「ああ」や感心の「へー」、嫌悪にともなう「うわー」のように、ある程度の期間持続する態度がある場合——仮に〈詠嘆タイプ〉と呼んでおく——には、(9b) の〈驚きタイプ〉の感動詞に比べて文末におかれてもいくらか自然である。

(11) a. <u>ああ</u>、いい気持ちだなあ
　　　b. いい気持ちだなあ、<u>ああ</u>　　　　　　（森山1997:54）
(12) a. <u>へー</u>、すごいんだね。
　　　b. すごいんだね、<u>へー</u>。
(13) a. <u>うわー</u>、こりゃひどいなあ。
　　　b. こりゃひどいなあ、<u>うわー</u>。

〈驚きタイプ〉に比べて〈詠嘆タイプ〉の文末用法の許容度が上がる理由としては、前者が事態に対する話者の認知の変化、後者が事態への評価を強く指向するものであるという認知的な違いが考えられる（森山1997）。また、(11)～(13) で上げた〈詠嘆タイプ〉の感動詞は母音の持続時間が長いが、〈驚きタイプ〉の場合でも (14a) のように母音を伸ばすことは十分に考えられる。

(14) a. あー、自転車無くなってる
　　　b. 自転車無くなってる、あー

　しかし、「自転車無くなってる、あー」と文末に置いた (14b) では、この「あー」が自転車が消えたことの遭遇からではなく、その事態を受け止めたうえの悲嘆の叫びであり、むしろ〈詠嘆タイプ〉である。ここから考えると、〈驚きタイプ〉かどうかの分類は、文頭用法として真っ先に発せられるかどうかの問題になる。

4.2　呼びかけ詞

　次に、呼びかけ詞であるが、こちらは (15b) のように文末に現れることに問題はない。

(15) a. <u>おい</u>、なんてことすんだよ。
　　　b. なんてことすんだよ、<u>おい</u>。

呼びかけ詞自体は、文頭に現れた場合、驚きの感情感動詞と同じ

く談話への割り込みにもなる。しかし、文頭と文末では、注意喚起の面で違いがある。文頭用法ではそれ自体で注意喚起になるのに対し、文末の場合は注意喚起とはならず、話者の要求に応えるように相手を促す、あるいは相手に迫るという行動に結びついている。

　また、(15)は独り言として発話できる、その場合の「おい」は相手に迫るものではなく、せいぜい話者の苛立ちの態度の反映でしかない。したがって、「おい」が相手に威圧的に迫るような発話に用いられることも、苛立ちの態度と相手に向けて叫ぶ行動という複合から現れるものであり、「おい」自体は実際には苛立ちの感情感動詞〈詠嘆タイプ〉と看做すことができ、それが相手に対して放たれた場合は、苛立ちをもって相手に働きかける呼びかけになる。

　これに対して「ねえ」「なあ」などは感情感動詞ではなく、もっぱら相手に働きかけることを主とする典型的な呼びかけ詞である。

(16) a. <u>ねえ</u>、この辺に薬局ってある？
　　　b. この辺に薬局ってある？　<u>ねえ</u>
　　　c. <u>ねえ</u>、この辺に薬局ってある？　<u>ねえ</u>

文頭用法の(16a)では注意喚起にもなるが、(16b, c)の文末用法は相手に応答を求めるものである。しかし、この注意喚起は前触れもなく話しかけるときに行われるものであるが、文頭にあるからといってそれを意図したものであるとは限らない。例えば恋人同士が会話している状況を想定した場合、文頭用法の「ねえ」は、これまで続いていた話題を打ち切り、新しい話題「薬局」を持ち出す感動詞である。新しい話題を持ち出すことと注意喚起は、先行する談話の有無の違いと見れば基本的に同じものであり、ここにも、(10)で見た発話途中の「あっ」による先行発話との断絶と同じ特徴が呼びかけに見出される。

　呼びかけ詞の基本的な特徴は、聞き手に行動を促し、時には迫るものであり、注意喚起や話題の転換は文頭というポジションによって達成されるものであると言える。この点で〈驚きタイプ〉の感情感動詞の成立条件と共通している。また、文頭だからといって、それが注意喚起を必ずしも意図したものではない（例えば、独り言での(15a)や、呆れ気味に「なあ、ちゃんとやろうぜ」と発話する

場合)ことを考えると、注意喚起の呼びかけ詞、驚きの感動詞が文頭用法に限り成立することは、十分条件ではなく必要条件である。

4.3 応答詞

応答詞は、これまでの感情感動詞・呼びかけ詞とは異なり、質問や命令・依頼など隣接ペアを構成する談話の後件に現れ、談話文脈を断絶する割り込みには当たらない点で大きく異なる。応答詞の文末用法は、肯定の「はい」や「うん」「ああ」といったものに限られる*2。

(17)現金ならこちらでちゃんと用意しております、はい。

(18)できなくても気にしなくてもいいから、うん。

(19)約束する。必ず戻ってくるよ、ああ。

これらの文末の肯定応答詞はいずれも、文頭用法と同じく下降調で発音されるが、共通するのは、話者がその発話内容に相違ない(実際に正しいかどうかは別にして)ことを相手に伝え、信用を得るような発話に現れるという点である。

一方、否定の「いいえ」「いや」などは、たとえそれが否定の応答でなくても、文末用法が認められない点で「はい」とは対照的である*3。

(20)a. いいえ、絶対にイヤです。
　　 b.??絶対にイヤです、いいえ。

(21)a. いや、ちょっとそこまで買い物に。
　　 b.??ちょっとそこまで買い物に、いや。

そのため、本稿では「はい」を「いいえ」とは全く異なる応答詞であるとして論をすすめる。「はい」の文末用法については、営業マンや洋服などの販売員による説明においても現れ、特定の職業・役割に対応した発話スタイルでもある*4。

(22)新機能の実装でしたら、たぶん来週なら間に合うと思うんですが、はい。

(23)―「すみません、これと同じやつで、赤はないですか?」
　　 申し訳ないんですが、赤はございません、はい。

(24)このたびお得なマンション物件をご案内させていただいて

　　　　　おります、はい。
これらは、事情や操作について客や受講者に説明する発話であり、特に（22）（23）では真摯な態度（そして相手に納得を求める）を表出しようとしていることが理解できる*5。一方でこの文末の「はい」は、（24）のテレフォンアポイントメントのように慇懃無礼な印象も受ける。真摯さ・無礼などの評価はともかくとして、これらの文末の「はい」は、相手にその発話に対する言及や質問をさせない打ち切り――「以上」"that's all"――であると考えられる。感情感動詞や呼びかけの文頭用法が、先行する談話と断絶して割り込みを行うこととは鏡像的に、応答詞の文末用法では逆方向に展開される形で、後続する談話（相手からの説明要求など）の断絶を作っている。むしろ、（24）の慇懃無礼さは、一方的に断絶するという点から生じていると説明できる。このことは、応答詞の文末用法が、命令・依頼や質問など直接相手に働きかけるような発話では不自然であることから裏づけられる。

　（25）a．?試着でしたら、こちらをご利用ください、はい。
　　　　　b．　試着でしたら、こちらをご利用いただけます、はい。
（25a）のように、相手の反応を求める隣接ペアを構成する場合には文末の「はい」が不自然であるが、（25b）のように内容としてはほぼ同様であっても、その形式が説明的に言い切られている場合は自然さが上がる。（25a）と（25b）の違いは発話行為にあり、（25a）が不自然なのは、同じ文脈（セッション）の中で、相手に意向を求める命令や疑問の発話行為と、文末用法の「はい」による文脈の断絶とが相反するからであると説明できる。

　　肯定応答詞の文頭用法については、相手の要求に応えたり、あいづちに使われる点を考えると、先行の談話文脈を断絶するものではない。しかし、ターンの交代後の最初の発話を文頭で切り替えるものと見れば、割り込み発話の最初である文頭の感情感動詞・呼びかけとも並行して位置づけられる*6。実際に、文頭の「はい」には、肯定応答のほか、呼びかけや合図の用法があり、これらが、感情感動詞や呼びかけ詞の文頭用法と対応するならば、文末用法の「はい」の職能とは、肯定ではなく、発話（もしくはターンやセッショ

ン）の終点を示すだけということになる。実際にそれを裏付ける現象として、「はい」が文中の句末に現れるケースが挙げられる。(26)はブログ記事からの引用で、ビジネスにおける電話のやり取りの様子である。

(26)昨日お送りした資料の中でですね、ハイ。会場までの地図とですね、ハイ。行き方の書いた紙がですね、ハイ。入っていたかと思うんですよ、ハイ…」

（「語尾に「ハイ」」http://tuneful.jp/?itemid=11806、2013年9月1日確認、下線は筆者による）

この句末の「はい」は、(22)(23)の文末の「はい」と同様にビジネスの場での真摯な態度の現れという点では共通しているが、それが文末ではなく断片化された句ごとに現れている。しかも、間投助詞「ね」の丁寧形「ですね」の後に現れている点でも特徴的である。間投助詞が断片化した発話における文末相当のもの (cf. 藤原1990、定延2005) と考えれば、これらの繰り返される「はい」はそれぞれの断片の終端である*7。

4.4　本節のまとめ

4節では日本語の感動詞3分類について、文頭用法と文末用法の特徴を観察してきたが、感動詞として典型的とされる驚きや注意喚起、肯定応答は文頭用法でしか現れないことが分かった。このような用法を感動詞の強形tonicとするなら、文末用法のものはこれらの職能を失った弱形atonicと位置づけられ、態度の表明・行動の促し・発話の端点といった用法になる*8。また、文頭であっても強形にならず文末用法と共通した状況を表す場合もあり、これは文末用法と同様に弱形に分類できる。これらをまとめると表1（次ページ）のようになる。

このことから、感動詞の典型である文頭の強形がその生起環境から見てむしろ有標であり、文末用法を含む弱形が無標であるという感動詞に対する一般的な認識と矛盾した結論が得られる。また、感動詞の文中の位置に関する非対称性もここから明らかになる。

しかし、この感動詞の強弱は文末用法を持つ接続詞にも当てはま

表1 感動詞のタイプごとの用法と位置の分類

感動詞の種類	文頭・強形	文頭・弱形	文末・弱形
感情感動詞	驚き（9a）	詠嘆（11a）	詠嘆（11b）
呼びかけ詞	注意喚起（16a）	促し（16c） 詠嘆（15aの独り言）	促し（16b）
応答詞	応答（20a）・合図	あいづち＊9	終端（17）

※　括弧内の番号は、該当する例文番号を示す。

ることを強調したい。例えば、「だから」は（27a）のように帰結を導くような発話に現れるが、これとは別に、（27b）のような聞き手への叱責などに現れる理解要求の副詞的な「だから」の用法（談話的用法）がある。これが文末に倒置された場合、（27c）は帰結用法の「だから」を意図した発話にはならず、（27d）と同じく理解要求の副詞的用法としての発話になる。

(27) a. <u>だから</u>独りで洞窟に入ってはいけないんです。（帰結）
　　 b. <u>だから</u>独りで洞窟に入ってはいけないって言ったじゃないか。（理解要求）
　　 c. #独りで洞窟に入ってはいけないんです、<u>だから</u>。（#帰結→理解要求）
　　 d. 独りで洞窟に入ってはいけないって言ったじゃないか、<u>だから</u>。（理解要求）

また、「しかし」も、逆接の接続詞としての用法は文頭用法に限られ、「しかし、暑いなあ」のような話題転換の副詞的用法は、文頭・文末に現れる。これらの接続詞の位置と用法の関係は、表1の感動詞のものに倣い下の表2のようにまとめられる。

表2　接続詞の用法と位置の分類

接続詞	文頭・強形	文頭・弱形	文末・弱形
「だから」	帰結	理解要求	理解要求
「しかし」	逆接	話題転換	話題転換

表1・表2の関係は、感動詞と接続詞（そして副詞）とが連続し

ていることの証左でもある。

5. 感動詞・間投詞の対照

本節では、4節で得られた感動詞の出現位置と用法に関する分類の枠組みを援用して、フランス語の間投詞 hein と現代ギリシャ語の呼びかけ詞 re について考察し、文に現れる間投詞の対照研究の可能性について検証する。

間投詞は、個別言語の話されているコミュニティの言語文化が大きく反映されたものであり、名詞や動詞などの「スタンダード」な品詞に比べ、極めて言語依存的 language-specific である*10。そのため、言語を越えた共通性・等質性を見出すのは困難である（Wierzbicka 1991）。その一方で、文に現れる間投詞は、談話の連続・割り込みや、文頭・文末など言語の線条性に関わっている点に注目すれば比較可能なはずである。そのように考えると間投詞は、それ自体は個別言語依存的でありながらも、どのように文（発話）に現れるかを見る上では、通言語的に考察できるはずである。

5.1 フランス語 hein の文末用法と終助詞

終助詞は、日本語や韓国語といった SOV 語順で主要部後置型の言語との相性がよいと思われるが、2節でも見たように SVO 語順である英語やフランス語においても文末に though や pourtant のような副詞（接続詞）のほか huh や hein といった間投詞、"don't you?" や "n'est-ce pas?" といった節形式の付加疑問が現れる。

本項では、フランス語の間投詞 hein の文末用法に注目して、4節でみた日本語の感動詞の位置と用法の関係の枠組みを適用できるかについて検証する。なお、フランス語の例文の多くは先行研究のものを用いたほか、日本のマンガのオリジナル版とフランス語翻訳版のセリフを用いた対訳から引用した。

フランス語の hein は英語の huh とも共通し、単独あるいは文頭用法では、相手の発話内容が理解できなかったり、信じられなかったりするような場合の驚きの間投詞である。日本語で言えば上昇調

の「え」「は」に相当し、hein も上昇調のイントネーションで発音される（Morel and Danon-Boileau 1998; Delomier 1999）。

(28) **Hein**, qu'est-ce que t'as dit?
　　 "Huh, what did you say?"
　　 「え、なんて言った？」

この hein は文末にも頻繁に現れるが、その場合には驚きや問い返しの発話ではなく、聞き手の同意を求めるような発話に添えられ、付加疑問的な振る舞いを果たす。

(29) Les frites, c'est bon, **hein**?（＝（5））
　　 "French fries, it's good, huh?"
　　 「フライドポテト、おいしいよね」

しかし、文末用法の hein は、付加疑問の標識 "n'est-ce pas?" と異なり、単に相手の同意や肯定応答を求めるものではない。それは、以下の例のように、疑問とはそぐわない話者内部の事情の（話者の縄張りにある）発話にも現れる点からわかる。

(30) Je vais l'apprendre, **hein**!　　　　　　　（Nodame 1, p.79）
　　 "I'm gonna learn it, ⟨hein⟩!"
　　 「（でも）なんとか覚えますから」　　　（『のだめ』① p.79）

(31) Bon, ça suffit, **hein**!　　　　　　　　　（Nodame 2, p.144）
　　 "Well, that's enough, ⟨hein⟩!"
　　 「もうがまんできない」　　　　　　　（『のだめ』② p.144）

この hein の文末用法は、(29)(30) のような明るい態度でも、あるいは (31) のような苛立ちのある場合でも現れるので、発話時の話者の感情を反映するものではない。さらに、次の (32) のような命令文にも現れるが、hein がつくことでむしろ親しさや丁寧さ（相手への配慮）を持った発話になる（Beeching 2002）。

(32) Alors, gardez-le arrêté, **hein**.　　　　（Beeching 2002: 167）
　　 "Anyway, keep him stopped, ⟨hein⟩."
　　 「それでは、（馬を）留めておいてくださいね」

文末の hein の用法について、辞書の記述では同意要求、命令文における念押しと説明される＊11。しかし Beeching（2002）は、会話コーパスによる調査から聞き手にあいづちを求める「談話用

法」の頻度が特に女性話者において高かったことから、hein を単なる同意要求や念押しだけではなく、発話内容に対して間主観的な認識をとる態度の表れとして位置づけている*12。同意要求や談話用法は、日本語の「ね」と同じように断定の保留（田窪・金水 1998 のいう「計算中」）であり、相手に対するポライトネスに関わることともつながる。また、(30)(31) の話者内部の事情の表明などにも現れるように、発話内容（問題意識）の共有・共感という意味での間主観化でもあり、こちらはむしろ「よ」とも共通する。

5.2　hein は間投詞か終助詞か

では、文末用法の hein は文末用法の間投詞なのか、それとも日本語で言うところの終助詞相当のものなのか。まず、文末用法であることを裏付けるものとして、フランス語の接続詞・副詞の文末用法の存在を挙げる。以下は副詞・接続詞 alors の文頭と文末用法の例である。

(33) **Alors**, tu vas déjà commencer par maîtriser tes deux instruments si tu veux bien, d'accord?　　(*Nodame* 5, p.166)
"Then, you'll start mastering your two instruments if you like, right?"
「じゃあまずはそのヴァイオリンとピアノをもっとがんばるんだよー♡」　　　　　　　　　　　　　(『のだめ』⑤ p.166)

(34) On va refaire une fondue, **alors**!　　(*Nodame* 2, p.71)
"Let's make a hot pot again, 〈alors〉"
「またお鍋しましょう♡！」　　　　　　　　(『のだめ』② p.71)

副詞 alors は、文頭・文中に置かれた場合「そのとき」といった本来の語彙的意味があり、特に文頭では (33) のように接続詞として推論の帰結を導く「それなら」の意味になる。文末に置かれた (34) の例では、alors は (33) の文頭用法とは異なり、談話文脈を受けて帰結を導くという手続きを宣言せずに本題（命題）"On va refaire une fondue" に入っており、alors は命題に対して背景化されている*13。つまり、文末（右周辺）におかれることにより語彙的意味や談話標識としての職能を部分的に失い弱化（Delomier

1999のいうdésémantisé＊14）していると言える。これはちょうど、4.4節で見た日本語における接続詞の位置と用法の違いにも通ずる。これにより、間投詞・接続詞等の文頭・文末による用法の違いの枠組みを通言語的に適用させて考えることの妥当性を得る。これを間投詞heinに適用すると、驚きや問い返しになる文頭用法は直面した事象や相手の発言に対する認識の保留と位置づけることができるが、文末用法は断定の保留（そこから聞き手との協調的な認識にいたる）にあたるため、驚きを伴う文頭のheinが弱化し、もっぱら談話における知識管理と間主観性に関わる部分が残ったものとして位置づけることができる。つまり、文末のheinは、強形である文頭のheinが弱化した弱形の間投詞であると言える。

　一方、終助詞説を裏付けるものとして、文末でのピッチによる用法の違いがある。文末用法のheinには、Morel and Danon-Boileau (1998) によると大きく上昇するものと軽く上昇するものの2種類があり、Delomier (1999) は、前者を同意要求の用法、後者を相手のあいづちを誘発する談話用法に位置づけている。さらに、heinの出現する環境は、実は文末に固定されているわけではなく、(35)のように節や句の境界、すなわちイントネーションユニットの末端に現れる。あるいは、(36)のように句単位の発話の末にも現れる。

(35) Il faut toujours savoir pourquoi **hein** on enregistre, on n'enregistre pas pour le plaisir…

　　　　　　　　　　　　　　(Morel & Danon-Boileau 1998: 102)

"It is always necessary to know why, you know, we record, we don't record for fun…"

「常に理由を知っとかないとね、趣味で録音するわけじゃないって…」

(36) Pas du tout, **hein**.　　　(Morel & Danon-Boileau 1998: 102)

"Not at all, huh."

「全然ね」

このような文中および句単位発話のheinは、イントネーションユニットの末端に現れ、イントネーションも軽い上昇になることから

相手のあいづちを誘う談話用法であり、用法・形式ともに日本語の間投助詞に酷似している。文末や句末の hein 自体にイントネーションがかかること、そして複数のイントネーションが現れること、そして、主要部前置型のフランス語においても文末に現れる点で、日本語の終助詞・間投助詞に相当すると言ってよい。

以上のことをまとめると、文頭（独立）用法と文末・句末といった位置による区別と、同じ文末でもイントネーションの区別があり、相手への働きかけの程度に違いもあることから、日本語の感動詞相当の問い返し用法と、終助詞的な同意要求用法、間投助詞的な談話用法の3種類に大別することができる。これを 4.4 節で行った日本語の感動詞の位置・用法による分類になぞらえて整理すると表3のようになる。

表3　間投詞 hein の用法と位置・形式・機能の分類

用法	問い返し	同意要求	談話用法
位置	文頭（独立用法）	文末	文末・句末
ピッチ	大きく上昇	大きく上昇	軽く上昇・平板
相手の期待される行動	繰り返し・再説明	同意・了解	あいづち・うなずき
強弱・有標性	強（有標）	強（有標）	弱（無標）
対応する日本語の範疇	感情感動詞	終助詞	終助詞・間投助詞

4.4 節で見た日本語の感動詞の位置と用法の分類と比較して顕著なのは、文頭用法ではなくむしろ文末用法に強弱が見られる点である。また、文末用法の違いを考えると、文末・句末の hein は、間投詞として文頭の hein と同じ範疇に入れて考えるよりも、終助詞的なものとして、独立した範疇——例えば文末詞（藤原 1990, 1993）——に置いた見方が必要であることがわかる[*15]。

5.3　ギリシャ語の間投詞 re

フランス語の hein のように頻繁に現れる間投詞として、現代ギリシャ語の re（または vre）がある[*16]。この間投詞 re は、si "you" や pedhia "kids"、人名など、名詞の呼格または代名詞の後

に従え、全体として呼びかけ句として、文頭・文中・文末に現れる。

(37) **Re** si, afto vromai, ti ine?　　　(*A Touch of Spice* *17, p.139)
　　　"Hey you, this stinks, what's this?"
　　　「ねえ、これ臭いけど、何なの？」

また、re は単独でも呼びかけのように用いられるが、この re も文中の位置によって使われ方に違いがある。次は疑問文の前後に現れる re の例である。

(38) a.　**Re**, tha to fame edho?
　　　　　"Anyway, let's eat it now?"
　　　　　「さあ、食べちゃおうぜ」
　　　b.　Tha to fame edho, **re**?
　　　　　"We'll eat it now, right?"
　　　　　　　　　　　(Tsoulas and Alexiadou 2006: 53 を参考に筆者が改変)
　　　　　「じゃあ今ここで食べるんですか？」

(38a) の文頭用法の re は、日本語で言うならば呼びかけの「さあ」や「はい」、「ほら」に対応し、食べることを呼びかける発話に現れているのに対し、文末用法の (38b) では、呼びかける発話にはならず、命題「今ここでそれを食べる」を問う疑問文になる。この re は疑問文や、例文の紹介は紙面の都合で割愛するが、命令文における相手への返答や行動の促しに相当する*18。

また、間投詞 re は文頭・文末以外に文中の句の切れ目にも現れるが、Tsoulas and Alexiadou (2006) はこの re の現れる位置によって疑問文の前提が異なることを指摘している。

(39) a.　Ti **re** efere o Kostas?
　　　　　"What did Kostas bring"
　　　　　「コスタス（人名）が持って来たのは何なの？」
　　　b.　Ti efere **re** o Kostas?
　　　　　「コスタスは何か持って来たの？」
　　　　　　　　　　　(Tsoulas and Alexiadou 2006: 52 より一部筆者改変)

(39a) は、「コスタスが何かを持って来た」ことが前提になっている発話で、焦点は ti「何」になるのに対し、(39b) はその前提がない状況での発話であり、焦点は「何を持って来た」に当たる。別の

見方をすれば、(39a) は "ti"「何」と "efere o Kostas"「コスタスは持ってきた」、(39b) では "ti efere"「何をもってきた」と "o Kostas"「コスタスは」というように、情報構造の面で焦点（新情報）と前提（旧情報・主題）が re によって寸断されていると言える。Tsoulas and Alexiadou (2006) ではこのほか、量化詞のスコープ解釈にもこの re がかかわっているとして、直後の文法範疇を焦点化する機能を re に認めているが、それが成立する前提として、少なくとも統語的ないし韻律上の区切り（つまり句およびイントネーションユニット）があるはずである。そうであれば、re の文中用法は日本語の間投助詞相当と言えるが、re は一般に後に呼格の名詞句を従え、句の先頭に付くという点で日本語の間投助詞やフランス語の hein とは異なっている。

　以上本節では、ギリシャ語の re が位置が文頭・文中・文末によって用法が異なることを見てきたが、これも表4のように位置と用法の関係に帰すことができる。

表4　間投詞 re の用法と位置・形式・機能の分類

位置	文頭	文末	文中
用法	呼びかけ・驚き	促し・確認	句の分断？焦点化？
対応する日本語の範疇	感情感動詞	終助詞	間投助詞？副助詞？

ギリシャ語の re は、日本語の感動詞、フランス語の hein とは異なり、強弱の違いを想定せずに、純粋に位置による用法の分類ができることが言える。これは、re が呼びかけを基本としていることから来るのかもしれないが、いずれにしても更なる分析が必要であり、現時点では暫定案として表4の区分を提示するにとどめたい。

6. 結論

　本稿では、日本語の感動詞の文末用法に注目し、分類する上で用法だけでなく、文中での出現位置（文頭／独立・文末）が重要であることを示し、それが、接続詞・副詞の用法の違いと基本的に同じ

であることを明らかにした。また、この知見をもとにしてフランス語やギリシャ語の間投詞との対照を実際に行うことで、感動詞・間投詞の言語間対照にあたっては、出現位置と用法に注目した分析法が有効な手法の1つであることを確認した。

　感動詞・間投詞の対照は、感動詞そのものの研究、ひいては文法研究・談話研究に有用であると言える。本研究が今後の感動詞・間投詞の対照研究の進展にわずかでも貢献できればまことに幸いである。

［謝辞］　本稿の内容は、広島方言研究会（2009年9月5日、於県立広島大学広島キャンパス）での口頭発表「文末詞の通言語的展開の試論―感動詞・呼びかけ表現・人称表現に注目して―」をもとに再編成したものである。また本稿は、基盤研究（B）「現代日本語感動詞の実証的・理論的基盤構築のための調査研究」（課題番号：19320067、研究代表者：友定賢治（県立広島大学））の研究成果である。

*1　なお、本稿における感動詞・間投詞の用語の区別については、『言語学大辞典』『国語学大辞典』において両者が同じ項目で説明されていることから、品詞分類は同じものとしたうえで、日本語のものについては「感動詞」、言語学一般・他言語については「間投詞」の語を用いることにする。
*2　実際、これらの応答詞は肯定を含意しておらず、単に応答のみである（cf. 冨樫2002）。
*3　「いいえ」「いや」も否定というよりは話題を針路変更して導入する立ち上げ詞（友定2007）であり、いずれも真偽判断とは別の動機で現れる感動詞である。
*4　その他、例については割愛するが、インタビューを受けるスポーツ選手が文末に「はい」をつけて話すことがしばしば観察される。こういった文末用法の「はい」を多用する話し方は、営業マンや店員、インストラクターと同じように、職業と結びついたスタイルあるいは発話の型でもあろう（cf. 定延2005, 2006; 渋谷2008; 金田・澤田・定延2008）。
*5　息混じりの（breathy）声で発音されると真摯な印象を与えるとも考えられる。感動詞の分析には、イントネーションを含め韻律や声質を含めた考察が必要である。
*6　本稿では考察対象には含めていないが、割り込んで発言を行う時の「あの」や、司会やスピーチで用いられる「えー」といったフィラーも、発話の最初に現れる点で共通している。

＊7　あいづち用法の「はい」や「うん」は、極端に言えば、それ自体で始点かつ終点であるということになり、これだけで、相手に向けて聞いて理解しているという態度を示していると説明できる。
＊8　ここで言う強弱については、談話上の働き（文脈の断絶など）と使用される状況の限定を基準にした、有標・無標の関係であり、韻律上の強弱（高低）とは必ずしも一致しない。
＊9　ここにあいづちを含めた理由としては、章末注5番を参照されたい。
＊10　日本語の「はい」やポーランド語の間投詞 no も応答や呼びかけのほか様々な用法があることを考えると、究極的に文に現れる間投詞のプロトタイプを推定することが可能ではないだろうか。
＊11　白水社『ラルース仏和辞典』および Le Robert MICRO による。
＊12　Noda (2005) も、付加疑問の n'est-ce pas と hein の比較において、同意要求や確認の用法は両者が用いられるが、(30)(31) のような話者内部の表明には hein のみが現れることを根拠として、hein に間主観的な価値を認めている。
＊13　日本語版の原文では alors に相当する「じゃあ」が現れていないことからも、仏語訳での alors が補足的なものであることがわかる。このような談話的用法の alors の詳細については Hansen (1997) を参照されたい。
＊14　「意味の漂白された」(bleached) に対応する。「文法化した」grammaticalisé とも言い換えられる。
＊15　文頭用法との連続性も無いわけではないので、あくまで作業仮説として文末詞の範疇を想定したほうが良いという意味である。
＊16　re (vre) は、古典ギリシャ語の moros "fool" の呼格 more を語源としていて、bre>vre>re と変化してきたものである（Joseph 1997）。
＊17　タソス・ブルメティス監督『タッチ・オブ・スパイス』（2003年公開、ギャガ・コミュニケーションズ配給）のスクリプトより引用。
＊18　Tannen and Kakava (1992) では、re の談話的特徴として「友好不同意」friendly disagreement を挙げている。そのため、単なる促しというよりは相手の意向を確認することもここに含められると言える。

参考文献

Ameka, Felix K. (2006). "Interjections," In K. Brown (Ed.), *Encyclopedia of language & linguistics 2nd edition.*, pp.743–746, Oxford: Elsevier.

Beeching, Kate (2002) *Gender, Politeness and Pragmatic Particles in French*, Amsterdam: John Benjamins.

Delomier, Dominique (1999) "*Hein* particule désémantisée ou indice de consensualité?," *Faits de langues* 13, pp.137–149, Paris: Ophrys

Fraser, Bruce (1999) "What are discourse markers?" In *Journal of Pragmatics* 31, pp.931–952, Oxford: Elsevier.

藤原与一（1990）『文末詞の言語学』三弥井書店.

藤原与一（編）(1993)『言語類型論と文末詞』三弥井書店.

Hansen, Maj-Britt Mosegaard (1997) "*Alors* and *donc* in spoken French: A

reanalysis," In *Journal of Pragmatics* 28, pp.153–187, Oxford: Elsevier.

石井カルロス寿憲・ニック・キャンベル（2004）「句末音調の機能的役割―談話機能を中心に―」『日本音響学会2004年春季研究発表会予稿集』pp.229–230, 2004年3月17日〜19日, 於神奈川工科大学.

Joseph, Brian D. (1997) "Methodological issues in the history of the Balkan lexicon: The case of Greek *vré/ré* and relatives," In *Balkanistica* 10, pp.255–277, The South East European Studies Association.

金田純平（2006）「間投助詞と発話行為―韻律・非言語行動との相関から―」『第7回日本語文法学会大会予稿集』pp.59–68.

金田純平・澤田浩子・定延利之（2008）「コミュニケーション・文法とキャラクタの関わり」『月刊言語』37（1）: pp.52–59. 大修館書店.

金水 敏・田窪行則（1998）「談話管理理論に基づく「よ」「ね」「よね」の研究」堂下修司・新美康永・白井克彦・田中穂積・溝口理一郎（編）『音声による人間と機械の対話』pp.257–271. オーム社.

小山哲春（1997）「文末詞と文末イントネーション」音声文法研究会（編）『文法と音声』pp.97–119. くろしお出版.

Morel, Marie-Annick and Laurent Danon-Boileau (1998) *Grammaire de l'intonation: L'exemple du français*. Paris: Ophrys.

森山卓郎（1997）「「独り言」をめぐって―思考の言語と伝達の言語―」川端善明・仁田義雄（編）『日本語文法　体系と方法』pp.173–188. ひつじ書房.

Noda, Hiroko (2005) "L'analyse sémantique et phonétique des mots du discours: Le cas de *hein*" *Actes des VIIIèmes Rencontre Jeunes Chercheurs de l'École Doctorale 268 'Langage et langues'*, Université de Paris 3, 21 mai 2005. pp.106–109.

定延利之（2005）『ささやく恋人りきむリポーター―口の中の文化―』岩波書店.

定延利之（2006）「文節と文のあいだ―末尾上げをめぐって―」音声文法研究会（編）『文法と音声V』pp.107–133. くろしお出版.

渋谷勝己（2008）「スタイルの使い分けとコミュニケーション」『月刊言語』37（1）: pp.18–25. 大修館書店.

田窪行則（1995）「音声言語の言語学的モデルをめざして―音声対話管理標識を中心に―」『情報処理』36（11）: pp.1020–1026. 情報処理学会.

田窪行則（2005）「感動詞の言語学的位置づけ」『月刊言語』34（11）: pp.14–21. 大修館書店.

Tannen, Devorah. and Kakava, Christina (1992) 'Power and Solidarity in Modern Greek Conversation: Disagreeing to Agree', *Journal of Modern Greek Studies* 10, pp.11–34, Baltimore: John Hopkins University Press. (Also In Georgakopoulou, Alexandra and Marianna Spanaki (eds.) 2001, *A reader in Greek sociolinguitics: Studies in modern Greek language, culture, and communication*, pp.225–252, Bern: Peter Lang)

冨樫純一（2002）「「はい」と「うん」の関係をめぐって」, 定延利之（編）『「うん」と「そう」の言語学』pp.127–157. ひつじ書房.

友定賢治（2007）「否定応答詞の方言間対照」定延利之・中川正之（編）『音声

文法の対照』pp.79-91. くろしお出版.
Tsoulas, George and Artemis Alexiadou (2006) "On the grammar of the Greek particle *re*: a preliminary investigation," In *Sprache und Datenverarbeitung* 30, pp.47-56, Universitätsverlag Rhein-Ruhr OHG.
渡辺 実 (1971)『国語構文論』塙書房.
Wierzbicka, Anna (1991) *Cross-cultural pragmatics : the semantics of human interaction*, Berlin: Mouton de Gruyter.

辞書・事典類

『言語学大事典第6巻術語編』(1995). 大修館書店.
『白水社ラルース仏和辞典』(2001). 白水社.
『国語学大辞典』(1980). 東京堂出版.
Le Robert MICRO Troisième Édition (1998) Paris: Dictionnaire Le Robert.

参考資料

Boulmetis, Tasos, *Politiki Kouzina: I Tainia* (2004) Athens: Ellinika Grammata. (*A Touch of Spice*).
二ノ宮知子『のだめカンタービレ』第1巻（2002）・第2巻（2002）・第5巻（2003）講談社.（のだめ）.
Ninomiya, Tomoko, *Nodame Cantabile* tome 1,2 et 5 (2009), Pika. (Trans. By Taro Ochiai)(*Nodame*).
Urasawa, Naoki. *Naoki Urasawa's MONSTER* vol.1 (2006), San Francisco: VIZ Media (Adaptation by Agnes Yoshida, Trans. By Satch Watanabe) (*MONSTER*).

フランス語文法における間投詞の一議論

青木三郎

1. はじめに *1

　本稿はフランス語の間投詞についてルネッサンス期にどのような議論が行われたかを紹介・解説する。フランスにおけるルネッサンス期（16世紀）はフランス語が国家語（la langue d'État）としての地位を得た時期である。フランス国王フランソワ1世（1494〜1547、在位1515-1547）が司法・行政文書に関して、それまでの公用語であったラテン語に代わって、フランス語（母なるフランスの言葉）の使用を公式に義務化した。これが1539年の「ヴィレール・コトレの王令」（Ordonnance de Villers-Cotterêt）である。16世紀という時代にラテン語ではなく、フランス語を公式言語の座に昇格させたことは言語史上の重大な事件である。この世紀は、政治・経済・文化の中心であったイタリアに対して、次第に、フランソワ1世の在位中に経済力を蓄え、フランスが威信を築いた時代である。それまでのラテン語に代わって、新たに文法体系を構築し、正書法を改め、宗教改革を通じて行われた聖書のフランス語訳の試み、大航海時代に適応する新たな学問の導入、また革新的な文学と思想表現の可能性を貪欲に追求した激動期である。16世紀は多くの文法学者が論争し、フランス語を体系化し、後世のフランス語の「近代化」への道を開いていった歴史の転換期といえる。

　本稿は、この社会的に激動期であり、言語的に流動期である16世紀において間投詞が文法家によってどのように扱われたかについて注目する。具体的にはマリー＝リュース・デモネ（Marie-Luce Demonet）のルネッサンス期の間投詞に関する研究を紹介し（Demonet 2006）*2、その解説を通じて、本論集の課題である「感動詞とは何か」の考察に寄与するものである。したがって本稿

は筆者の独自の論文ではなく、デモネの研究の紹介と解説であることをお断りしておく。

2. 問題の所在

2.1 間投詞・感嘆詞の位置づけとHの情動性

マリー＝リュース・デモネの論じる対象は、わずかに hé と eh という間投詞の問題だけであるが、そこに内包する歴史的な問題は深い。現代フランス語ではHという子音は発音されず、いわば歴史的遺物である。このHという表記にはかつては発音されていた場合（有音のH、または帯気音のH）と、すでにラテン語の時代に弱化してしまい発音されずフランス語となった場合（無音のH）の2種類がある。前者はゲルマン語起源の語で、後者はラテン語起源の語である。（この違いは英語のHを見てみればよりよく理解できる。例えば英語の honor や hour は H を発音しない。happy や hand は H を発音する。）マリー＝リュース・デモネは、ルネッサンス期のフランス語に hé と eh と表記される語があることに着目し、この2つの表記の関係について考察する。言い換えれば、hé と eh をめぐって、この時代のフランス語におけるHという表記が実質的にどのような状態にあったのかを探るわけである。その探究のために、1）ルネッサンス期の間投詞（interjection）、感嘆詞（exclamation）が文法の中でどのように理解され、記述されていたのか、2）Hのもつ「帯気音」の情動性と、文字との関係は何か、という問題に取り組むことになる。

2.2 間投詞（interjection）と感嘆詞（exclamation）

マリー＝リュース・デモネによれば、間投詞（interjection）と感嘆詞（exclamation）の区別は極めて重要である。なぜならばルネッサンス期において感嘆文は、ラテン文法の伝統を受け継ぎ、文法学（grammaire）の問題ではなく、修辞学（rhétorique）の問題として扱われていたからである。現代言語学のように感嘆文を発話モダリティとして文法カテゴリーに位置付けて扱うことはない。感

嘆文は修辞学の問題であるが、間投詞は感嘆文と密接に関わりながらも、品詞論としては文法学の問題として扱われる。間投詞は品詞論的には不変化語（indéclinable）に分類され、文の構成要素の一部とみなされる。しかし間投詞の機能は文を成立させるために必須ではなく、論理的にも真偽値に関わらないことから、間投詞を文の一部分として分類することには、多くの文法学者が問題視している*3。

　伝統的にラテン語文法学者は、間投詞の意味に関して、間投詞は感嘆文の一部であり、感情・心情を表出すると説明する。例えば4世紀の文法学者で16世紀までラテン語教育の基礎となったドナトゥス（Donat）は、その著書『ラテン語小文典』（l'Ars Donati grammatici）の中で、間投詞が affetctus animi（感情）を表すと記述している。また同じく6世紀のプリスキアヌス（Priscien）は vox abscondita（喚声）といい、4世紀のラテン語学者セルヴィウス（Servius）は incondita（無制約の声）といっている。つまりラテン語文法の伝統では間投詞の有する意味は、感嘆の1つとして扱われる。例えば、ドナトゥス（Donat）は間投詞を「肝臓から発せられる食欲の魂」が創造したものであると説き、それに対してプリキアヌス（Priscien）は「知性の魂、とりわけ空想（ファンタジア）」から創造されたものであると考える。いずれにせよ魂の表出である。16世紀の文法家も、例えば当時の活字を画期的に発展させたジョフロワ・トリ（Geoffroy Tory）（?1480-1533）は、間投詞を「意味の判然としない、腹の底から発声されるもの」と定義した（Tory 1529）*4。それに対して、文法学者でありかつ医者でもあるジュールセザール・スカリジェ（Jules César Scaliger）（1484-1558）は、間投詞に関しては、どちらかといえば認識論的な定義、記号学的な定義をしている（Scaliger 1540）*5。つまり間投詞は肝臓や胃や腹の底から絞り出されて出てくる声ではなく、魂から表出される感情の印と考えている。

　こうして間投詞は、感情そのものの声なのではなく、感情の在処あるいは感情のあり方を示す指標として捉えられるようになった。ただしこの指標は、記号として恣意的なものではなく、当時の学者

にとっては、きわめて肉体的・身体的なものである。つまり間投詞は、生理的な反応が、息となって、呼吸器系へとつながっていくのであり、その表れによって他者の注意をひくようにできているとも考えられている。16世紀フランスの論理学者・哲学者の一人ラムス（Ramus）（1515-1572）の弟子であったフォークラン（Fouquelin）（?-1561）も間投詞が感情そのものではなく、感情の指標の印であることを強調している（Fouquelin 1555）*6。16世紀最大の文法家であるルイ・メグレ（Louis Meigret）（1510-1558）も同じくこの感情的機能に言及している（Meigret 1550）*7。「混乱した声（voix confuse）という概念は感情のコントロールが利かなくなってしまったときにきちんと発音することが不可能なことから説明されるものである。間投詞は過剰な情熱の声なのである。うっとりしたり、怒ったり、喜んだり、ふさいだりする時に発せられる声である。人間は感情によって出来上がっているのだから、無感情のまま、穏やかに言葉を用いることはできることではないのである。」（Meigret 1550）

3. 記号の自然説と契約説

3.1 間投詞は叫びか、文法カテゴリーか。

上記のデモネの議論から、間投詞が深く身体と結びつき、しかし感情そのものの生の表出ではなく、感情がどこからくるのか、どんな感情なのかを印す指標としての記号であることが理解される。これは記号の自然発生説と社会契約説という古典的な対立の問題に直結している。

メグレ（Meigret）は間投詞の成立について「自然＝本性nature」が基盤にあることを説く。これはロベール・エチエンヌ（Robert Estienne）（1503-1559）が子供の泣き声について事例を挙げて説明していることと相通じるものがある（Estienne 1555）*8。苦痛や喜びをあらあす記号は人間にとってすべて共通なのである。この種の表現の多様性は、ルネッサンス期の学者も次第に関心を強く抱く問題となっていくが、最も自然発生的な表現においても見られる

ものである。スカリジェ（Scaliger）は間投詞を3つに分類した。すなわち、1）原始的間投詞（言葉以前の叫び声等）、2）詩人の作った間投詞、3）副詞、接続詞、前置詞などからの文法カテゴリーの転移の3種類である。スカリジェ（Scaliger）にとって eh と he は「自然発生的に」発声される第一の種類に属する間投詞である。スカリジェ（Scaliger）はフランス語の例には触れていないが、恐れを表す Hu、痛を表す Hei などのラテン語を挙げている。間投詞は自然発生的であるから、〈文〉の部分とは言えないということになる。

3.2　間投詞と調音の問題

　間投詞が自然発生的な記号であるという考えに立つと、同じく自然発生的と考えられるオノマトペとの関係が問題となる。間投詞はオノマトペの1つなのだろうか。オノマトペは間投詞の1つなのだろうか。エチエンヌ・パスキエ（Etienne Pasquier）（1529-1615）は、オノマトペを原始的間投詞から派生したものと説く（Pasquier 1560）*9。例えば Ahan という語を、語彙化した間投詞 Ahan として取り扱うことができるからである。Ahan は、フランスの樵（きこり）が腹の底から叫ぶ自然な声で、木を伐採するときに腕と全身に力を込めて発する掛声である。Ahan はおそらく Ah から派生した間投詞である。これは自然に発声された声の模倣ではなく、フランス語の音を発音したものであり、樹木伐採を示すときの言葉（掛声）である。つまりフランスの樵たちが創造した語なのである。オノマトペは、独特な表現性をもつが、間投詞と異なり、それ自体強度表現とは関係がない。それに対して間投詞は叫びや溜息のように自然発生的であるから、声の強弱、高低の変化等で感情の強度を示すことができる。

　クロード・デュレ（Claude Duret）（?1570-1611）にとって「動物の鳴き声は呼気の激しい衝動から生じるもので、理性によって作られるものではない。動物には意識はなく、まとまりのない、不明瞭な魂があるだけで、知的な働きはない。」と明記している（Duret 1613）*10。動物は発声はするが、分節して発音された言

葉はない。この分節こそが理性を備えた人間言語の特徴である。しかし間投詞が単なる叫びではなく、言語としての記号機能があるならば、分節して発音されることを証明しなければならない。he と eh が分節された語ならば、そこに現れる母音 e と子音 h の関係も考察しなくてはならなくなる。これがデモネの問題である。次に実際にテクストに現れる he と eh をデモネとともに見てみよう。

4. 叫び声とその解釈

4.1　Eh か hé か？

　デモネは、モンテーニュの『随想録』の生前の版では «O un amy»（おお友よ）となっている箇所が、死後出版された版では «eh, qu'est-ce que qu'un amy» と書き直されている点に注目する（Montaigne 1965）*11。O はラテン語から引き継がれた伝統的で文学的な間投詞であるが、eh は俗語的（フランス語的）、口語的である。この eh という間投詞が、苦痛の思いから直接に発せられる声であるならば、eh には発話者の意図は含まれない。他者がいようが、いまいが、発することができる。何を表現したものなのかは、その叫びを聞いた人の解釈次第である。それに対してこのモンテーニュの文における eh は発話意図的な表現であるとみなさなければならない。『随想録』のような一人称のテクストでは常に意図的なのである。ということは、eh は受け手に向かっていく表現なのである。つまり eh は感情表出的な記号であると同時に、解釈者を巻き込む関係をも表した複雑な記号なのである。

　eh と同様に用いられる he は笑いを表す場合もある。ただしその場合は事情がやや異なる。笑いの表現には多様性があり、人為的、慣習的な特徴をもつ。人は他者のいないところで、笑ったりはしない。一人笑いは、むしろ、不自然な笑いである。笑いは、笑わせるものがあり、周囲に人が一緒にいて、成り立つものである。ルネッサンス期の笑いの代表的作品であるフランソワ・ラブレーの『パンタグリュエル』には、hahahe hoho とか haha という表現が見られる。現代語のマンガならば hihihi となるところである。それに対

して、単独の he は笑いの表現としては少なく、he は明らかに呼びかけを表す傾向が強い。笑いを表す場合は、he he he のような場合であり、秘密を発見したときの得意げな、芝居がかった笑いの表現である。

　he he he は 16 世紀の文学作品においては、笑い、苦痛、すすり泣きなどを表した。ロベール・ガルニエ（Robert Garnier）（1545-1590）の戯曲『ユダヤ女たち』（Les Juives）（1583）では、コーラスは he he he と言って嘆き、エチエンヌ・ジョデル（1532-1573）（Etienne Jodelle）の悲劇『囚われのクレオパトラ』（Cléopâtre Captive）（1553）におけるクレオパトラの泣き声も he he he である。he he he という反復には表現効果があり、文脈によって多様な感情表現になるが、それに対して戯曲における he はほとんどの場合、呼びかけ（apostrophe）である。

　デモネは、he と eh は区別すべき別の記号なのだろうか、と問題を提起する。しかし実際のテクストでは、間投詞には he の方が多く、eh は稀である。上述のフォークラン（Fouquelin 1555）では、he を間投詞に分類しているが、そこには eh はない。デモネの調査によれば、オデ・ド・チュルネーブ（Odet de Turnèbe）（1552-1581）の死後上演である『満足なる人々』Les Contens（1584）という戯曲にはたくさんの he が見られるが、eh は 1 つもない。he は呼びかけでよく用いられる*12。

 Rodomont：　Hé ! mes amis, ayez pitié de moy. [...]　hé !
     Messieurs, n'userez-vous point de miséricorde en
     mon endroit ?　　　　　　（[1584] 1964, 169, 170）;
 逐次訳：
 R：エェ、私のともだちたち、私に哀れをください。
  エェ、皆様方、私のところに慈悲をかけてはくださらないのですか？
 意訳：
 R：おい、みんな、後生だ。旦那さまがた、お慈悲をおくれなせぇ。

すると、ペレットが求婚者に皮肉っぽく、次のように言う。

Perrette :　Hé ! mon amy, tant vous estes bon fils et sage !（180）.
逐次訳：
P：エェ、私のお友達、なんてあなたは善良で、賢いのでしょう。
意訳：
P：ねえ、あんた、なんてあんたはいい子で、おとなしいんだい。

フランソワ・ベロアルド＝ド＝ヴェルヴィル（François Béroalde de Verville）（1556–1626）の『成功の方法』（Le Moyen de parvenir）（1616）でも he は呼びかけである＊13。

«hé monsieur; Venez un peu icy»
「ねぇ、だんな、ちょっと、こっちへ来なよ。」
«mais dis moy hé, maquerelle ma mie»
「いや、おい、女将」

ジャン・ド＝スポンド（Jean de Sponde）（1557–1595）の『聖歌省察』（Méditations sur les pseaumes）（1558）では、次のように神に向かって訴えかけている＊14。

O grandeur incompréhensible ! Je confesse, mon Dieu que tu es grand, et que le restedu Monde est bien petit. Quand je me plante sur les pointes de ces Pyrénées, et que je regarde dans les vallons qui sont à son pied, les Eléphans me semblent des mousches, les Villes une Maison, les Géans des Pigmées. He ! combien plus, mon Dieu, quand je m'eslève à la contemplation de ta grandeur, quand je me roidy sur ceste contemplation, tout ce Monde, mon Dieu, me semble un Atome !　　　　　（Sponde［1594］1978, 132）

嗚呼（オー）、不可思議な偉大さよ。告白します。神よ、あなたは偉大です。それ以外の世界は取るに足りません。このピレネー山脈の頂に住まい、眼下に谷底を眺めるとき、象は蠅のごとく、町は家のごとく、巨人は小人のように見えます。エェ、神よ、あなたの偉大さを思うとき、いかほどに私の心は高まることでしょう。瞑想の中で体が硬直していくとき、神よ、この世界は核（アトム）に思えるのです。

4.2　*Eh bien, hé bien, eh quoi, et quoi, hé quoi, eh quoi*

16世紀の用例は圧倒的に he が多いが、しかし eh と he が置換可能な場合もあるし、さらに接続詞 et と置換されることもある。その場合は特に et quoi, et bien の形で現れ、相手の発話を受けて、相手の注意を引く場合に多いようである。例えば、マルグリット・ド・ナヴァール（Marguerite de Navarre）（1492-1549）の『エプタメロン』（L'Heptaméron）（1545-1549）には相手に向かって言い返す場面で et bien が現れる*15。

> Et bien, Nomerfide, dist Geburon, quant la tromperie de quelcun de voz serviteurs vous aura faict congnoistre la malice des hommes, à ceste heure-là croirez-vous que je vous auray dict vray ?
>
> (1967, 16, 133)

（エェ、ノメルフィッド、あなたの従者の裏切で人の悪意というものをあなたが知ったらね、私があなたに真実を言ったって信じてもらえますか？）

ヴェルヴィル（Verville）の『成功の方法』（Moyen de parvenir）には hé bien が用いられている。

> Hé bien mon amy, dites moy premièrement estes vous Prestre ?
>
> (1616, 113)

（エェ、我がともよ。まず言ってください。あなたは司祭なのかどうか。）

『成功の方法』には et quoi が8例挙げられ、同じヴェルヴィル（Verville）の『王子の旅』（Le Voygae des Princes）では et bien が6例挙げられる。しかし eh bien は皆無である。

4.3　記号学的兆候と語用論的遂行

以上のデモネの観察を通じて、eh / he / et など表記にヴァリエーションはあるが、間投詞が相手の注意を引くための記号であることが了解される。しかし相手の注意を引くという対話行為は文法家の関心の対象ではない。これは修辞学の領域だからである。シプリアン・ソアレス（Cyprien Soarez）は「感嘆文（exclamation）とは、苦痛や憤慨を意味するもので、人や事物に訴えかけるものである。」

と指摘している（Soarez 1569）*16。これは間投詞のもつ2つの特徴を表している。つまり間投詞は、感情の印であり、受け手への訴えであるという2点である。間投詞は記号学的に「兆候（indice）」という特徴をもつと同時に、それだけではなく、相手に対して発話意図を強調したり、返答を要求したりするなど、語用論における言語行為に近い性質をもつ。遂行文と同じように、何かを言うことが、同時に、相手を呼ぶ、という行為になるのである。モンテーニュは《hé, pauvre homme》と書くとき、読者に向けて、叫びをあげると同時に、その情動をもって読者に訴えるのである。

5．Hの帯気音の問題

　16世紀のフランス語にはなぜheとehがあるのだろうか。上述のようにエチエンヌ・パスキエ（Etienne Pasquier）（1560）によればahanはHは元来は発音されていたようである。とすればhéのHも発音されていたかもしれない。フランス語の最初の文字表記である11世紀のテクストでは、hは書かれていない。hが書かれたり、書かれなかったりするのは、実際には時代が下ってからのことである。アベル・マチュー（Abel Mathieu）は、ラテン語にはないフランス語独自の間投詞を得意げに記述している（Mathieu 1572）*17。彼は笑いの言葉としてha ha haを挙げ、悲しみの表現にはof, Ah, helas, oh, o-o-oを挙げ、憐みの表現にはhのない«A, a, a»、«e, e, e»を挙げている。ここから先は憶測の域を越えないが、デモネは、この時代には、Hの帯気音は実際の会話では二次的な感情表現手段として実現されていたと推察し、Hの文字表記によって、反対に帯気音の存在を故意に示唆していたのではないか、héのHはおそらくまだこの時期には弱い帯気音があったのではないかと考えている。それに対してehでは、Hは発音されず、純粋に文字表記だけなのではないか、というのがデモネの説である。

6. Hの模倣説

6.1 プネウマ（気息）の痕跡としてのH

なぜHにこだわるのか。ジョフロワ・トリ（Geoffroy Tory）（?1480-1533）は間投詞の感情表出機能において、ラテン語でもフランス語でも、音素A, H, Oが原始的間投詞を形成するという*18。トリによれば、Ahは喚声（voix incondita）であり、胃の奥からやってくるものであり、空気を外に送るためには横隔膜（肺）の力が必要である。また帯気音は動物的な精神を通じて発せられるもので、生理的な要因が決定的である。これは間投詞が言語行為であると同時に、エネルギー態であるという二重性を示すものである。つまりHはフランス語の記号体系には文字でしか存在しないが、しかしそこに情動性が息吹として印されていると考えることができるのである。

6.2 気候決定論

ルネッサンス期にはエネルギー態としての言語と記号としての言語の均衡は、気候と関係すると考えられていた。言語表現の特性は、それを使う人々が被る気候条件に左右されるという決定論である。これはヒポクラテスの『空気、水、場所について』までさかのぼることができるが、この影響を受けて法学者、政治学者であるジャン・ボダン（1529-1596）は、ゲルマンのように寒すぎもなく、アフリカのように暑すぎもなく、最も穏やかな気候に恵まれているのがフランスで、その地の住民は、「北方の人々より声が澄み、性格が快活で、精神の働きが活発である」と記述している（Bodin 1951）*19。それに対して北方の人々は、「空気が冷たくよどみ、不健全なため、声が低く、しわがれている」（ibid、103）。ボダンは気候決定論を歴史の記述法にも応用し、言語によって母音と子音の組み合わせが異なることを説明しようとまで試みる。すなわち北方の住民は子音を激しく発音し、しばしば強く帯気音が伴うが、母音には注意を払わない。それは北方人の極めて激しい気性のせいである。」*20 したがって帯気音を伴う有音の間投詞heは、北方人の

フランス語文法における間投詞の一議論　　49

戦闘的な性格を表す印であり、情動を直接に表現する品詞と言うことができる。ボダンによれば、フランス語は中庸をもった言語であり、したがってHの帯気音は弱く、優しく発音されるようになり、フランス人の祖先であるゴール人の荒々しい発音は、記憶の中のノスタルジーにとどまるのである。フランス語のHという表記は実際の発音を表すのではなく、フランス語の起源にあったHの発音の痕跡なのである。

6.3　帯気音の模倣

フランス語のHは実際の発音を表記したものではない。ルネッサンス期のフランス語は、ラテン語にはない呼びかけの間投詞 hé を「発明」したのである。Ah のHはラテン語の時代から消滅していたが、表記レベルで保持されてきた。このHは完全に歴史的な記憶の表象である。Hé は、わずかに帯気音を発音していたもので、上に見たように、そこに情動性が息吹として印されているのである。Eh に関しては、定説を導くことはできず、推測の域をでないが、デモネによれば、おそらく Ah と Oh の類推により、文字表記上、Eにhが付加されたのではないかということである。そうだとするならば、この eh という間投詞は、ルネッサンス期のフランス語が生み出した、いわばフィクションの間投詞である、ということになる。間投詞が自然発生的な記号なのではなく、人為的に作り出すことで、むしろ人為を自然に近づける「演技」となるのである。

7.　まとめと展望

以上、デモネの研究に沿って、ルネッサンス期のフランス語の中で、間投詞が創造されるさまを見てきた。これは抽象的な理論の問題ではなく、フランス語がラテン語に代わり、ヨーロッパにおいて政治的・経済的・文化的覇権争いの中で地位を固め、フランス語が国家語として成長する歴史の流れの中で捉えられるべき問題である。デモネは、間投詞のもつ身体性（内臓性と言うべき？）と密着した情動性（＝エネルギー態）、その記号学的性格（指示的記号ではな

く、感情を推論させる兆候的記号)、対話構造のなかでの他者(聞き手)への呼びかけ(言語行為)、そして演技的性格(社会性)という間投詞の複雑な性格を明らかにした。しかし、これらの複合的な問題は、まだ文法学と修辞学が峻別されていたルネッサンス期には一連の問題として論じることができなかった問題である。では、ひるがえって、現代言語学では取り扱うことができるのであろうか。現代言語学においても、統語論、意味論、語用論は別のセクションに分断されたままである。その意味では、間投詞をめぐる考察はルネッサンス期のフランス語とさほど変わってはいない。現代において「間投詞」を問題にするということは、文法学と修辞学を統合する理論を模索することであり、また統語論、意味論、語用論を越えて、これらを連続して扱う理論と方法論を提唱することにほかならない。この問題は稿を改めて論じることにしたい。

---

*1 本稿は2009年3月14日・15日に行った友定賢治氏の主催する感動詞に関するワークショップで口頭で紹介した内容をまとめたものである。ワークショップに参加し貴重なご意見をいただいた友定賢治氏、小林隆氏、定延利之氏、野田尚史氏、森山卓郎氏、金田純平氏、大工原勇人氏、張麗娜氏に感謝の意を表する。
*2 Demonet, Marie-Luce, 2006, *Eh/hé*: L'oralité simulée á la renaissance, *Languages*, vol.40, 57-72.
*3 デモネによれば、ジュールセザール・スカリジェ (Jules César Scaliger) (1484-1558) は『ラテン語文法』(*De Causis linguae latinae*) (1540) の中で間投詞が文の一部分であることに疑義を示している。ラムス (Ramus) (1515-1572) は『ラテン語文法』(*Grammatica latina*) (1548) の中でも、『ギリシア語文法』(*Grammatica Graeca*) (1560) の中でも、さらには『フランス語文法』(*Grammaire Française*) (1562) の中でも間投詞を副詞 (adverbe) に分類している。
*4 Tory, Geoffroy, 1529, *Champfleury, auquel est contenu lait et science de la deue et vraye proportion des lettres attiques...*, Paris, G. de Gourmont ; Paris, Vivant Gaultherot, 1549. Fac-similé, introduction et notes par G. Cohen, Paris-La Haye, Mouton, 1970. Gallica. Publication en cours sur le site du Centre d'Études Supérieures de la Renaissance http://www.cesr.univ-tours.fr/Epistemon).
*5 Scaliger, Jules César, 1540, *De Causis linguae latinae*, Lyon, S. Gryphe.

*6 Fouquelin, Antoine, 1555, *Rhétorique française*, dans *Traités de poétique et de rhétorique de la Renaissance*, 1990, éd. F. Goyet, Paris, Le Livre de poche classique.1990.

*7 Meigret, Louis, 1550, *Le Tretté de la Grammere françoese*..., Paris, C. Wechel. The Scolar Press reprint, 1969. Éd. par H. J. Haussmann, Tùbingen, G. Narr Verlag, 1980.

*8 Estienne, Robert, 1555, *Rudimenta latina, cum accentibus,* Paris, Charles Estienne.

*9 Pasquier, Etienne, 1996, *Recherches de la France*, L. Vlll (1596, consacré aux questions linguistiques), éd. M.-L. Demonet (en collaboration), Paris, Champion.

*10 Duret, Claude, 1613, *Thresor de l'histoire des langues de cest univers...*, Cologny,

*11 Montaigne, Michel de, 1965, *Essais*, édition Villey-Saulnier, Paris, Presses Universitaires de France. Corpus Montaigne sur CD-Rom, Bibliopolis.

*12 Turnèbe, Odet de, 1964, *Les Contens,* [1581–1584], éd. N. B. Spector. Paris, Didier, STFM.

*13 Béroalde de Verville, François, ca. 1616, *Le Moyen de parvenir*, éd. H. Moreau et A. Tournon, 1984, rééd. Paris, Champion, 2004. Transcription de M. Renaud éditée sur le site du Centre d'Études Supérieures de la Renaissance, 2005 (http://www.cesr.univtours.fr/Epistemon).

*14 Sponde, Jean de, [1594], 1978, *Œuvres littéraires, suivies d'Écrits apologétiques avec des Juvenilia*, éd. A. M. Boase, Genève, Droz.

*15 Marguerite de Navarre, 1967, *L'Heptaméron*, éd. M. François, Paris, Classiques Garnier.

*16 Soarez, Cyprien, 1569, *De arte rhetorica libri très, ex Aristotele, Cicérone, & Quintiliano deprompti,* Hispani, Alphonsus Escrivanus.

*17 Mathieu, Abel, 1572, [troisième] *Devis de la langue francoyse, fort exquis, et singulier,* Paris, Jean de Bordeaux.

*18 Tory, Geoffroy, *op.cit.* 32.

*19 Bodin, Jean. 1951, *Methodus ad facilem historiarum cognitionem*, 1566. Trad. fr. par Pierre Mesnard. Paris, Presses Universitaires de France.

*20 Bodin, *op.cit.* 453.

感動詞と応答
新情報との遭遇を中心に

森山卓郎

1. はじめに

　我々の日常の談話では、それまでに持っていなかった情報に接することがよくある。そうした場合の反応を、広義の新情報遭遇の反応と呼ぶこととしたい。新情報遭遇の反応は、既に情報を持っている場合の反応とは違っている。例えば、「オリンピックが東京に決まった」ことを知らされた場合の反応として、次のような反応が考えられる（以下、反応や応答の例についてB1、B2のように表記する。それぞれがAに対する応答であることを表す。これらの数字は連続する談話であることを示すわけではない）。

(1)
　　　A 「オリンピックが東京に決まったよ。」
　　　B1 「うそ。」
　　　B2 「あ、そう。」
　　　B3 「へええ。」
　　　B4 「ふうん。」
　　　B5 「ほんとう。」
　　　B6 「ほんとうだ。」
　　　B7 「ああ。」
　　　B8 「わあい。」
　　　B9 「?うん。」

　B1〜B8の応答は、いずれも相手からの情報を知らなかったものとして扱うこととなっている*1。これに対して、B9のような認定の応答は、聞き取りの表示（あいづち）としての用法を除けば、すでにそのことを知っているような意味になり、この文脈では不適切

53

である。まずここから、森山（1989）で指摘したように、新情報との遭遇（知らなかったことを知ったということ）の場合に一定の応答がなされるということを確認しておきたい＊2。

　では、B1〜B8の応答の使い分けはどうなっているのだろうか。ここで注意が必要なのが、応答の専用形式とそうでない形式である。B1〜B7の応答はいちおう応答専用の形式といえるが（以下、新情報遭遇の応答形式と呼ぶ）、B8は、情動的な感動詞であり、応答を表す形式とは違っている。応答形式でないものが新情報遭遇の応答として使われることについても留意が必要である。

　B1〜B7のような新情報遭遇の応答形式について見ていく場合、どういった環境でどのような形式が使われるのかということを明らかにしていくことになるが、その際、音調にも注意が必要である。例えば、B5「ほんとう」のような応答は、「ほんとうLHHH？」「ほんとうLHHL」のように発音によって応答者の把握の仕方が大きく違ってくる。「ほんとうLHHH？」のように語末（応答詞を一文と見なす場合は文末）を上昇させる場合は、問い返すようなニュアンスになる。

　また、B6「ほんとうだ」のような形は、単にその情報を電話で伝えられたような文脈では少し不自然であるが、例えば号外の記事を渡されて、自分も見ているような文脈では使える。応答者がどのような情報の状態にあるかということも応答においては重要な要素である。それぞれの応答の形式と意味について、応答者がどのような認知的プロセスにあるのかという観点を含めて検討していくことが必要である。

　なお、ここでは主に文脈を人工的に構成した一種の思考実験としての作例を使う。言うまでもなく、自然談話のデータを利用した研究には客観性という点での大きな価値がある。しかし、作例による思考実験も、どういう状況の場合にどんな応答形式が適合するかをコンパクトに検討するという利点はある。ここでは、一部にアンケート調査も含めつつ、文脈状況とその解釈に対応した応答関係を検討することをめざす。

2. 新情報遭遇応答の非優先性

応答形式の具体的な記述に入る前に、新情報との遭遇における広義の反応と、その中での新情報遭遇応答の在り方の違いについて整理しておきたい。例えば、

(2)
  A 「鞄のふたが開いているよ。」
  B1 「あ、そう。はい HH」
  B2 「はい HH」
  B3 「あ、そう」

におけるA「鞄のふたが開いているよ」というのは新情報の提供である。これに対して、B1「あ、そう」は新情報の導入を表す。しかし、B2のように、「鞄のふたが開いている。＋だから対処せよ」という文として解釈し、「はい HH」のみが応答となることもありえる。この場合、新情報に遭遇してはいても、新情報遭遇としての応答がなされているわけではない。平板な音調の「はい HH」は、対応する行動をとることを表す応答であって、「あ、そう」のような新情報を導入するといった応答とは異質である。こうした異質な応答が新情報の提供に対する応答という環境で出現することは十分考えられる。

逆に、この文脈で、単にB3「あ、そう」とだけ答えるのは、いささか不適切なように思われる。発話の目的を考えた場合、情報の提供のみならず、それへの対処が問題となっているからである。

このように、応答について考える場合、先行文の発話意図への対応ということが必要となる。まず、ここから、次のような原則を確認しておきたい。

(3)
  応答における関連性の優先づけ：応答者は自分にとっての関連が最も高い文脈を構成せよ。

こうしたことは関係修復的応答の有無ということにも深く関わっている。例えば、

(4)
　　A（親）：「ジュースが冷やしてあるよ」
　　B1（子ども）：「ほんとう？ありがとう」
　　B2「ありがとう。」
　　B3「?へええ」
　　B4「わあい！」

というように、A「ジュースが冷やしてあるよ」という情報提供は、単なる新情報の提供ということだけではなく、聞き手への「勧め」として解釈される。その点で、B1のように、相手の情報を受け入れたことに続けて、感謝の意を表す「ありがとう」などの応答は自然である。おもしろいことに、B2のように、単に「ありがとう」というだけでも、新情報を受け入れていることになる*3。また、B4のように、相手からの情報提供に対して、情動的な反応を表す場合も、相手からの情報を受け入れた応答として考えられる。情動的反応はそれ自体で新規情報の受容を前提としているからである。一方、単にその情報を受け取ったということだけを示すB3「へええ」のような応答は、その情報を単に新情報として認識したことしか示さないので、そのことを知ったという応答にはなるが、「勧め」への返答としては少し舌足らずな印象を与える。

　このように、新情報の提供に対する応答の専用形式は、新情報の提供に対する唯一の反応ではない。むしろ、動きの発動を了解したという場合には、「はいHH」のような応答が優先され、さらに、利害に関する関係調整が必要であれば、「ありがとう」などの関係修復的応答が必要である。また、「わあい」のような情動的な反応がなされることでも新情報の提供に対する反応としては十分成立する場合がある。以上から、次のようなことを確認しておく必要がある。

(5)
　　新情報遭遇応答の非優先性：新情報遭遇だけを表す応答は新情報提供に対する反応としては優先されない。新情報によってもたらされる状況に関する対処や関係修復的応答、情動的反応の方が優先される*4。

従って、新情報遭遇応答は、かえって直接的な反応を返さないという印象を与えることにもなる。

次のような情動的な感動詞は応答の専用形式ではないが、新情報遭遇という文脈での広義の反応として、単独で使用できる。

(6)
　　プラス評価的：わあい、やった、おお、
　　マイナス評価的：あちゃー、あらら、あらまあ、
　　評価に中立的（驚きを表す）：うわあ、なんと、

以上、新情報との遭遇を表す応答について考える場合、解釈的な問題が関わるほか、新情報であるということを前提とした、いわば「次の反応」も考える必要があるということを確認した。応答者は新情報との遭遇という文脈において、単に新情報を導入するだけでなく、主体的な反応をすることが前提とされているとも言える。逆に言えば、新情報遭遇だけを表す応答は、あくまでもそれが新情報であるということだけを示す応答である。

3.　新情報遭遇型応答の三種と感動詞との交渉

では新情報との遭遇をもっぱら表す応答は、どのような使い分けがなされているのであろうか。ここでも、応答者の主体性に着目する必要がある。応答者の認知的プロセスに着目すれば、肯定的な方向で新情報に関する情報を参照する場合と、受容において意外感を示す場合、そして、いずれでもない中立的に新情報を導入する場合、という大別して三種類の反応に分けることができる。例えば、たまたま通りかかったレストランについて、先行する話し手Aが情報提供をするとする。それに対しての次のような三通り応答は応答者の情報の持ち方やそれを元にした態度の違いを表す。

(7)
　　「あそこの料理は、ものすごくおいしいよ。」
　　B1　「ふうん」
　　B2　「あああ（緩やかに下がる発音）」
　　B3　「うそ」

まず、B1の「ふうん」という応答は、知らなかったということだけを表し、いわばニュートラルに情報を導入することを表す。特に自分の知識との参照による真実性の評価があるわけではない。「へええ」「ほんとうLHHL」「あ、そう」のような応答も基本的にはこのタイプとして整理することができる。このほか「なるほど」「わかった」なども情報の導入を表す。

　これに対し、B2「あああ」という応答（全体が緩やかに下降するタイプの発音）は、「いかにもそんな雰囲気だ」「いつも満員だ」というように、自分の知識を参照した応答になる。このタイプの応答は、応答者自身による情報の強化といった認知的なプロセスを有している。このタイプには、例えば、

(8)
　　A　「ここの料理はおいしいよ。」
　　B　（実際に食べてみて）「ほんとうだ。」

のように、自分で確かめたことを示す応答も位置づけられる。

　一方、B3「うそ」のような応答は、語彙的な意味との相関から、意外感を表すことになっている。新情報が直接的な場合は、

(9)
　　A　「あそこの料理はおいしかったよ。」
　　B　「うそ。実はあの店は友達がやっている店なんだ。それを聞かせると喜ぶだろうな。」

のようにその情報を確定することも考えられるが、

　　A　「あそこの料理はおいしかったよ。」
　　B　「うそ。いつもがら空きだけど。」

のように、導入の躊躇を表すことにもできる。あくまでも否認ではないにしても、その情報に対して距離をとりながら接触するという認知的プロセスを表すものである。

　このように、新情報への遭遇を表す応答にも、我々は既有の様々な知識や推論を参照した反応をしている。まず、こうした点から、新情報遭遇応答を次のように3つの類に分けておきたい。

(10)
　　導入類（強化や懐疑はない）

：「ふうん」「なるほど」「わかりました」「そうか」「ほんとう LHHL」
　強化類（先行情報導入に対して確認や想定などの強化を伴う）
　　　：「あああ HLL」「本当だ」「ほんと LHH」
　意外感表示類（情報導入に対して意外感を示す。懐疑的態度の場合もある）
　　　：「うそ」「本当？」「はあ？」

本稿で情報導入の応答と呼ばず、新情報遭遇応答として広く扱うのは、新情報に対する応答者のこうした主体的な反応が考えられるからである。以下、それぞれの類に応じて具体的な応答の選択を見ていきたい。

4. 導入類

4.1　引き伸ばし型情報導入　「ふうん」「へええ」

　導入類とは、特に新情報導入に対して強化や躊躇などの反応を示さないものである。それぞれの応答において、情報の導入に関わる認知的なプロセスの表示が考えられる。

　まず、個人的な認識の変容を表すものから見ていきたい。「ふうん」「へええ」などは新情報の導入に際して一定の時間をかけているということを表し、引き伸ばし型の情報導入とでも呼ぶことができる*5。一種の詠嘆ないし驚きの情動と連動するものとも言える。

　一定の時間をかけて新情報を導入することを表す点で、真偽の確定は暫定的である*6。すなわち、

（11）｛ふうん・へええ｝、わかった。

のように、そのまま情報を確定させるという連続も可能であるが、

（12）｛ふうん・へええ｝、本当かなあ。

などのように、いったん受け入れた後で最終的な情報の確定を避けることもできる。

　形としては二拍以上の長音を含む音形となっている。特に「ふうん」は、二拍目において引き延ばされる必要があり、「ふん」のように短い発音になれば、知らなかったことを伝達されたという意味

にはならない。「へええ」は「へえ」という二拍でもよいが、三拍以上引き延ばされることもあるので「へええ」と表記する。基本的には、引き延ばしが長い方が情報を導入するにあたっての時間をかけることを暗示する。

　音調としては、「ふうん」も「へええ」も、緩やかに上昇する発音となっている。「ふうん」には、高く始まって下がっていく発音も可能であるが、その発音になると、情報の導入という意味ではなく、何かを考えているような別の意味になる。「ふうん」「へええ」のゆるやかな上昇という音調自体にイントネーションとしての意味が抽出できる。例えば、「はあ」などでも、

　(13) はああ（緩やかな上昇）。なるほどねえ。

の「はああ」の部分は、この音調であれば、新情報を導入していることを表す。この音調は、上昇ということが思いの盛り上がりと関連する可能性がある（ただし、あまりに急激なピッチの上昇はむしろ意外感表示の「えー」に近いものとして解釈される可能性がある）。

　おもしろいことに、この引き伸ばし型の新情報導入表現は、

　(14) ?あ、へええ、

のように「あ」と共起することはあまり一般的ではない。すでに新情報に対して自分の知識に位置づけつつあることを表す点で、その瞬間に注意を向けたことをモニター的に表す「あ」とは共起しにくいものと思われる。これは「あ」を含む「あ、そう」や「ほんとう」などの応答とは違っている。

　「へええ」「ふうん」の意味の基本は、その情報の導入に時間をかけるという点にあり（詠嘆性ということもできる）、本で知識を得たような場合でも、

　(15)（クイズの本で意外な答えを見て）へええ、そうなんだ。

のように使うことができる。これは個人的な認識を表す応答であるという特性に関連しており、新情報であるという表示を聞き手へことさら表すような応答とは異なっている。

　情報の導入に時間をかけるという、一種の詠嘆的特質は、典型的には知的好奇心に関する応答としての用法につながる。

(16)
 A 「シュークリームはフランス語でシュー・ア・ラ・クレームというけれど、シューとはキャベツのことだよ。」
 B1 「へええ。そうなんだ。」
 B2 「ふうん。そうなんだ。」

のように「へええ」「ふうん」といった応答は、そのまま抵抗なく新情報を受け入れ、軽く驚くことを表せる一般的な応答である。

なお、「へええ」と「ふうん」では、「へええ」の方が意外感が大きいようである。次のようなアンケート調査をした。すなわち、「親しい友達と話していて、たまたま絵の話になりました」という文脈で、

(17)
 A1 「そういえば、お祖父さんが昔買った水墨画の絵があったけど、この前、それが室町時代の国宝級の作品だということがわかったんだ。」

という驚きの大きい文脈と、

(18)
 A2 「そういえば、お祖父さんが昔買った水墨画の絵があったけど、いかにも模造品の安物で、この前、捨てちゃったよ。」

のような驚きの小さい文脈での先行文を設定し、それに対して、「へええ」「ふうん」「あ、そう」「その他」のいずれで答えるかを聞いてみた。その結果、

表1

	「へええ」	「ふうん」	「あ、そう」	その他
驚きの度合大：	50	0	7	0
驚きの度合小：	9	32	10	6

(n=57)

という結果であった。「へええ」の方が、驚きの程度が大きいことを示すようである*7。こうしたことと関わって、

(19)「どうして？」と坊やの狐はききかえしました。
 「人間はね、相手が狐だと解ると、手袋を売ってくれないん

だよ、それどころか、掴まえて檻の中へ入れちゃうんだよ、人間ってほんとに恐いものなんだよ」
　「ふうん」　　　　　　　　（新美南吉『手袋を買いに』）
において、「ふうん」という応答は「へええ」と比べると、それほど強く印象づけられた応答ではないと言えそうである。この段階ではよく知らないということ、あとで人間がみんな怖いとは限らない、といった展開になること、を考えれば、この応答は物語の展開とまったく無関係というわけではないであろう。また、この文脈で「ほんとう LHHL」という応答は少し不自然に思われる。自分なりに真偽を考えてそれを受け入れるような意味になるからである（後述）。

4.2　真偽性コメントによる情報導入　「ほんとう LHHL」

　情報の導入を表す応答の中でも、「ほんとう」「あ、そう」などは真偽性に関するコメントを表すものである。
　まず、「ほんとう LHHL」は、「本当」という真偽に関するコメントとして情報を受容することを表すというものであり、聞き手に対して情報の導入による知識状態の変容をモニターしてみせる応答となっている。そうした特性があるために、聞き手がない文脈での使用、例えば本で知識を得たような場合の使用は不自然である。
　(20)（クイズの本で答えを見て）＊本当 LHHL!?
のように言うことは少し考えにくい[*8]。仮にそう言う場合はあたかも情報源と対話をしているようなニュアンスになるのではないだろうか。
　形式としては、丁寧な場合には、「本当です」ではなく、
　(21) 本当ですか。
という形になると思われる。基本的には疑問型情報受容を表すものとして位置づけられるが（森山(1992)）、用法としては、新情報を確定化する方向での導入を表す。
　(22) 本当 LHHL、わかった。
のように、情報を確定させることを表せる一方で、
　(23)＊ほんとう LHHL、でも、本当かなあ。

のような疑いないし否認の後続はあまり一般的ではない。いわば情報を受容したことをみせる応答として位置付けることができる。

　この情報を受容してみせるという意味は、イントネーションにも関わっている。新情報を導入する場合は、「と」を高くして「とう」の部分で大きく下降する発音が一般的である。このイントネーションに対応して「う」を伸ばす発音が典型的である。この語末の下降は、応答詞として考えた場合「そうHL」の持つ語末の下降と同様のものと考えることができる。下降することによって、情報の導入にあたって抵抗がないことを示し、疑問型の上昇をしない、ということを積極的に表すものと考えられる。

　付言ながら、若者言葉での「まじー」という応答も（「マジ？」のように明らかに疑問調の上昇をするものは後述する躊躇的応答として位置づけられる）、「マジーHLL」のように下降調のものは、情報の受容を表すものと言える。

　「ほんとう」の用法はこのように発音と密接な関係がある。「ほんとう？」のように上昇すればそのまま受け取るのではなく、疑問を呈するような意味になる。また「ほんと」だけを短く言えば直接経験を表す。例えば、

(24)
　　　A　「背泳はどうしても鼻に水がはいるね。」
　　　B1　「ほんとうLHHL」
　　　B2　「ほんとうLHHH？」
　　　B3　「ほんとLHH」

自分は背泳をしたことがないような場合で単にその情報を受け入れるのであれば、B1のような応答が自然である。一方、B2のような応答は、そのことをよく知らないような応答であり、疑問の音調によって、直ちにその情報を受け入れることにはなっていない。自分はそんなふうには思わないといった場合などもこの応答になる。また、B3のような応答は、自分も背泳をした経験があり、そのことを実感しているような応答となる。こうした用法については後述する（cf. (47)）。

　新規情報を導入するという意味であっても、「ほんとうLHHL」

は、次に述べる「あ、そう」に比べると比較的意外感が強く、その真偽性について検討するようなニュアンスがある。例えば、
(25)
  A 「私、お客様の担当をさせていただきます。山田と申します。」
  B1 「*ほんとう LHHL!?」
  B2 「あ、そう」
のような応答を比べた場合、B1 の「ほんとう」は、単に名前を示されるような文脈では不自然である。一方、次に述べる B2「あ、そう」は自然である。

4.3 相手情報受信の表示 「あ、そう」

「あ、そう」は、相手からの情報を聞き取って自分がしっかり聞き取ったということを表す。「あ、そう」は「あ」があることで、その場で当該情報に注意を向けることを表し、ここでは「あ」をつけた形で1つの応答表現として言及するが、大きく下降させるなど、音調によってはこの場合の「あ」はなくてもよい。

「そう」の本来の形は先行情報をソで指示する表現である「そうか」に相当するものと思われ、丁寧体になる場合には、
 (26) あ、そうですか。
という形になる。この応答も、
 (27) あ、そう。わかった。
のように、情報を確定させる方向での情報導入が一般的だと思われ、
 (28)？あ、そう。本当かな。
のように、疑いを後続させて情報を確定させないことはあまり一般的ではない。仮に「本当かな」のような疑念を後続させる場合には「でも、本当かな」のように逆接の関係が必要なように思われる。

「そうか」自体は、「か」を含み、
 (29) A 「できましたよ。」
   B 「できましたか。」
のような疑問型情報受容文に相当するものである。ただし、一般的な情報受容疑問文としてのこれ「そうか」は、あらかじめ考えがあ

る場合にも使われ、聞き手がいない場合でも使用が可能である＊9。

　これに対して、新情報遭遇の応答としての「あ、そう」は単なる新情報ではなく、相手から情報を得た場合の応答に限られる。例えば、本でクイズの答えを見たような場合に、「そうか」と言うことはできても、

(30)（本でクイズの答えを見て）＊あ、そう。

ということはない。応答における「あ、そう」は、情報をそのまま新しいものとして導入することを表す導入のサインであり、応答は相手に示されなければならないのである。

　この応答は、本来は真偽性に関わるコメントとして位置づけられるが、相手への応答としての形式化が進んでおり、内容の真偽性から離れた場合でも可能である。例えば、

(31)
　　　A　「このたび、お客様の担当をさせていただきます。私は山田と申します。」
　　　B1　「＊ほんとうLHHL!?」
　　　B2　「あ、そう」

のように、単に名前を示されたような場合でも使うことができる (cf. (25))。このことは、さらに、

(32)
　　　（オーケーの指サインに対して）「あ、そう。よかった」

のように、身体的なサインでも「あ、そう」が使えるということと関連する。こうした特性は、

(33)
　　　A　（激しい夫婦げんか）「もう離婚だ！」
　　　B1　「あ、そう。」
　　　B2　「? へええ。」
　　　B3　「? ふうん。」
　　　B4　「＊本当LHHL!?。」

のような用法とも関連している。この場合、B1の「あ、そう」は、相手の発話を言語的に追認し、相手の発話を態度表明として受け入れることを表す＊10。これに対して、B2の「へええ」やB3の「ふ

感動詞と応答　　65

うん」は新しい情報として受け入れることを表す点で少し不自然なように思われる。知識としての受け入れになってしまうからである。そんな態度なのだ、ということが自分の知識としてわかったといったニュアンスで解釈できるような文脈であれば不可能ではないかもしれないが、一般的な応答とは言えないであろう。B4 の「本当」も真実性についてのコメントを表す点で、相手の発話を受け取ったという応答としてはあまり一般的なものではない。

　こうした特性と関連して、例えば、

(34) そうしてこの子は、しょっちゅう、おなかをこわしたり、熱を出したり、夫は殆ど家に落ちついている事は無く、子供の事など何と思っているのやら、坊やが熱を出しまして、と私が言っても、あ、そう、お医者に連れて行ったらいいでしょう、と言って、いそがしげに二重回しを羽織ってどこかへ出掛けてしまいます。　　　　（太宰治『ヴィヨンの妻』）

の「夫」の「あ、そう」は、先述の新情報遭遇応答の非優先性ということと関連して、いかにも表面的にしか取り合っていないという印象の応答になる。

　なお、その情報を状況と関連づけて受け入れる場合に、

(35) あ、そうなんだ。

という形の文も使われる。これは「のだ」という形があることで、背景にこのような事情があったということを納得するようなニュアンスでの新規情報の導入となると言える。この場合は個人的な認識の変化を表す用法として、本などを読んで情報を得た場合にも使える。

4.4　理解の宣言　「わかった」

　以下、いわば特殊な色合いをもつ応答について見てみたい。まず新情報の導入を語彙的表現を使って言及する場合がある。「わかった」「わかりました」「了解」などの動詞系の応答はそうした明示的なコメントである。「知らなかった」という情報導入前の状況を言う表現も同類である。いずれも、狭い意味での応答形式ではないが、情報の導入という観点から、簡単に他の形式と比べておきたい。

言うまでもなく、これらは了解したという認識の変容をそのまま言語化した応答である。いずれも新情報が知識として確定したことを宣言するものであり、「一体的な知識の導入による知識状態の変化の宣言」ないし「理解の宣言」とでもいったものを表すものと言える*11。このタイプの応答では、明示的に理解を宣言する点で、新情報に一定の重要性が必要である。典型的にはその情報には何らかのまとまりが必要ではないだろうか。例えば、清水寺の観光案内をしてもらっている文脈で、

(36)
　　A　「この建物は江戸時代に建てられたものです。」
　　B1　「へええ。」
　　B2　「?わかりました。」

B1「へええ」のような応答は自然だが、B2のように「わかりました」は不自然である。「わかりました」が自然になるのは、例えば、元々「清水寺は古い寺であり、建築物も古い」と思っていた人が、現存の清水寺の建築物が実際には江戸時代以降だということを説明され、認識を変えるような文脈の場合であり、

(37)
　　A　（詳しい説明のあと）「このように、清水寺の多くの建
　　　　物は江戸時代に建てられたものなのです」
　　B　「わかりました」

といった応答ならば自然なものになる。
　こうした了解という意味が典型的に問題になる場合として、行動に関連づけられた応答も考えられる。例えば、Aが「京都の古建築ツアー」に清水寺が適当でないといった主張をしていて、ツアーを企画しているBに示すといった文脈なら、(36) B2の「わかりました」という応答は自然である。その全体的な主張目的を理解し、それに応じて「京都の古建築ツアー」の行き先を再検討するといった意味になると言える。いわば行動へ連動するという応答である。この用法には「はいHH」のような応答も隣接している。電子メールでのやりとりでの「了解」も同様である。

4.5　新情報の位置付け　「なるほど」

　最後に、「なるほど」のような論理的な納得を明示するものについても触れておきたい。これは自分の知識の中で何らかの位置づけができたこと（納得）を表す。聞き手がいない状況でも、

　(38)（自分一人で本で調べて）　あ、なるほど。

のように言うことができる*12。新情報は直ちに確定されることを表し、

　(39) なるほど。わかった。

ということはあっても、

　(40) ?なるほど。本当かな。

という連続は一般的なものではない（いったん納得してから「でも、本当かな。」のように改めて思い直すことは考えられるが、逆接の関係が必要である）。

　「なるほど」は、特に情報を自分の知識の中に位置づけるということを表す。典型的には、理由付けなど一定の論理関係のある位置づけができることを表す。例えば、

　(41)
　　　A　「さっき、餃子を食べたよ。」
　　　B　「?なるほど」

のような応答は少し不自然である。単に何かを食べたというだけの情報であれば、知識の中に位置づけられるということにつながりにくいからである。しかし、例えばそれらしいニンニクのにおいがした、といった文脈があれば、理由づけとしての位置づけができる点で、この連続は自然になる。

4.6　導入類における共起

　以上、新情報導入の応答について各論的に検討した。「ふうん」「へええ」など、導入に際して処理時間をかけることを表す応答、「ほんとうLHHL」のように真偽性のコメントを表す応答、「あ、そう」のように広く情報の受け取りを表す応答、というようにそれぞれの形式によって導入の仕方に違いがある。そうした意味のあり方は確定するかどうかという認知的プロセスに対応するだけでなく、

68　Ⅰ　理論的研究

音調など形式的特性とも関わりがある。

　付言ながら、これらの応答は選択的な関係ではない。それぞれの機構として情報の導入を表す点で、共起することは一応可能である。いささか極端であるが、

(42)「あ、そう。本当。へええ、なるほど、わかった。」

のような共起も不可能ではないであろう。

　ただし、順序性にはそれぞれの意味に応じた傾向のようなものが考えられる。「へええ」のような詠嘆的なものは比較的位置が自由なように思われるが、「わかった」のような宣言的な表現が冒頭に出現すると、それに後続する新情報遭遇の応答は考えにくい。また、「あ、そう」のように受け取りを表すものはどちらかというと初めの方が安定するように思われる。例えば、

(43)?「わかった。なるほど、へええ。本当。あ、そう。」

のような順序での応答は、特別に反芻するような場合には可能かもしれないが、あまり一般的ではないと思われる。

5. 強化類

5.1　直接的照合　「本当だ」「ほんと」

　強化類の応答とは、新情報が導入されることを表す応答であっても、現場確認や既有知識との照合が行われ、応答者が新情報に対して肯定的な反応を示すものである。したがって新情報は基本的には確定される。知識・環境照合類とでも呼ぶこともできるものであり、単なる新情報の導入というタイプの応答とは言えない。

　「本当だ」は、「それは本当のことだ」といった認定が元になった感動詞と言える。いわば「自分もそう思う」「自分もそう確認した」、といった意味を表す。この場合、情報への直接のアクセスが必要であり、

(44)
　　　A　「シャツのここ、ほら、破れているよ。」
　　　B　「(自分でも確かめて) 本当だ。」

のように直接の確認が必要である。これに対して、

(45)
  A　「シャツのここ、ほら、破れているよ。」
  B　「(自分で確かめずに)＊本当だ。」

という応答は不自然である(この場合、単なる新情報の導入を表す「あ、そう」「ほんとうLHHL」などは可能である)。

　まず、「本当だ」という応答は、先行情報について「(自分の確認した状況が)本当だ」と述べるものであって、直接的な照合を表す。平叙文として終止するイントネーションを持つ「本当LHHH」にも置き換えることができる。「ほんと」のように最終拍が短く発音されることもある。

　事実確認ではなく、同意見を表示する用法もある。この場合は新情報遭遇というよりもむしろ賛成の態度表明にも近く、関連する別類の応答として扱う方が適切である。形としては、「本当」のように「だ」をつけない方が自然である(この場合、特に賛成の態度表明にも近い位置づけとなる。この場合の応答ではくりかえされることも多い)。

　意見に対して賛成を表す場合、「本当」は、新情報の遭遇ということから離れ、いわば、「本当にそうだ」という賛意の表現となっていると言える。形式的にも、

(46)
  A　「あの政策は問題があるよね」
  B1「本当」(＝「ほんと、ほんと」)
  B2「本当にそうだ」
  B3「本当に」

のように、「本当に」という形もあり得る。

　以上から、先にも述べたように、

(47)
  A　「背泳はどうしても鼻に水がはいるよね。」
  B1「ほんと」
  B2「本当だ」
  B3「本当だね」
  B4「ほんとうLHHL」

における応答は、似ていてもそれぞれ応答としての機能が違っている。B1、B2、B3 の応答は、自分もそのことを実感しているような応答となる（この場合単に「本当だ」で終わるのは少し不自然であるが、その場でやってみたといった文脈でなら可能であろう）。特に、「本当だね」のように終助詞がある場合はそういう文脈がなくても自然である。これに対して、先述のように B4 の「ほんとうLHHL」という情報の導入を表す応答はそのことを知らなかったことを表す。

5.2 ソ指示による直接照合 「あ、そうだね」

強化的な応答は、自分も同様の意見や情報を持っているという方向での応答になる点で、一般的な同意の応答に近い。例えば、

(48)
  A 「このチーズ、腐っているよ。」
  B 「（確かめてみて）あ、そうだね。」

のような場合、同意を表す応答がそのまま使われるのだが、特に「あ」のような新情報であることを表す形式があれば、発話の時の気づきを表す。また、応答としての用法の場合、文末に「ね」のような終助詞が来ることが普通である。あくまでも「そうだ」という形だけでは使えない。

(49)
  A 「このチーズ、腐っているよ。」
  B 「（確かめてみて）？そうだ。」

という連続はいささか不自然である。「そうだ」という認定は名詞文に限られ、しかも、すでに情報があること（認定）を表すからである。「そうだね」は先行する発話内容に対して、新たな情報を導入しつつ、自分なりに現実と照合確認し、その上で同意を表すものと言える。すでに先行発話において言及がある点で、「ね」が必須である（神尾 1990）。

(50) 確かに腐っているね

のように、「確かに」という副詞は自分でもそう思っていること、事実を確認したことを表すが、こうした副詞が共起することも考

られる。

5.3　ア指示詞による検索照合　「あああ HLL」

　ゆっくり下降する発音の「ああ」は、応答者が応答者自身の知識や推論によって、いわば「予想通りである」といった反応を表す。応答者の認識をいわば検索した上でア系指示詞として照合し、その新情報を強化する応答と言える。ここでは「あああ HLL」と表記するが、「ああ」というような二拍の場合も考えられる（ただし感嘆の「ああ」とは違っている点で、「あああ」と表記する）。例えば、

(51)
　　　A　「いやあ、○○委員はなかなか忙しいです。関連するほかの会議にもいろいろ出ないといけないのです。」
　　　B1　「あああ HLL」
　　　B2　「へええ」

において、B1 の応答では、応答者なりの知識が検索・照合され、一定の予想がなされていることを表す。共感を表すような印象があるのはこのためである。いわば、「そうでしょうねえ」のような文が後続することが考えられるのである。一方、B2 の場合、まったく知らなかったこととしての把握になり、特に共感を表すこととはならない。

　既有知識の参照の有無を確かめるために、次のようなアンケート調査を行った。「A は自分が入ったレストランについて B に語ります。B は少し知っています。一見高級そうだが趣味の悪い外観で、お客がいるのを見たことがない、と思い出しました。」という既有知識参照文脈と、「B は全然知りません」という既有知識非参照文脈でみたところ、次のようになった。

表2

	ふうん	あああ	その他（自由記述）
既有知識参照文脈	10	43	4
既有知識非参照文脈	49	1	7

(n=57)

「あああ」という応答は、「へええ」「あ、そう」などと比べると、一定の予想をして聴いていて、応答者の予想が先行文に合致することを表すのである。その点で、相手の話を共感的に聞こうとする場合にもよく使われる。

　情報の強化を表す副詞として、「確かに」の共起ということも位置づけられる。「確かにそうだ」のように、相手からの情報をもとに自分なりに改めて考え直すことを表す。また、いったん既有知識を参照して導入した後で自分の知識の中に位置付けられた場合には、「あああ、なるほど」のように「なるほど」と共起することも考えられる。

6. 意外感表示類

6.1 受け入れにくさの表示 「え？」「はあLH？」

　意外感を表示する類の最も原初的な反応は、「え!?」のような、情報に対する受け入れにくさを表す感動詞である[13]。基本的には新情報は確定されない。いったん問い返すことで、再度確認して導入するという手続きが考えられるものがある。ただし、一部の用法では新情報の導入にも連続していて、意外感を表すだけでそのまま情報を導入する用法もある。

(52)
　　　A 「富士山が噴火しました！」
　　　B1 「え？まさか！」
　　　B2 「え？そうか、ついに噴火したか！」
　　　B3 「え？え？」
　　　B4 「え？大変だ」
　　　B5 「え？誤報だよ」

のB1のように、信じようとしない場合もあれば、B2のように、いったん自分の知識の中に受け入れがたいという反応を示した後で、その状況を受け入れる場合もある。B3のように状況を受け入れがたいという態度で繰り返して使うことも可能であるし、B4のようにそのまま受け入れ、確定する場合も考えられる。いずれも

感動詞と応答　　73

「え？」があることで、意外感が表される。「え？」を除くと、意外感が表されず、そのまま導入していることになる。また、B5のように新情報を確定させず、否定することも考えられる。

「え？」は応答に限るわけではなく、何かを読んで知るような場合でも使える。例えばAが新聞号外のような文字情報であっても、B1〜5のように言うことができる。

この「え」にはいくつかのバリエーションがある。多少丁寧にした形が、「はあLH？」である。「はいLH？」という形の場合もある。また、「え」自体の発音上のバリエーションとして、「えーー」のように緩やかに大きく上昇させることもある。この場合も、受け入れがたいという反応を時間をかけて示すこととなっており、次のように反発や拒否の態度を示すことにもなる。

(53)
  A(先生)「明日の遠足は延期になりました。」
  B(生徒)「えーー（上昇）」

これらの意外感を表す音調は、問い返しにも連続する点で、急激な上昇が可能である。「へええ」「ふうん」のような応答における緩やかな上昇とは異なっている。

6.2 否定的・問い返し的反応 「うそ」「本当？」

「うそ」のように、相手からの情報の導入を拒否する応答は、新情報の導入における一種の拒否的な反応と言える。「まさか」のような副詞や「ばかな」のような否定的な評価の応答（連体形での用法）も大きくは同類と言えるであろう。「本当？」のような問い返しも一種の否定的反応に連続する。導入型の応答を上昇イントネーションで発音する場合、疑問文に連続し、問い返し的な反応を示すことができるからである。この場合、

(54)
  A 「これは僕の担当だから私がやるよ。」
  B 「本当？わかった。ありがとう。」

のように意外感を表示して驚いて見せつつ、その情報を導入することもできるが、

(55)
　　A　「これは彼の担当だから、彼がやるよ。」
　　B　「本当？そんなわけないよ。」

のように確定しない（そのまま受け入れない）展開にすることもできる。

　一種の若者言葉として位置付けられるが、発話態度の信頼性という意味で「まじめに言っているのか」というところからの応答表現と考えられる「まじ？」のような応答も、上昇する場合、疑問を呈す点でこのタイプとして位置づけられる。例えば、

(56)
　　A　「富士山が噴火したよ。」
　　B1　「うそ！それは間違いだよ」
　　B2　「うそ！大変だ！」
　　B3　「本当ですか？」
　　B4　「うそ！大変だ」
　　B5　「まじ？」

のB1は、Aの情報を否定するものと言え、新情報の導入と言えるかどうかで微妙な側面もある。しかし、「いや」などと比べると、決めつけをしてはいるが、新情報との遭遇に連なる扱いになっていると言えるであろう。一方、B2は信じがたいがゆえに躊躇的な応答を示しつつも、その情報を受け入れるものと言える（この「うそ！」は「うそ〜」といった少し引き延ばしのある発音にもなる。その場合には情報の導入に時間をかけるというニュアンスが出ることも考えられる）。同じ「うそ！」でも、このようにその用法には広がりがある。

　B3の場合、「本当ですか」という応答であるが、疑問文としての上昇をさせた場合、直接の受け入れをしていない点で、一種の問い返しとなっている。言うまでもなく、「うそ」は目上に対しては失礼になる点で、疑問のイントネーションでの「本当ですか？」はその代用として位置づけられる。B4の「まじ？」も同様に疑問としての聞き返しである。これらの応答は、意外感を表示するものであり、直接的な情報の導入をせず、情報の導入を躊躇することを示す

ことができる。

　この「うそ」という情報の信頼性を否定する反応は、単なる名詞ではなく、新情報導入における躊躇の表示といった感動詞的な独自の用法を持っている。これに対して、「うそだ」「うそです」のように、「うそ」という名詞を述語とした文の場合は、本当に否認するという解釈になってしまい、感動詞としての「うそ」とは違った機能になる。

　このことを確かめるために、「君がこの前買った宝くじ、あれ、百万円の当たりだよ」と友人から教えてもらった、という発話に対する応答の組み合わせとして、「やった」の前に「うそだ」「うそ」「本当？」「うそだ。え？本当？」といった応答がそれぞれ自然かどうかを調査した。結果が表3である。

表3

	自然	不自然
うそだ。やった！	6	51
うそ。やった！	55	2
本当？やった！	54	3
うそだ。え？本当？やった！	50	7

(n=57)

　「うそだ」のように言うことは情報の導入というよりも、情報の否認につながると思われる。一方で、「うそ」の場合は、否定的になるほどの意外感をもった応答として成立していると言えそうである。「本当？」も同様であり、「うそ」「本当？」がともに使えるのは、いずれも同様の機能を持つからと言える*14。

　さらに、この調査では、「うそだ」のような否認の後に、「え？本当？」のようなものを挟む表現についても聞いた。この場合は自然だという判定が大きく増えている。これは、最初否認していたものが、やがては新情報の導入に転じたというプロセスを示すことになっている。この点については次節で検討したい。

6.3　意外感類の共起と情報導入のプロセス

　意外感を表す情報導入には情報の組み替えのプロセスも関わって

いる。例えば、信じがたいような情報や信じたくないような情報に遭遇した場合、問い返す表現に近くなる。

(57)
  A 「実は、○○くんが亡くなったんだ」
  B1 「え!?○○くんが亡くなった!?」
  B2 「本当ですか？」
  B3 「本当ですか。(下降)」

におけるB1のように、本当かどうかを問い返すような反応や、B2のように疑問文によって情報の導入を躊躇する反応を見せる場合が自然であろう。

　このように、信じがたい情報を導入せざるを得ない場合は、意外感の表出によって直接的導入を避け、一定の時間を置いて、「そうなんですか」のような新規情報の受け入れへと情報受け入れをシフトしていくというプロセスが考えられる。

　すなわち、応答が共起する場合でも、一定の順序が考えられる。最初の応答において、「え!?」のような、情報や状況が信じられないという反応が先行する。「え」は、聞き間違いなど、情報の伝達そのものの失敗を表すこともできる。これに続く位置にあるのが、「うそ!?」「本当!?」が新情報への評価という色彩を帯びる応答である。これらはいずれも意外感を前提とした躊躇的応答であり、一定の抵抗を示すものである。信じがたい情報に接触した場合、こうしたプロセスを経て、例えば「そうですか」のように、新情報の導入と書き換えをすることが考えられる。その場合、表3で示したように、最初は拒否的であっても、プロセスを示すことで導入へとシフトすることができる。これには一定の順序性があるのである。このことは、「うそだ。やった！」の不自然さに対して、「うそだ。え？本当？やった！」は自然になるという判定の違いに反映している。

7.　おわりに

　以上、新情報導入の応答について検討してきた。我々の日常的なコミュニケーションにおいて、新情報と遭遇するということは、情

報の獲得と関連する極めて重要な要素である。それぞれの応答が一定の慣習化を経て形式として成立するようになっている。そして、それにはイントネーションの情報伝達的意味も相関している。

新情報応答そのものは、いわば新情報の導入しか表さないという点での非優先的といわざるを得ない側面があることを指摘したが、それでも、多様な応答表現としての使い分けがあることには注目してよい。新情報との遭遇において応答者なりの主体的な情報へのアプローチが考えられるのである。

本稿では、この使い分けの整理として、単純に導入するもの、新情報に対して強化するもの、新情報導入に対して意外感を表すもの、という三類に分けられることを提案した。

(58)
  強化類（先行情報導入に対して照合などの強化を伴う）
    直接的照合：「ほんとだ」
    ソ指示による直接照合：「あ、そうだね」
    ア指示詞による検索照合：「あああ HLL」
  意外感表示類（情報導入に対して意外感を示す。懐疑的態度の場合もある）
    受け入れにくさの表示：「え？」「はあ？」
    否定的・問い返し的反応：「うそ」「本当？」「まじ？」

応答者は単に新情報を受け入れるだけではなく、既有知識を参照する「あああ」や現実との照合を経た「本当だ」など、新情報を強化する方向での反応もあれば、「本当？」「うそ」のように意外感を表すことで、導入を躊躇する応答もある。問い返し的に応答する中で応答者の信念の組み替えが行われ、やがてその情報が導入されることもあれば、そのまま導入を拒否されることもある。いずれも、応答において応答者の能動的なプロセスに注目する必要がある。

情報をそのまま導入するタイプとしては、概略、次のような選択の道筋が仮定できる。

(59)
　　　導入類
　　　[理由づけの有無]→「なるほど」
　　　↓無　　　　　　　有
　　　[全体性のある知識の書き換え宣言]→「わかった」
　　　↓無　　　　　　　　　　　　　　有
　　　[情報の受け入れ]
　　　独り言可能→時間をかけた処理（ゆるやかな上昇。確定回避
　　　　　　　　も可能）
　　　　　　可 ｛意外感大：「へええ」／意外感小：「ふうん」｝
　　　↓無
　　　[相手への導入の表示]→真偽性へのコメント（内容の把握）→「本当LHHL」
　　　（語末下降・確定）　↓無くてよい　　　　　　　　　有
　　　　　　　　　「あ、そう」（名前を聞く場合や身体サインも可）

　あくまでも模式的な応答の選択過程であるが、これら応答の意味と形は一定の対応が考えられることは注目される。こうした関係は応答の近さにも対応していると思われ、いずれの応答でも使用できるという文脈も考えられる。

　ここでは、応答形式の意味と形式の特性を考えたが、いわばラング的な検討であり、個々の談話内部でのパロル的な検討は次の課題である。新情報遭遇以外の応答との連続性もあるが、他の応答も含めた総合的な考察も必要である。外国語との対照なども興味深い（例えば井上2002や黄2002など）。いずれも今後の課題としたい。

＊1　単に意識化（活性化）されているかどうかということではなく、新規に知識の中に登録されるかどうかが重要だと言える。知っていたが忘れたという場合、これらの形式は使えない。
＊2　応答には「まあ」など展開制御系のものや、肯定否定の態度表明系のもの、聞き取り表示の類などもあるが（森山（1989））、ここでは触れない。
＊3　「ありがとう」などの感動詞は関係修復表現としてまとめる（森山（1999）参照）。

＊4　ただし、新情報であるということの標識に意味がないわけではない。「はいHH」に対して「あ、はいHH」という応答の持つ意味にも注意が必要である。単に「はいHH」と言う場合に比べて、「あ」をつけることは、そのことへ注意がむいたことを表す。これはそれまで知らなかったという気づきを表す点で、それまで対処しなかったことの説明にもなる。しかし、その場合でも「あ」だけで済ますよりも、何らかの挨拶や応答などが続くことが普通である。

＊5　田窪・金水（1997）は「評価中」として位置づける。時間をかけているという点で本稿のとらえ方と共通する。ただし、本稿では「すごいね！へええ」のような使い方もできる点で、評価がすでになされた後の詠嘆的用法も含める。

＊6　確定させるとは、応答者の信念として真扱いされるということである。「へええ」「ふうん」の直後に情報を受け入れることも受け入れないこともできるという点に注目すれば、新情報を一時的に受信したことの表示とも言え、詠嘆しつつ情報を一時的に保存する点で「バッファー」への情報入力とも言える。ただしこうしたコンピュータへの比喩は論者によって意味するところに違いがあり、注意が必要である。冨樫（2002）では「バッファー」は活性化情報という比喩で使い、「ふーん」はデータベースに格納されたことを表すとする。

＊7　冨樫（2002）では、「ふーん」の後に肯定的評価も（特に）否定的評価も表れにくく、「その情報にはあまり興味がない」という態度が強く出るとしている。しかし、同論文で「??」で示される「ふーん、イマイチだな」（p101）などは言えそうに思われる。評価と共起しにくいなどという指摘は興味深いが、そう見えるのは新情報遭遇応答の非優先性と驚きの度合いの相対的な小ささによるものと考えられる。

＊8　もちろん、本当かどうかを疑わしく思うという意味で「本当かな？」のように言うような場合は考えられるが、その場合は「本当LHHH？」のように上昇する発音の懐疑的導入に相当するものと見なされる（後述）。

＊9　「あ、そう。そう。」などは思い出した場合にも使える。

＊10　この「そう」は相手の態度を状況として現場指示により認定するものと解してもいいかもしれない。定延（2002）にある「了解のそう」とも関連する。例えば相手の沈黙に対してもスピーチアクトとして了解した場合には使えるなど、興味深い指摘がある。「そうか」「そうだ」などの形式の使い分けにも含めて今後検討が必要であろう。

＊11　「わかります」「わかりました」のようなテンスの問題もある。ここでは「わかった」を取り上げる。一般にはタ形の方が知識の一体的な了解が完了したことを表すからである。紙幅の関係上詳しい検討は割愛するが「わかります」は情報伝達が成功していることを途中経過的に表し、全体的な了解を示さない。「わかっている」は状態の無変化を表し、相手からの伝達の効果を否定する可能性があり、失礼な印象にもなる。

＊12　新明解国語辞典（第五版）に、「なるほど」について、
　　　他人の主張や説などを聞いて確かにそうだと同意する（そうであったかと納得する）ことを表わす。〔感動詞としても用いられる。ただし、目上の人に対しては言わない〕
という記述があるが、「目上に使わない」かどうかは検討が必要である。確かに相

手が説得にかかっているような印象を与えるという側面もあるが、「そうですか」などに比べて敬語的表現がつきにくいことも関連する。「なるほどですね」のような応答も観察される。

*13　田窪（2010）は「『えっ、ええ、えええ、へ、へっ、へえ、へええ』は1つの感動詞の形を変えた別の表れとして扱うことも可能である」（田窪2010：196 第二部第五章）とする。確かに共通点はあるが、本稿では導入を表す「へええ」は別類と考える。なお、下降する「はあ HL」も「はあ LH?」と同様の機能を持つが、問い返し的な疑問を表さず、曖昧な断定から一種の困惑を表せる点で相手に遠慮した表現になると言える。

*14　「うそ」はいったん相手の発話を否定する点で疑問とは異質であり、「うそ？」のような上昇をとることでの疑問表現にはならない。

参考文献

井上優（2002）「"是嗎？"に関する覚え書き」『「うん」と「そう」の言語学』定延利之（編）ひつじ書房

神尾昭夫（1990）『情報のなわ張り理論』大修館書店

黄麗華（2002）「中国語の肯定応答表現―日本語と比較しながら」『「うん」と「そう」の言語学』

定延利之編（2002）『「うん」と「そう」の言語学』ひつじ書房

定延利之（2002）「『うん』と『そう』に意味はあるか」『「うん」と「そう」の言語学』定延利之（編）ひつじ書房

田窪行則・金水敏（1997）「応答詞・感動詞の談話的機能」『文法と音声』くろしお出版

田窪行則（2010）『日本語の構造　推論と知識管理』くろしお出版

冨樫純一（2002）「談話標識『ふーん』の機能」『日本語文法』2-2、日本語文法学会

森山卓郎（1989）「応答と談話管理システム」『阪大日本語研究』1、大阪大学文学部日本学科

森山卓郎（1992）「疑問型情報受容文をめぐって」『語文』59、pp.35–44、大阪大学国語国文学会

森山卓郎（1999）「お礼とお詫び―関係修復のシステムとして」『国文学解釈と教材の研究』44-6、pp.78–82、学燈社

II 記述的研究

予想外と想定外
感動詞「げっ」の分析を中心に

冨樫純一

1. 論文要旨

　感動詞「げっ」の意味記述を試みる。驚きといった感情を単に表すのではなく、いくつかの使用条件が存在し、それらを的確に説明するためには「意外性」「予想外／想定外」といった概念が必要であることを指摘する。「予想外／想定外」の区別は他の感動詞の意味記述にも有効であることも加えて指摘する。

2. 問題の所在

　驚きを表す感動詞には数多くの形式があるが、「げっ」*1 はこれまで分析がなされてこなかった形式である。森山（1996）等で挙げられてはいるものの、意味分析には至っていない。1つの要因として、実際の日常生活では比較的用いられにくく、内省判断が容易でない形式であるためと考えられる。
　しかしながら、
（1）（返されたテストの点数が0点だったのを見て）　げっ。
（2）（返されたテストの点数が100点だったのを見て）??げっ。
これらを比べてみると、「げっ」の使用に明らかな制限があることが分かる。たとえ、使用頻度が低い感動詞であっても、その意味を分析する必要性はあるといえるだろう。
　また、
（3）（朝、目が覚めて、時計を見たら（約束した）9時を過ぎていた）　げっ。
（4）（朝、目が覚めて、時計を見たら（約束した）9時を過ぎて

いた）　わっ。

冨樫（2000）で取り上げた「え？」「は？」、冨樫（2005a）で取り上げた「あっ」「わっ」もまた驚きを表す形式といえる。これらとの使用場面の比較、意味の差異を説明していかなければならない。

本稿では、感動詞「げっ」の意味記述に必要な「予想外／想定外」という概念を提示し、他の感動詞との区別、分類に有効であることを指摘していく。

3. 現象の観察

ここではまず「げっ」を中心とした現象の観察を行い、「げっ」にどのような使用条件があるのかを探る。

3.1. 「げっ」の使用条件

まず、典型的と思われる「げっ」の発話を見てみよう。基本的には、何らかの突発的な事態を認識した時に用いられ、驚きの感情描写として解釈される。

(5)（急に部屋の電気が消えて）　げっ。
(6)（返されたテストの点数が0点だったのを見て）　げっ。
(7)（机の上に置いておいたコップが倒れて、中身がこぼれているのを見て）　げっ。

いずれも、「電気が急に消える」こと、「テストが0点である」こと、「コップが倒れている」ことが、突発的事態として話し手に認識されている状況である。これらには特に問題がないと思われる。

しかし、次のような状況の場合、「げっ」は不自然な発話となる。

(8)（部屋の電気がついて）??げっ。
(9)（返されたテストの点数が100点だったのを見て）??げっ。
(10)（机の上に置いておいたコップの位置が少し変わっているのを見て）?げっ。

(5)の「電気が急に消える」ことは、話し手にとって突発的な事態である間違いなくいえるだろう。が、(8)の「電気がつく」ことは（話し手がつけようが、第三者がつけようが）さほど突発的

な事態とはいえないのではないか。ある程度、予定的な事態である。その場合、「げっ」は多少不自然になる。

また、(6) と (9) の差異は、「げっ」の持つもう1つの本質を浮かび上がらせる。「テストが0点である」ことは話し手にとって意外性が高い事態である。テストを受けている以上、それなりの点数を期待しているものである。それが「0点である」ことは、話し手にとってマイナス評価の事態として認識されているといえる。この場合は「げっ」が自然な発話となる。しかし、期待通りの方向にあるプラス評価の事態、「100点である」ことは、それが話し手にとって（努力不足などの理由から）意外なことであったとしても、「げっ」はかなり不自然になる。

ここから、「げっ」にはその使用条件として、認識した事態がマイナス評価の事態でなければならない、というものが認められるだろう。つまり、何らかの突発的な事態であり、かつそれがマイナス評価となる事態でなければならないのである。これを使用条件1としてまとめておこう。

(11)「げっ」の使用条件1
  a.（話し手にとって）突発的に認識された事態である
  b.（話し手にとって）マイナス評価となる事態である

さらに、上の (7) と (10) は意外性の程度による差異といえる。「コップの中身がこぼれている」ことと「コップの位置が少し動いている」ことには、事態の評価に差があるといえる。一般的に見て、「こぼれている」ことのほうが話し手にとっては意外な事態といえるだろう。もちろん、「動いている」ことも場合によっては意外性が高いかもしれないが、そうなる状況は限られる。このような差が、内省判断の差として現れている。意外性はそれなりに高くなければならない。これが使用条件2となる。

(12)「げっ」の使用条件2
  事態の意外性が（一般的に見て）ある程度高くなければならない

では、次のような場面ではどうだろうか。

(13)（返されたテストの点数が100点満点なのに150点だったと

き）??げっ。
(14)（上司から解雇を通告されて）??げっ。
(15)（ポケットに入れておいた鍵がなくなっているのに気付いて）?げっ。
(16)（目の前に急に車が飛び出してきて）??げっ。

　(13)は、(6)や(9)の場面と同じであるが、点数が本来あり得ない「150点」となってしまっている。(13)は「げっ」を用いた発話としてかなり不自然な反応といえる。(14)(15)も同様である。「解雇」も「鍵の紛失」も話し手にとってあり得ない、想像だにしていない事態である。したがって、意外性が高ければどんな事態でも「げっ」が可能となるわけではなく、話し手にとってあり得ないほどの意外性を持つ事態では「げっ」は不自然になるのである。

　(16)の場合は、あり得ない事態というよりも、突発的すぎる事態といえるだろう。「車が飛び出してくる」ことは、話し手にとって全くの想像の埒外である。こういった場面では「げっ」の発話はほぼ不可能である。

　また、(16)の例からは、「げっ」の発話の背後では事態に対する何らかの計算処理が行われていると見ることもできる。次の例を見てみよう。

(17)（道の向こうに警官の姿を見つけて）　げっ、警察だ。
(18)（掃除をさぼっていたところに先生がやってきて）　げっ、先生！
(19)（かくれんぼ。鬼がこちらに近づいてきて）　げっ、こっち来た！

　そもそも「げっ」の発話の後に、事態を示す表現が現れることができるので、単なる獲得・認識というよりも、認識後の評価という処理を経ていると見なすのが妥当であろう。「警察」も「先生」も「(鬼が)来ること」も事態そのままの表現形式ではあるが、「警察」「先生」「鬼」＝「都合の悪い存在」というマイナス評価が加わっていることは明らかである*2。

　まとめると、使用条件3として次のようになる。

(20)「げっ」の使用条件3
    a. 事態の意外性がある範囲から逸脱した場合には「げっ」は使用できない
    b. 発話の背後では何らかの計算処理が行われている（計算処理の余地がある）

単に事態の認識をしただけでは「げっ」は使えず、事態に対する（マイナス）評価という計算処理が必要となる。したがって、次の(21)はやはり不自然になるし、(22)も「財布を落とした」ことを認識した瞬間には「げっ」は使えない。「床に落ちた」ことをマイナス評価であるものと処理して初めて「げっ」が可能となる。（その区別が明確ではないため、"?"という内省になっている。）

(21)（階段でつまづいて）??げっ。
(22)（財布を床に落として）?げっ。
(23)（財布を床に落とした。よく見るとゴミの上に落ちていた）げっ。

(23)のように、明確なマイナス評価の事態を状況として加えると、「げっ」の使用は問題がなくなる。ここからも、事態の認識時点というよりは、事態の評価時点で「げっ」が可能になるといえる。

「解雇」や「鍵の紛失」の例を踏まえると、マイナス評価という条件を満たしていても、その事態があり得ない事態では「げっ」は使用できない。使用条件として、事態の意外性の高低のほうが優先されるといえる。

(24)「げっ」の使用条件4
    事態の性質の優先順位　：意外性の高低＞評価内容

3.2　他の感動詞との比較

これまでの例を、驚きを表す他の感動詞で置き換えても、自然さに大きな変化はないといえる。「え？」「は？」「わっ」での例を挙げておく。

(25)（急に部屋の電気が消えて）　え？／は？／わっ。
(26)（返されたテストの点数が0点だったのを見て）　え？／は？／わっ。

(27)（机の上に置いておいたコップが倒れて、中身がこぼれているのを見て）　え？／は？／わっ。

しかし、いわゆるあり得ない事態に対しては、若干差が生じる。

(28)（返されたテストの点数が100点満点なのに150点だったとき）？え？／は？／??わっ。
(29)（上司から解雇を通告されて）？え？／は？／??わっ。
(30)（ポケットに入れておいた鍵がなくなっているのに気付いて）　え？／は？／?わっ。
(31)（目の前に急に車が飛び出してきて）??え？／??は？／わっ。

「げっ」では不自然となった状況であるが、特に「は？」では違和感なく発話可能である。また、突発的事態（31）においては、「わっ」のみが自然となっている。

このように見ると、同じ驚きを表す感動詞でも、対応できる事態、状況に差があることが分かる。これが、それぞれの意味記述への足がかりとなりそうである。次の例も「げっ」「わっ」いずれも自然であるが、意味合いは少し異なる。

(32)（朝、目が覚めて、時計を見たら（約束した）9時を過ぎていた）　げっ。
(33)（朝、目が覚めて、時計を見たら（約束した）9時を過ぎていた）　わっ。

「わっ」のほうが突発的事態の認識のみを表しており*3、マイナス評価が明確に現れている「げっ」とは、事態認識のあり方が異なるように思われる。

4. 意味の記述

前節までの観察をもとに、感動詞「げっ」の意味記述を試みる。

4.1 意外性という概念の区別

「げっ」の使用条件の1つに意外性のある事態の認識であることがある。しかし、意外性が含まれていれば何でもよいというのではなく、そこには制限が存在する。特にポイントとなるのは次の差異だろう。

(34) (返されたテストの点数が0点だったのを見て) げっ。
  (=(1))
(35) (返されたテストの点数が100点満点なのに150点だったとき) ??げっ。 (=(13))

「テストが0点である」ことは、大抵の場合、可能性の1つとして予想できる事態であるといえる。しかし、「100点満点で150点である」ことは、予想の範囲の外に存在する事態であろう。このように、意外性のある事態にも異なる種類が認められる。本稿ではこの違いを「予想外／想定外」として区別することにする。

情報の処理は、与えられた(獲得、認識した)事態に関連した情報がデータベースに展開される。保有する全ての情報がその都度展開されるのは効率が悪い。例えば「テスト」という情報が与えられれば、それに関連する情報のみがデータベースに置かれるのである。「科目」「勉強時間」「成績」といった情報が関連付けられるだろう。その中で、当然「テストの点数」も関連付けられる。自分の受けたテストが何点満点であるかは知識として組み込まれているわけであるから、「100点満点(100点が上限である)」という情報も展開されている。

(34)の場合、データベースに展開された情報群の中では関連性が低いと考えられる(あるいは話し手がそう位置付けている)「0点である」という情報が、実際の事態と結びついたと考えられる。関連性の低い事態でありながらも、データベースには展開されていた情報と捉えられる。データベースに展開された情報群の中でも、関連性の低い情報と結びついた場合を「予想外」と呼ぶことにする。

(35)の場合は(34)と異なり、データベースに展開された情報群には(上限を超えた点数である)「150点である」という情報は存在しないといえる。つまり、実際に「150点」という情報を獲得したとき、データベースの情報群とは一切結びつかないのである。獲得情報が、データベース内の情報群と関連付けられない場合、それを「想定外」と呼ぶことにする。

まとめると次のようになる。

(36) 予想外 ：獲得情報が、データベースに展開された情報群

の中でも特に関連性の低い情報と結びついた場合
(37) 想定外　：獲得情報が、データベースに展開された情報群と関連付けられない場合

意外性という概念を2つに分けることで、(34) と (35) の違い、「げっ」の可否が説明可能となる。

それ以外の、「解雇」の例 (14) や「鍵の紛失」の例 (15)、「車の飛び出し」の例 (16) もまた同様に説明できる。いずれの事態も話し手のデータベースには展開されていなかったものであり、「想定外」の事態である。「車の飛び出し」はその最たるもので、突発的すぎる事態は当然話し手のデータベースに存在しない「想定外」の事態であるため、「げっ」が不自然となるのである。

逆に言えば、展開された、
であれば「げっ」が自然となる。
(38) (原稿校正中に誤字を発見して)　げっ。
(39) (前の車が右ウインカーを出しているにも関わらず、左折してきたとき)　げっ。

「校正中」であれば「誤字」が見つかるのは当然である（話し手にとっては期待すべき事態ではないが）。「ウインカー」が出ていれば、それまでの行動と異なる「曲がる」という動きをするのはある程度予想できる。たまたまそれを可能性の低い事態として位置付けていたために、「予想外」の事態として認識されたのである。

4.2　「げっ」の意味記述

これまでの分析により、感動詞「げっ」の意味は次のように記述できる。
(40) 感動詞「げっ」の意味　：獲得した事態が予想外の情報であり、かつ、それをマイナス評価として処理したことを示す

「げっ」の特徴は意外性の標示であるといえるが、その内実をさらに詳細な形で記述することができる。使用条件の狭さは「予想外」という概念を設定することで説明が可能となるのである。

4.3 「え？」や「は？」は何が違うか

冨樫（2000）では、「え？」が情報の比較検討による不整合性標示の形式であるとし、「は？」がそもそも関連性が認められない（非活性の情報として）不整合であると判断している形式であるとした。

概念そのものはほぼ変わりがないといえるが、本稿での「予想外／想定外」という区別のほうがより明確に違いを説明できる。

(41)（急に部屋の電気が消えて）　え？／は？／げっ。
(42)（返されたテストの点数が0点だったのを見て）　え？／は？／げっ。

(41)(42)は、事態の意外性という点から見れば、「は？」による反応がもっとも話し手にとって意外であることを示しており、「え？」「げっ」はある程度予想の範囲内での意外性を示していると思われる。

この差を「予想外／想定外」の概念に当てはめてみると、「え？」は予想外、「は？」は想定外という、事態認識の差異に還元することができる。つまり、意外性という枠内で考えてみると、「げっ」と「は？」が、予想外／想定外の基準で対立しており、「げっ」と「え？」が類似の関係にあるといえる。

5. 今後の課題

「予想外」「想定外」という概念を用いることによって、驚きを表す感動詞のより詳細な分類・分析が可能となったといえる。もちろん課題は山積している。

例えば、長音化形式「げーっ」との違いはどこにあるのかという点は解決しなければならない大きな問題である。

(43)（返されたテストの点数が0点だったのを見て）　げっ。／げーっ。

これを見ると、長音化形式「げーっ」のほうが情報処理後のマイナス評価を重視しているように感じられるが、用例を含めて詳細な検討が求められる。

感動詞「げっ」の使用頻度はそれほど高くない。内省判断が微妙となるのもそのためであるが、フィクション作品（小説、マンガ等）では比較的頻度が高いのではないかと思われる。登場人物の台詞として用いられている「げっ」についても調査、分析する必要があるだろう。

＊1　本稿では、長音化を伴わない、短い発音の「げ」を全て「げっ」と表記する。促音表記そのものに何らかの特徴があるとは考えない。先行研究における驚きを示す感動詞「あっ」「わっ」等との表記の統一を図るためである。
＊2　感動詞「あっ」「わっ」でも、「あっ／わっ、警察だ」のような発話は可能である。しかし、この場合は単なる認識事態の標示であり、何らかの評価は加わっていないと考えられる。事態を示す表現が後接する点は同じではあるものの、それをどう処理しているかは異なっているのである。
＊3　冨樫（2005a）では（「あっ」と比較して）「わっ」に意外性が読み取れると指摘している。もちろん、(33)でも意外性は読み取れるが、「げっ」と比べるとその度合いはかなり低いと考えられる。

参考文献

大浜るい子（2001）「「えっ」の談話機能」『広島大学大学院教育学研究科紀要　第二部』50, pp.161-170, 広島大学大学院教育学研究科.
小林可奈子（1996）「感動詞についての一考察」『鹿児島短期大学研究紀要』58, pp.1-11, 鹿児島短期大学.
小林可奈子（2001）「感動詞について・再考」『都大論究』38, pp.72-83, 東京都立大学国語国文学会.
定延利之・田窪行則（1995）「談話における心的操作モニター機構　―心的操作標識「ええと」「あのー」―」『言語研究』108, pp.74-93, 日本言語学会.
田窪行則・金水敏（1997）「応答詞・感動詞の談話的機能」音声文法研究会（編）『文法と音声』pp.257-279, くろしお出版.
冨樫純一（2000）「「え？」と「は？」の談話機能」『平成12年度国語学会秋季大会発表要旨集』pp.46-53, 国語学会.
冨樫純一（2005a）「驚きを伝えるということ―感動詞「あっ」と「わっ」の分析を通して―」串田秀也・定延利之・伝康晴（編）『シリーズ文と発話第一巻　活動としての文と発話』pp.229-251, ひつじ書房.
冨樫純一（2005b）「肯定・検索・問い返し―感動詞「ええ」の統一的記述を求めて―」『文藝言語研究　言語篇』48, pp.77-93, 筑波大学大学院人文社会科学研究科文芸・言語専攻.

冨樫純一（2005c）「「へえ」「ほう」「ふーん」の意味論」『言語』Vol.34, No.11, pp.22-29, 大修館書店.

冨樫純一（2006）「否定応答表現「いえ」「いいえ」「いや」」矢澤真人・橋本修（編）『現代日本語文法　現象と理論のインタラクション』pp.23-46, ひつじ書房.

森山卓郎（1996）「情動的感動詞考」『語文』65, pp.51-62, 大阪大学国語国文学会.

「まあ」の強調的用法の生起条件

大工原勇人

1. はじめに

　近年、談話研究において「えーと」、「あのー」、「なんか」などの談話標識の意味や用法に注目が集まっている（大工原2008など）。本稿では、その1つである「まあ」を考察対象とする*1。
　一般に「まあ」の用法としてよく知られているのは、次の（1）～（3）の3種類であろう。
（1）a.　日本でリンゴといったら、ま（ー）、青森ですね。
　　　b.　ま（ー）、お座りください。
（2）宮島のアナゴはまあまあおいしかったですよ。
（3）マ（ア）、おいしいリンゴだこと！
　（1）は、「色々な問題にこだわらない（森山1989:73）」、「なんらの留保や補足や修正を抜きに言い切る状況にないという認識を標示する（加藤重広2006:133）」、「発話行為の程度を和らげる（川田2007:177）」などと記述されてきた用法で、「ひとまず」、「とりあえず」などの副詞とラフにパラフレーズできる場合が多い。以下では、この用法を仮に「留保づけ用法」と呼び*2、「ま（ー）」と表記する。また、用法の区別を問題にしない場合の中立的・総称的な表記として「まあ」を用いることにする。
　留保づけ用法は原則的に高低の音調で「『ま'ー」（以下、音調上昇を〈『〉で、音調の下降位置を〈'〉で表す）と発音されるが、「ま」と短く発音されたり、低く延伸されて音調の下降が明瞭でない場合もある。
　次に、（2）は、「ま『あま'あ」と発音され、〈十分ではないがそれなりに満足できる程度〉を表す程度副詞で、「そこそこ」でラフにパラフレーズできる。この用法は、「まあまあ」と表記する。

最後に（3）は、驚き、気づきといった文脈で発せられる感動詞で、下降調の感動詞「『あ』ら」でラフにパラフレーズできる。この用法は留保づけ用法と同じく高低の音調で発音されるが、ピッチレンジが相対的に高い。また、短く「マ」と縮約されることもある。以下、この用法は「マ（ア）」と表記することにする。
　しかし、「まあ」に、次の（4）のような発話内容を強調的に表現する用法があることはあまり知られていない。
　（4）a.　日本でリンゴといったら、<u>まぁ（ー）</u>青森ですね。
　　　　b.　宮島のアナゴは<u>まぁ（ー）</u>おいしかったですよ。
　（4）は、「ま『ぁー』」のように低高の音調で発音された場合、「日本でリンゴといったら、青森で間違いない」、「宮島のアナゴは非常においしかった」のような非常に強い主張に解釈され、副詞「とにかく」や「もう」でラフにパラフレーズされる。以下、この用法を「強調的用法」と呼び、「まぁ（ー）」と表記することにする[*3]。
　強調的用法は他の用法と、さまざまな点で性質が異なる。
　たとえば、強調的用法と留保づけ用法は意味的にほぼ真逆である。（1a）の留保づけ用法「ま（ー）」は、「青森以外にも有名な産地はあるが、とりあえず…」のような留保を含意し、「日本でリンゴといったら青森である」という主張を相対的に弱めるのに対して、（4a）の強調的用法「まぁ（ー）」は、「とにかく青森だ」という断言のニュアンスを加え、主張を強める。
　同様に、強調的用法は程度副詞「まあまあ」とも意味的に相反する。（3）の「まあまあ」は、「最高とまでは言えないが、そこそこおいしかった」という意味なのに対して、（4b）の強調的用法「まぁ（ー）」は「最高においしかった」という意味に解釈される。
　さらに、強調的用法の「まぁ（ー）」と驚きの「マア」は連想される発話者像において異なる。驚きの「マア」の場合、典型的な話し手として想定されるのは『上品な女性』であるが、強調的用法から連想される発話者像は、どちらかといえば、『下品』で『男性』的である。また、驚きの「マア」が単独で一語文として発話し得るのに対し、強調的用法は必ず後続要素（たとえば「おいしい」）が

要請され、一語文を作れないといった違いもある。

　以上のように、強調的用法は少なくとも、意味、発話者像、構文論的性質において他の用法とは異なっている。しかし、こうした強調的用法の性質はこれまでほとんど明らかにされていない。そこで本稿では以下、「まあ」の強調的用法の性質について詳しく検討していく。

2. 先行研究

　先行研究で強調的用法を考察しているのは、尾上（1999）の簡単な指摘のみである。以下、尾上（1999）の成果と問題点をまとめる。

2.1 「ま（ー）」と「まぁ（ー）」の意味的特徴

　尾上（1999: 93）は、「『まあ』という一つのことばが、『ややこしい話はおいといて』というところから、ある場合には主張や提案、要望の不完全さを自ら認める方向にも働き、またある場合には、逆に話し手の決めつけの強さを表現する」とし、（本稿の用語で言うところの）留保づけ用法と強調的用法の意味的相違を指摘している。

　この記述に大きな異論があるわけではないが、より精緻な記述にするために*4、以下、筆者の言葉で尾上の説明を敷衍しておきたい。

　まず本稿では、留保づけ用法と強調的用法に共通する「まあ」の抽象的な性質を〈「まあ」は、内心にわだかまりがあるが、それにはこだわらずに言語行為を行うという話し手の態度に対応している〉と記述する。

　ここで言う〈わだかまり〉は次のように定義される。通常、ある言語行為「X」を行う際には、それに対応する思考や感情「x」を持っていることが期待される。たとえば、「日本でリンゴといったら青森だ」(A) と主張するならば、内心で「日本でリンゴといったら青森だ」(a) と思っているはずである。一方、内心に〈わだかまり〉があるとは、言語行為「X」を行う際に、それに対応する思

い「x」と同時に、それに相反する思い「¬x」を抱えた状態のことである。つまり、「日本でリンゴといったら青森だ」（A）と主張しつつも、内心に「青森以外にも有名な産地はあるけど」（¬aけど）のような思いを抱えているのが、言語行為に対して〈わだかまり〉がある状態である。

　留保づけ用法と強調的用法はともに、わだかまりの存在を前提とする。すなわち、「日本でリンゴといったら、まあ青森ですね」と発話する話し手の内心には「日本でリンゴといったら青森だ」という思いとともに「青森以外にも有名な産地はあるけど」というわだかまりがある。

　一方、留保づけ用法と強調的用法の相違は、そのわだかまりに具体的に「どの程度こだわらないのか」という点である。

　まず、説明が容易なのは強調的用法である。強調的用法は、内心のわだかまりに一切こだわらずに、言語行為を遂行する用法である。「一切こだわらない」とは、わだかまりに伝達的価値を認めず、完全に切り捨てるということである。たとえば、次の（5）の「まぁ（―）」において、「他の産地もあるけど」のようなわだかまりは切り捨てられ、「青森だ」という主張だけが残される。それが結果として「とにかく青森だ」のような強調的意味を生む。

（5）　日本でリンゴといったら、まぁ（―）青森ですよ。

　同様に次の（6）も「おいしくない部分もあった（たとえば、味付けがしょっぱかった等）けど」のようなわだかまりが切り捨てられ、「おいしかった」という主張だけが残り、強調的意味を帯びる。

（6）　広島で食べたアナゴは、まぁ（―）おいしかったですよ。

　つまり、強調的用法は、「(¬xは)とにかくX」あるいは「(¬xは)ともかくX」のように、わだかまり「¬x」に伝達的価値を認めず切り捨てることで、結果として言語行為Xを際立たせ、強調する用法である。

　このように、強調的用法が内心のわだかまりに一切こだわらずに言語行為を遂行するのに対して、留保づけ用法は、わだかまりをひとまず脇に置いて言語行為を遂行する用法である。「ひとまず脇に置く」とは、わだかまりを捨て去るのではなく、いずれは拾いあげ

る可能性のあるもの（つまり、ある程度は伝達的価値のあるもの）として内心に残しておくということである。それゆえ、留保づけ用法の「ま（ー）」は、話し手の内心に何らかのわだかまりが残っていることを暗示する。

（7）日本でリンゴといったら、ま（ー）、青森ですね。

たとえば、上の（7）において「ま（ー）」は、「日本でリンゴといったら青森だ」という主張に対して、話し手が何らかのわだかまり（たとえば「（長野や岩手など）青森以外の産地もあるけど」）を内心に抱えていることを暗示する。この暗示が結果として「他にも色々あるけど、おおまかに言えば青森だ」のような「概言」（川上1993）的発話効果を生んでいる。

同様に、次の（8）において「ま（ー）」は、行為指示「お座りください」（A）に対して、「別に座らなくてもいいけど」（¬aけど）のようなわだかまりを暗示し、それが結果として行為指示としての強制力をやわらげ、「ヘッジ」（川田2007）として機能している。

（8）ま（ー）、お座りください。

このように、強調的用法は「わだかまりを捨てて、Xと言う」という態度に対応し、Xを強調するのに対し、留保づけ用法は「わだかまりを抱えつつも、ひとまずXと言っておく」という態度に対応し、内心にわだかまりが残っていることを暗示することで、Xに留保を付け加える。尾上（1999）は、こうした留保づけ用法と強調的用法の意味的相違を指摘していると言える*5。

2.2 残された問題

しかし、尾上の記述に問題がないわけではない。以下、2点指摘する。

第1に、尾上が強調的用法を「大阪弁」として紹介していることである。しかし実際には、この用法は共通語（東京近郊）でもしばしば観察される。

（9）富田靖子さんは、まぁー他のアイドルとは違ったね。

（男性・1953年生まれ・東京都育ち）

(10)〈文脈:恋人から等身大のクマのぬいぐるみをもらった〉
　　6畳ぐらいの私の部屋に、まぁー邪魔。
　　　　　　　　　　　　　　　　　（女性・1973年生まれ・神奈川県育ち）
(11) 設楽さんが注文したやつは、まぁー流行るんです。
　　　　　　　　　　　　　　　　　（男性・1972年生まれ・神奈川県育ち）

　(9)(10)(11)は共通語話者が用いた強調的用法の例である*6。(9)は「アイドル時代の富田靖子は他のアイドルとは全然違った(断然かわいかった)」、(10)は「部屋が狭いので、大きなぬいぐるみが邪魔で仕方がない」、(11)は「とても流行る」のように「まぁー」はそれぞれ強調的に解釈される。このように、強調的用法は関西特有のローカルな用法ではなく、共通語でも用いられるものである。

　第2に、尾上の記述は「まあ」がいつ強調的に解釈されるのかという問題、言い換えれば、強調的意味の発現条件において十分ではない。

　尾上によると、「まあ」が強調的に解釈されるのは、「否定的な意味の言葉と一緒に使われた場合(p.92)」である。たとえば、次の(12)の「まぁおもしろない」は「ちっともおもしろくない」という意味だと説明される。

(12) 切符もろたから行ってみたけど、今度の芝居、まぁおもしろないわ。
　　　　　　　　　　　　　　　　　（尾上1999: 92、表記一部改変）

しかし、(5)「日本でリンゴといったら、まぁー青森ですよ」や(6)「広島で食べたアナゴは、まぁーおいしかったですよ」で見たように、低高の音調で「まぁ(ー)」と発音された場合、必ずしも否定的な言葉を含まずとも、「まあ」は強調的に解釈される。尾上はこうした強調的用法の韻律的特徴には触れていない。

　また、次の(13)のような「〜の〜こと」という文型に生起した「まあ」は韻律に関わらず、どのように発音しても(つまり、高低の音調でも、延伸してもしなくても)、強調的に解釈される。

(13) 今年の阪神のまぁ(ー)強いこと強いこと。

　(13)の主張「今年の阪神は強い」も多くの場合、肯定的な意味であろう。

さらに、「まあ」が否定的な述語と共起した場合にも必ずしも強調的に解釈されるわけではない。尾上の挙げた例（12）が高低の音調で発音された場合、「おもしろい部分もあったけれど、全体的にはおもしろくない」のような留保づけ用法として解釈することは可能であり、自然であるように思われる。
　このように、尾上（1999）は、強調的用法の発現条件の記述において十分とは言えない。「まあ」がいつ強調的に解釈されるのかという問題に答えるには、本節で指摘したような韻律や構文的条件を詳しく記述する必要がある。以下ではそうした記述を行っていく。

3. 強調的用法の特徴

　本節では、強調的用法の特徴、特に、発現条件、生起条件を明らかにする。以下、留保づけ用法と比較しながら、強調的用法の韻律的特徴（3.1節）、発話行為との関係（3.2節）、文脈との関係（3.3節）、文型や驚きの感動詞との関係（3.4節）を論じる。

3.1　韻律的特徴

　これまで繰り返し述べてきたように、強調的用法は特殊な韻律で発音されることが多い。
　次の図1は、「まー、おいしかったですよ」（留保づけ用法、「まー」の部分は2モーラで発音）と「まぁーおいしかったですよ」（強調的用法、なるべく自然に発音）という文を筆者が発音し、「SUGIスピーチアナライザー」で音響分析したものである。左が留保づけ用法、右が強調的用法で、それぞれ「まあ」の部分を抜き出して示している。
　図1の留保づけ用法（左）と強調的用法（右）は、語長、音調、強さの3点において異なっている。
　まず、音声波形で語長を見ると（1段目）、留保づけ用法が約210msなのに対して、強調的用法は約410msで、長く延伸している。また、ピッチ曲線（2段目の点線）で音調を見ると、留保づけ用法が高低の曲線を描いているのに対し、強調的用法は低高の曲線

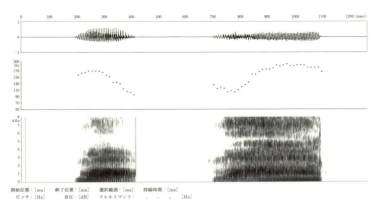

図1 留保づけ用法（左）と強調的用法（右）の韻律の比較

である。さらに、スペクトログラム（3段目）を見ると、強調的用法の方は色が全体的に濃く、相対的に強く（しばしば、りきんだような声質で）発音されている。

ただし、強調的用法の語長と発音の強さはそれほど極端ではない場合もある。たとえば、「まぁおいしかったですよ」と「まぁ」を短めに、りきまずに発音しても低高の音調が知覚できれば「まあ」は強調的に解釈される。

とはいえ、語長がまったく重要でないわけではない。留保づけ用法は1モーラで「ま」と発音され得るが、強調的用法は1モーラでは発音できず最低でも2モーラ程度の長さが必要である。したがって、強調的用法は相対的には長く発音されると言える。

さらに、もう1つ、留保づけ用法と強調的用法の韻律的特徴の違いとして重要なのは、「まあ」の直後にポーズを置けるかどうかである。

留保づけ用法は「ま（ー）、おいしかったですよ」のように「ま（ー）」の直後にポーズ「、」を置くことができるが、強調的用法は「まぁ（ー）」と後続部分が続けて発音されなければならず、ポーズを挿入すると違和感がある。

(14) a. ??広島のアナゴはまぁ（ー）、おいしかったですよ。
　　 b. ??日本でリンゴといったら、まぁ（ー）、青森ですね。

以上をまとめると、強調的用法は、低高の音調で後続部分と続けて発音されるという韻律的特徴を有する（この原則の例外については 3.4 節で論じる）。また相対的に長く、強く発音される傾向がある。

3.2　強調的用法と発話行為

　前節において、強調的用法は原則的に、低高の音調で後続部分と続けて長く、強く発音されると述べた。しかし、「まあ」がこのように発音されれば、必ず強調的に解釈されるというわけではない。たとえば、「とにかくお座りください」と相手に強く指示するために (15a) のように強調的用法の「まぁ（ー）」を発話するのは不自然である。

(15) a. ??<u>まぁ（ー）</u>お座りください。
　　 b. <u>ま（ー）</u>、お座りください。

　一方、(15b) のように留保づけ用法で「いろいろ事情はおありでしょうが、とりあえずお座りください」のような意味を表すのは自然である。

　次の (16) も同様で、(16a) のように強調的用法の「まぁ（ー）」を用いて「とにかく私がやっておく。任せておけ」という意味を表すことはできないが、(16b) のように留保づけ用法によって「本意ではないが、ひとまず私がやっておく」という意味を表すのは自然である。

(16) a. ??<u>まぁ（ー）</u>私がやっておきますよ。
　　 b. <u>ま（ー）</u>、私がやっておきますよ。

　次の (17) も同様で、留保づけ用法の「ま（ー）」は生起し得るが、強調的用法の「まぁ（ー）」は生起し得ない。

(17) 〈スーパーで買ったリンゴが傷んでいた〉
　　 a. ??<u>まぁー</u>いいや。
　　 b. <u>ま（ー）</u>、いいや。

　このように、(15)「お座りください」（行為指示）、(16)「私がやっておきます」（行為の申し出）、(17)「いいや」（あきらめの宣言）のような、その発話自体が何らかの行為を行う発話、いわゆる、

行為遂行的発話において強調的用法は生起できない。

　強調的用法が生起し得るのは、次の（18）「日本でリンゴといったら青森だ」、（19）「広島のアナゴはおいしかった」のように命題を陳述するタイプの発話行為である。

(18)a.　日本でリンゴといったら、まぁ（ー）青森ですね。
　　 b.　日本でリンゴといったら、ま（ー）、青森ですね。
(19)a.　広島のアナゴは、まぁ（ー）おいしかったですね。
　　 b.　広島のアナゴは、ま（ー）、おいしかったですね。

　しかし、命題を陳述する発話でも、次の（20）（21）のように客観的な事実を記述したり、説明する発話には強調的用法は生起しない[*7]。

(20)a. ??iPodというのは、まぁ（ー）音楽プレイヤーですね。
　　 b.　iPodというのは、ま（ー）、音楽プレイヤーですね。
(21)a. ??私は東京に来て、まぁー7年くらい住みました。
　　 b.　私は東京に来て、ま（ー）、7年くらい住みました。

　一方、(20b)、(21b)のように留保づけ用法の「ま（ー）」の生起は自然で、それぞれ「他にも機能はあるが」、「厳密にではないが」のようなわだかまりを暗示する。

　つまり、強調的用法は、(18)や(19)のような主観的な意見を陳述するタイプの発話行為にのみ生起し得る。

3.3　強調的用法と体験

　しかし、主観的意見を述べていれば、常に強調的用法が使えるわけではない。強調的用法の生起には文脈的条件が深く関与している。

　たとえば、次の(22)において話し手は「アナゴがおいしい」という主観的意見を述べているにも関わらず、(22a)のように強調的用法の「まぁ（ー）」の生起は不自然である。

(22)〈AとBがアナゴを食べている〉
　　　A：　　どう？おいしい？
　　　B： a. ??うん。まぁ（ー）おいしいよ。
　　　　 b.　うん。ま（ー）、おいしいよ。
　　　　 c.　うん。まあまあおいしいよ。

一方、(22b)の留保づけ用法の「ま(ー)」や、(22c)の程度副詞「まあまあ」は自然に発話し得る。
　同様に、今まさにアナゴを食べている話し手が、次の(23a)のように強調的用法を用いるのは自然ではない。
(23)〈アナゴを一口食べて〉
　　　a. ??あ、このアナゴ、<u>まぁ(ー)</u>おいしいよ！
　　　b. 　あ、このアナゴ、<u>すごく</u>おいしいよ！
　一方、(23b)のように程度副詞「すごく」を発話するのは自然である。
　強調的用法が用いられる典型的場面は、アナゴを食べている現場ではなく、次の(24)のように、アナゴのおいしさを回顧的に語る場面である。
(24)A：広島旅行いかがでした？
　　　B：宮島でアナゴを食べたんですけど、それが、<u>まぁ(ー)</u>おいしかったんですよ。
　このように強調的用法の「まぁ(ー)」は、デキゴトの現場(アナゴをおいしく食べている現場)において不自然になることが多い。しかし、アナゴを食べている現場でも、強調的用法が自然に発話できる場合もある。たとえば、次の(25)のように、電話などでその現場にいない人にアナゴのおいしさを伝える場合ならば、強調的用法の「まぁ(ー)」を発話し得る。
(25)今、宮島でね、アナゴ食べてるんですけど、これが<u>まぁ(ー)</u>おいしいんですよ。
　同様に、次の(26)もアナゴを食べている現場の発話として自然さが高い。
(26)田中さん、僕、発見しちゃったんですけど、このアナゴにね、マヨネーズつけて食べたら、<u>まぁ(ー)</u>おいしいですよ。
　以上で観察した(22)〜(26)のような強調的用法の「まぁー」の生起の自然さ／不自然さを説明するために、本稿では、強調的用法の「まぁ(ー)」は、情報を「体験」として語る場合に生起するという仮説を提出する。

定延(2002)は、言語によって表現される情報を他者との共有可能性の程度に応じて、「知識」(共有可能性が高い)と「体験」(共有可能性が低い)に連続性を認めつつも二分している。

　つまり、強調的用法の「まぁ(ー)」は、語られている情報の共有可能性が高い場合には不自然になり、共有可能性が低い場合には不自然になるというのが本稿の仮説である。

　まず、(22)、(23)において、「まぁ(ー)」の生起が不自然なのは、AとBがともにアナゴを食べているという文脈において〈アナゴがおいしい〉という情報は、AとBの間で容易に共有可能な知識だからである。すなわち、当のアナゴが目の前にあるのだから、「ちょっと一口」という行動によって他者も容易においしさを共有することが可能である。

　一方、(24)、(25)において強調的「まぁ(ー)」が生起し得るのは、この文脈で〈アナゴがおいしい〉という情報は、他者との共有可能性が低い体験だからである。すなわち、当のアナゴが目の前にない聞き手は「ちょっと一口」というわけにはいかず、おいしさの共有が困難である。

　最後に(26)の自然さは2通りの説明が可能である。まず、アナゴにマヨネーズをつけて食べるという行為は普通の食べ方ではなく、そのおいしさは必ずしも共有可能性が高いとは言えない。それゆえ、情報が体験として表現されやすくなり、強調的用法の「まぁ(ー)」の生起が自然になるという説明が可能である。

　また、定延(2002)のもう1つの用語である「探索意識」を導入することによる説明も可能である。定延は、環境に対する「どんな様子だろう。見てやろう」という話し手の意気込みを「探索意識」と呼び、探索意識が高ければ、情報を体験として語ることが自然になると述べている。これに従えば、(26)の自然さは、話し手が「このアナゴにマヨネーズをつけたら一体どんな味になるのだろう。やってみよう」という探索(実験)の体験談として、〈アナゴのおいしさ〉を語っていると考えることで説明できる。

　以上のように、強調的用法の「まぁ(ー)」の生起条件を説明するには主観的か否かという基準のほかに、情報の共有可能性という

尺度も導入する必要がある。

3.4 感嘆の文型

3.1節で「強調的用法は、低高の音調で後続部分と続けて発音される」と述べた。しかし、これには1つ例外がある。それは次の(27)のような「〜の〜こと」という感嘆の文型に生起した「まぁ（ー）」である。

(27) a. あの芝居の<u>まぁ（ー）</u>おもしろくないこと。
 b. あの芝居の<u>まぁ（ー）</u>おもしろいことといったらないね。
 c. 今年の阪神の<u>まぁ（ー）</u>強いこと強いこと。

(27)における「まぁ（ー）」は音調に関わらず（低高の音調でも高低の音調でも）、強調的な意味に解釈される。また、「ま」と1モーラで発音されても、強調的な意味に解釈される。さらに、「今年の阪神のまあ、強いこと強いこと」のように「まあ」と後続部分の間にポーズを挿入することもできる。逆に言えば、この文型に生起した「まあ」はどのような場合でも留保づけ用法としては解釈できない。

また、この文型における「まぁ（ー）」は強調的用法と驚きの感動詞「マア」との連続性を示唆する。

(28) a. あの芝居の<u>まぁ（ー）</u>おもしろいこと。
 （韻律不問、延伸可、非現場的、やや『下品』、『男性』的な発話者像）
 b. あの芝居のなんと<u>まあ</u>おもしろいこと。
 （高低の音調、2モーラ、非現場的、発話者像不問）
 c. なんと<u>マア</u>。
 （高低の音調、2モーラ、現場的、発話者像不問）
 d. あら<u>マ（ア）</u>。
 （高低の音調、縮約可、現場的、やや『上品な女性』的な発話者像）
 e. <u>マ（ア）</u>。
 （高低の音調、縮約可、現場的、『上品な女性』的な発

話者像）

　(28a)の「まぁ（ー）」は韻律を問わず強調的に解釈され、3.3.2節で説明したようにデキゴトの現場において発話しにくい。
　一方、(28b)のように「なんと」と組み合わされた場合、意味的には(28a)とほとんど変わらずデキゴトの現場において発話しにくいが、音調は高低で、2モーラで発音される。この「なんとまあ」は強調的用法と呼ぶべきか、驚きの感動詞と呼ぶべきか判断しがたい。
　(28c)のような単独の「なんとマア」は、デキゴトの現場で発話されるのが自然であり、驚きの感動詞とみなすのが妥当だろう。
　また、(28d)の「あらマ（ア）」も、驚きの感動詞だが、縮約して「あらマ」とも発音できる。また、やや『上品な女性』的な印象が加わる*8。さらに「あらマア」は感嘆の文型には生起しにくく、「あの芝居のあらまあおもしろいこと」は不自然である。
　(28e)の「マ（ア）」は驚きの感動詞で『上品な女性』的印象がさらに強くなり、『男性』が発話した場合、いわゆる「男らしさ」を損なうことになる。
　以上のように(28a)から(28f)には強調的用法と驚きの感動詞との連続性が見られる。

4．おわりに

　以上、本稿では「まあ」の強調的用法の特徴を、主に留保づけ用法と比較しながら考察し、次の4点を明らかにした。

① 　強調的用法は、「内心のわだかまりには一切こだわらない」用法である
② 　強調的用法は原則的に、低高の音調で後続部分と続けて発音される。
③ 　強調的用法は、主観的意見を体験として述べる発話に生起する。
④ 　「〜の〜こと」という文型に生起した「まあ」は強調的に解釈される。

「まあ」や「なんか」などの談話標識は韻律によって意味や構文的特徴が大きく変化する（大工原2009）。今後も、このような談話標識の音声文法を探求していきたい。また本稿では、留保づけ用法の特徴（とりわけ留保づけ用法の品詞論）を論じることができなかった。今後の課題としたい。

＊1　本稿では、「談話標識」という用語を感動詞・副詞・接続詞の総称として用いる。本稿でこの用語をあえて持ち出すのは、先行研究において「まあ」の品詞的位置づけが一致しておらず（たとえば、国立国語研究所（2004）では感動詞、加藤重広（2006）では副詞）、本稿でも、この問題を決着する余裕がないという理由からである。
＊2　「ま（ー）、X」という発話の意味は、ラフに「X。もっとも、¬Xもあるけど」と言い換えられる（なお、「¬」は否定ないし補集合を表す）。たとえば、「日本でリンゴといったら、ま（ー）、青森ですね」は、「日本でリンゴといったら青森だ。もっとも、それ以外の産地もあるけど」といった意味になる。つまり、「ま（ー）」は言語行為Xに対して「もっとも¬Xもあるけど」のような留保を付け加える効果を持つ。それゆえ、この用法を「留保づけ」と呼ぶことにする。なお、留保づけ用法は、談話において言いよどみ的に発せられる「ま（ー）」も含むものとする。
＊3　(4a)をあまり自然ではないと答えた母語話者もいた。(4a)が不自然に感じられ得る理由は3.2節で論じるように強調的用法が主観的意見とは共起するが、客観的記述とは共起しないからであると考える。命題「日本でリンゴといったら青森だ」が主観的か客観的かという判断には確かに個人差があり得るが、ここでは筆者の内省に基づいて論を進めることにする。
＊4　ここで筆者がわざわざ尾上の記述を書き換えるのは、留保づけ用法の「ま（ー）」と類義表現（たとえば、「とりあえず」）の違いを説明できるようなより精緻な記述を志向しているためである。すぐ後で述べるように「ま（ー）」は話し手の内心に「わだかまり」が残っていることを暗示する。これは「本格的な対応は後まわしにして、今できることをすぐ行う（酒井1998: 10）」という「とりあえず」とは意味が異なる。
　　（ア）〈ある男が酒を飲むために、居酒屋に立ち寄った〉
　　　　a.　とりあえず、ビールください。
　　　　b.?? ま（ー）、ビールください。
（アa）は「本格的な対応（注文）はあとでするけれど、まずはビールください」と解釈でき自然だが、（アb）は、「あまりビールを飲みたくないけど、ビールください」と解釈される。居酒屋に来た客がしぶしぶビールを注文するという状況は（飲みたい酒が品切れで仕方なくといった特殊な想定をしない限り）、あまり自然ではなく、それゆえ（アb）も不自然になる。

*5 なお、「ま（ー）」による留保づけは暗示的に行われるだけでなく、明示的に行われる場合もある。たとえば、次の（イ）や（ウ）のように補足の接続詞「もっとも」や「といっても」でパラフレーズできる「ま（ー）」がそれである。

  （イ）日本でリンゴといったら青森ですね。{ま（ー）／もっとも／といっても}、長野や岩手も有名ですけど。

  （ウ）わたしはクールが好きなのだ。涼しいのが気持ちいい。温暖化の進む地球では、涼しいということがそれだけで価値がある。ま（ー）、単に暑がりなだけなんですけど。（黒田龍之助『語学はやり直せる！』角川書店、2008年、表記一部改変）

筆者は（イ）や（ウ）のように「X。ま（ー）、¬xけど」という構造で「ま（ー）」が留保節¬xに付加して、「今は置いておくが、¬xもある」のような意味を表す場合を「明示的留保づけ」と呼んでいる。また、本文中で取り上げている「ま（ー）、X」という構造で、「ま（ー）」が主節Xに付加して、わだかまり「¬x」を暗示する用法を「暗示的留保づけ」と呼んでいる。こうした留保づけ用法の詳細については別の機会に論じたい。

*6 （9）は、2008年6月26日放送・テレビ朝日系列・「アメトーーク！」、（10）は、2008年11月6日放送・フジテレビ系列・「ごきげんよう」、（11）は2009年12月18日放送・フジテレビ系列・「ごきげんよう」における出演者の発話を筆者が書き取り、引用した。

*7 本稿で言う「主観的／客観的」とは「当該命題の真偽について異論を提出する余地がある／ない」という基準に基づく。ただし、この判断には幾分の個人差があり得る。

*8 （28c）「なんとマア」は『上品な女性』には発話しにくいが、（28d）「あらマ（ア）」は発話し得る。ただし、「あらマ（ア）」は『男性』も発話できる。

参考文献

尾上圭介（1999）『大阪ことば学』創元社（文庫版2004年講談社）.
加藤重広（2006）『日本語文法入門ハンドブック』研究社.
加藤豊二（1999）「談話標識「まあ」についての一考察」『日本語・日本語教育論集』6: pp.21–36. 名古屋学院大学.
国立国語研究所（2004）『日本語話し言葉コーパス』国立国語研究所.
川上恭子（1993）「談話における『まあ』の用法と機能（一）—応答型用法の分類—」『園田国文』14: pp.69–78. 園田学園女子短期大学国文学会.
川上恭子（1994）「談話における『まあ』の用法と機能（二）—展開型用法の分類—」『園田国文』15: pp.69–79. 園田学園女子短期大学国文学会.
川田拓也（2007）「日本語談話における「まあ」の役割と機能」、南雅彦（編）『言語学と日本語教育 V』pp.175–192. くろしお出版.
酒井悠美（1998）「きがまえの陳述詞『とにかく』『いちおう』（『とりあえず』）」『うなびこ』13: pp.4–15. 日本語学研究会.
定延利之（2002）「「インタラクションの文法」に向けて—現代日本語の擬似エビデンシャル—」『京都大学言語学研究』21: pp.147–185. 京都大学言語学

研究室.
田窪行則 (2005)「感動詞の言語学的位置づけ」『月刊言語』34-11: pp.14-21.
　　　大修館書店.
大工原勇人 (2008)「指示詞系フィラー『あの(ー)』・『その(ー)』の用法」『日
　　　本語教育』138: pp.80-89.日本語教育学会.
大工原勇人 (2009)「副詞『なんか』の意味と韻律」『日本語文法』9-1: pp.37-
　　　53.日本語文法学会.
冨樫純一 (2002)「談話標識「まあ」について」『筑波日本語研究』7: pp.15-
　　　31.筑波大学文芸・言語研究研究科日本語学研究室.
中田智子 (1991)「談話における副詞の働き」『副詞の意味と用法』日本語教育
　　　指導参考書19: pp.81-107.国立国語研究所.
益岡隆志・田窪行則 (1992)『基礎日本語文法　改訂版』くろしお出版.
森山卓郎 (1989)「応答と談話管理システム」『阪大日本語研究』1. pp.63-88.
　　　大阪大学日本語学研究室.

富山市方言の「ナーン」
否定の陳述副詞・応答詞およびフィラーとしての意味・機能

小西いずみ

1. はじめに

富山市を含む富山県内方言では、次のような「ナ（ー）ン」という語がしばしば用いられる。
(1) 風邪 <u>ナーン</u> 治ラン。（風邪が<u>ちっとも</u>治らない。）（筆者作例）
(2) A： 太郎チャ 結婚シトンガケ。（太郎って結婚してるの？）
　　B： <u>ナーン</u>、シトランヨ。（<u>いや</u>、してないよ。）　　（同上）
(3) アンタチャ、<u>ナン</u>、ヒドイ人ダネ。（あなたは、<u>もう</u>、ひどい人だね）　　　　　　　　　　　　　　　　　　（同上）

(1)は「ちっとも」相当の否定の陳述副詞、(2)は否定の応答詞、(3)は語義が稀薄で、フィラーと言える例である。地域・話者年代によっては「ナ（ー）モ」「ナ（ー）ム」となることもあり、連語「何も」に由来すると思われる。
(4) 風邪 <u>ナーモ</u> 治ラン。
　　　　　　　　　　　（富山市の1945年生・男性、翻訳式調査の回答）

富山県内の「ナ（ー）ン」等については、各地の方言語彙集に載ることが多く、河内（1958）・山田（2001）など断片的な記述もあるが、詳細な記述や諸用法の関係についての考察はなされていない。本稿では、主に富山市方言話者としての筆者の内省に依拠し、副次的に方言談話の文字化資料も用いて、「ナ（ー）ン」の意味・機能と用法記述を行う。

筆者は、1973年生まれ・女性。0～18歳は富山市田畑新町に居住、その後、神奈川県・東京都・広島県に居住地を移している。なお、筆者が使用するのは「ナ（ー）ン」のみで、末尾がモ・ムの形は用いない。

また、本稿で引用する談話資料は次のとおりである（（　）内の略称を用いる）。富山市以外の富山県内域の資料も含むが、引用例は全て筆者にも可と判断される。

（東田地方）　富山市東田地方町（ひがしでんじがたまち）の居住者3名と筆者による自然談話資料（未公開）。2007年収録。話者属性は引用用例末尾に記す。

（北前）　井本三夫（編）『北前の記憶―北洋・移民・米騒動との関係』桂書房。主に富山市北部の話者の語りをある程度忠実に文字化したもの。共通語訳は筆者が付す。

（射水）　伊藤曙覧（編）『越中射水の昔話―富山県射水郡』三弥井書店。旧．射水郡の昔話の語りをある程度忠実に文字化したもの。共通語訳は筆者が付す。

（砺波）　国立国語研究所（編）『全国方言談話データベース日本のふるさとことば集成　第10巻　富山・石川・福井』（国書刊行会）所収、砺波市鷹栖の談話資料。共通語訳は出典に従う。

　2節では、「ナ（ー）ン」を、(a) 否定の陳述副詞「ナーン」、(b) 否定の応答詞相当句「ナーン＋コピュラ」、(c) 否定の応答詞「ナーン」、(d) フィラー「ナン」に分けて記述する。続く3節で韻律的特徴について述べ、4節で上の (a) ～ (d) 間の関係を考察する。

2.「ナ（ー）ン」の意味・機能

2.1　否定の陳述副詞「ナーン」

　否定形述語と共起し、全体で〈事物の数量・程度が期待・予測より著しく劣る〉ことを表す。共通語の「ちっとも」と同義と言える[*1]。長音形「ナーン」と短音形「ナン」がありうるが、筆者には「ナーン」が基本的な形、「ナン」はぞんざいな発話で短音化したものという意識がある。ただし、自然談話資料では短音形で現れることも多い。

　(5)（「全国各地に出張に行ったから、旅行に行きたくないでし

ょ？」と問われ）ウン、ナン イキタナイ。（うん、ちっとも行きたくない。）（東田地方：収録地生え抜き・1927年生・男性）

　述語の性質別に具体例を見ていく。（6）（7）は、動作・変化を表す述語否定形とともに〈事態の生起頻度・変化幅が期待・予測より極端に少ない〉ことを表す例である。（6）は生起頻度、（7）は状態変化幅の少なさを述べている。

（6）最近 太郎カラ ナーン 連絡 コン。（最近、太郎からちっとも連絡が来ない。）

（7）風邪 ナーン 治ラン。（風邪がちっとも治らない。）＝（1）

　数量・程度に幅のある状態性述語では〈数量・程度が期待・予測より著しく劣る〉ことを表す。（8）は数、（9）は状態の程度について述べる例である。〈数量が少ない〉〈程度が低い〉ことが期待・予測される文脈なら、（10）のように〈数量・程度が期待・予測より著しく多い・高い〉ことも表せる。

（8）オープンノ日ニ 行ッテミタレド、客 ナーン オーナカッタ。（オープンの日に行ってみたけど、客がちっとも多くなかった。）

（9）コノ本 オモシーユー 評判ダッタレド、読ンデミタラ ナーン オモシナカッタワ。（この本は面白いという評判だったけど、読んでみるとちっとも面白くなかった。）

（10）客 少ナイユーテ キートッタレド、行ッテミタラ ナーン 少ナナカッタ。（客が少ないと聞いていたけど、行ってみたらちっとも少なくなかった。）

　存在を表す述語の場合も、次のように〈数量が期待・推測より著しく少ない〉ことを表す。

（11）オープンノ日ニ 行ッテミタレド、客 ナーン オランカッタ。（オープンの日に行ってみたけど、客が ちっとも いなかった。）

（12）冷蔵庫ニ オカズニ ナリソーナモン ナーン ナイ。（冷蔵庫におかずになりそうなものがちっともない。）

　「指示語＋デ＋形式用言ナイ」を述語とし、先行文脈で示された期待・予測に劣ることを表す場合もある。

(13) 太郎チャ 無口ダユー 話ダッタレド、話シテミタラ ナーン ソーデナカッタ。(太郎は性格が無口だという話だったけど、話してみたらちっともそうじゃなかった。)

　以上のように、陳述副詞としての「ナーン」「ちっとも」は〈数量・程度が期待・予測より著しく劣る〉ことを表す。実際の数量がゼロであってもよいが、期待・予測と実際とのギャップの大きさを述べる語であるため、(14)(15)のように数量がゼロであることに焦点のある文では用いられない*2。(15)は、物がゼロであることを不定語「ナンモ（何も）」を用いて表現した文である。「ナーン」は前述のとおり「何も」に由来すると思われるが、共時的には別語になっていることがこの例から分かる。

(14)（冷蔵庫を見たらビールが1本もなかった）アリャ、ビール {*ナーン/イッポンモ} ナイジャ。(ありゃ、ビールが {*ちっとも/1本も} ないよ。)

(15) 今 冷蔵庫ニ {*ナーン/ナンモ} ナイワ。(今、冷蔵庫に何もないよ。)

　(16)のように、述語が尺度上の一方の極を表す語でも、その事物の数量・程度がとりうる値に幅があるものなら共起しうる点、(17)のように、真偽二値しかとらない事態を表す述語と共起しない点、また、(18)のように、述語は文法的否定形でなければならない点でも、「ナーン」と「ちっとも」は同じ振る舞いを見せる。

(16) 太郎ノ 意見ト 次郎ノ 意見チャ ナーン 同ジデナイネカ。(太郎の意見と次郎の意見は、ちっとも同じじゃないじゃないか。)

(17) *太郎チャ ナーン 富山出身デナイネカ。(*太郎はちっとも富山出身じゃないじゃないか。)

(18) *太郎ノ 意見ト 次郎ノ 意見チャ ナーン 違ウ。(太郎の意見と次郎の意見は {*ちっとも/全然} 違う。)

2.2　否定の応答詞相当の「ナーン＋コピュラ」

　「ナーン」にコピュラ「ダ・ヤ」が伴って、全体で否定の応答詞として用いられる*3。

(19) A： カ アンタノ 傘ケ。（これはあなたの傘？）
　　 B： ナーンダ。（違う。）
(20) A： 太郎チャ 結婚シトンガケ。（太郎って結婚してるの？）
　　 B： ナーンダヨ。シトランヨ。（{いや/?違うよ}。してないよ。）

次のように意向の問いかけに答える場合「ナーン＋コピュラ」は用いることができず、次に見る単独での「ナーン」が使われる。

(21) A： アンタモ イッショニ 行ク？ （あなたも一緒に行く？）
　　 B： {ナーン/*ナーンダ}。行カン。（{いや/*違う}、行かない。）

つまり、「ナーン＋コピュラ」は共通語の「そうではない」「違う」の応答表現に類するもので、(19)のように名詞述語の否定応答文か、(20)のように〈既定の事実の真偽判断を問う疑問文（「のだ」文の疑問文）に対して「偽」の判断を表明する〉応答表現と言える*4。

この「ナーン」は、コピュラが後接することから体言的（副詞的）性格を持つと言える。次のように推量形「ヤロ/ダロ」や疑問の助詞「カ/ケ」も後接しうる。ただし、それらの助動詞・助詞とともに独立・完結した文を作り、修飾語を伴うことはできない。

(22) A： 太郎チャ 結婚シトンガカネ。（太郎って結婚しているのかね。）
　　 B： a. ナーンヤロ。（していないだろう。）
　　　　 b. *タブン ナーンヤロ。（多分していないだろう。）
(23) 答エ コレデ オートンガケ。ナーンケ。（答えはこれで合っているの？違うの？）

2.3　否定の応答詞「ナーン」

単独で否定の応答詞として機能する「ナーン」は、共通語の「いいえ」「いえ」「いや」「ううん」と同様、基本的には〈真偽疑問文に対し「偽」の判断を述べる〉ものである。「ナーン＋コピュラ」とは異なり、(25)のように意向の問いかけにも用いられる。対話

で相手の問いかけへの応答として用いるのが典型的だが、独話で自ら問いを設定して答えるという場合にも使用可能である。これらの例は、形態的には陳述副詞の場合と同様、長音形が基本形で、「ナン」は「短音化したもの」と感じられる。

(24) A: 太郎チャ　結婚シトンガケ。（太郎って結婚してるの？）
　　　B: <u>ナーン</u>、シトランヨ。（<u>いや</u>、してないよ。）＝(2)
(25) A: アンタモ　イッショニ　行ク？（あなたも一緒に行く？）
　　　B: {<u>ナーン</u>/*ナーンダ}。行カン。（{<u>いや</u>/*違う}、行かない。）＝(21)
(26) 太郎チャ　結婚シトッタカナ。<u>ナーン</u>、シトランハズヤナ。
　　　（太郎って結婚していたかな。<u>いや</u>、していないはずだな。）

いわゆる否定疑問文に対する応答では、(27a)のように述語の文法的肯否に対応した応答文を作ることができる（山田(2001:58)が指摘している）。ただし、筆者の内省では、否定形命題に対する否認を示す(27b)の応答文での使用も可能である。一方、肯定応答詞の「オン」「ウン」は、共通語と同様、否定形命題に対する承認でしか用いることができず、肯定形述語とは共起しない。

(27) A: 太郎チャ　結婚シトランガケ。（太郎って結婚してないの？）
　　　B: a. {<u>ナーン</u>/オン}、シトランヨ。（{<u>いや</u>/うん}、してないよ。）
　　　　 b. {<u>ナーン</u>/*オン}、シトルヨ。（{<u>いや</u>/*うん}、してるよ。）

(24)〜(27)は、先行文脈に明示された真偽疑問文に対して偽の判断を示すものだったが、次の例はそうとは言えない。この「ナン」の用法は、共通語の「いや」に重なる。なお、これらの例では、短音形がなじむ。特に(31)は、短音、かつ、ナの後に下降する音調でないと許容しがたい。

(28) A: 太郎チャ　結婚シトンガケ。（太郎って結婚してるの？）
　　　B: <u>ナン</u>、ワタシ　知ランヨ。（<u>いや</u>、私は知らないよ。）
(29) A: アレ？ドコ　行クガ？（あれ？どこ行くの？）
　　　B: <u>ナン</u>、チョットトイレ。（<u>いや</u>、ちょっとトイレ。）

(30) A: ドーシタガ。顔色 悪イゼ。(どうしたの？顔色悪いよ。)

B: <u>ナン</u>、ナンデモナイガ。(<u>いや</u>、何でもないの。)

(31) （うちあわせの途中に）

A: トコロデ オ昼 何 タベル？(ところでお昼は何食べる？)

B: <u>ナン</u>、今 関係ナイネカ、ソノ話。(<u>いや</u>、今は関係ないでしょ、その話は。)

　(28) は、既定事実の真偽判断の問いに対する〈真偽判断不能の表明〉、言い換えれば〈真偽判断の可能性の否定〉である。串田(2005)が"型不一致の否定応答"としたものに相当する。(29)〜(31) は、疑問詞疑問文に対する応答で用いられたもので、冨樫(2006)が"「情報そのもの」の否定"ではなく"「情報提示行為」の否定"としたものの一部である（例の表現は改めた）。これらは、Aの発話において暗黙の前提とされた命題「Bはどこかに行く」「Bは体調不良などの事情で顔色が悪い」「この状況で昼食を話題にすることが許される」に対し、Bが「『どこかに行く』と言うほどのところに行くわけではない」「特段の事情はない」「この状況でその話題は許されない」と「偽」を表明しているとも言える。そう考えると、先に見た、先行文脈に明示された真偽疑問文に対する応答との連続性が見えてくる。また、Aの発話を、それぞれ「Bの向かう場所についての問いかけ」「Bの体調の心配の表明」「昼食についての問いかけ」という発話行為と見れば、Bの「ナーン」はその〈発話行為の妥当性を否定する〉もの、という解釈もできる（この解釈のほうが冨樫の論に沿う）。

　次の例では、Aの発話が「私(A)は『今日は雨が降らなかった』と思っていた」を含意しており、その含意にあるAの想定「今日は雨が降らなかった」に対して「偽」と述べていると言える。また、そのような想定のもとでのAの「質問」あるいは「発話への割り込み」という発話行為の妥当性を否定すると言える。(32) は串田(2005)が"投射された「ありうる展開」をブロックする"「いや」の例としたものの類例で、〈「割り込み」という発話行為の否定〉と

いう解釈は、串田の解釈に通じる。なお、この例も、短音かつナで下降しないと許容しがたい。

(32) B: 今日 傘 ナテサ、(今日、傘がなくてさ、…)
A: エ？今日 雨 降ッタガ？（え？今日雨が降ったの？）
B:（当たり前じゃないか、知らなかったのかという気持ちで）<u>ナン</u>、降ッタワイヨ。(<u>いや</u>、降ったよ。)

2.4 フィラー「ナン」

先の応答詞は発話冒頭に現れるものだが、次のように文中に現れる「ナ（ー）ン」もある。

(33) A: コノ本 エライ タカナイケ。(この本、すごく高くない？)
B: 学術書ダカラ コノグライ、<u>ナン</u>、普通ダチャ。(学術書だからこのぐらい<u>まあ</u>普通だよ。)

述部に従属するわけではなく独立していることから、伝統的品詞分類では「感動詞」と言ってよい。ここでは文中に独立句として挿入されるという性質から「フィラー」としておく。このフィラー「ナ（ー）ン」には一貫して通用する共通語訳がなく、以下では「いや」「もう」「まあ」など類義のものを当てるか、該当箇所に「＿」を入れる。

フィラー「ナ（ー）ン」の場合、筆者には、長音形が「基本」という意識がない。長音形が不可というわけではないが、文例を考えたり、許容度を判断する際にも、短音形が想定される。以下では談話資料の例以外は「ナン」という短音形で代表することにする。

また、このタイプは談話文字化資料に頻出し、作例よりもバリエーションに富む例が得られるため、適宜、談話資料の用例を示す（ただし全て筆者の内省でも可）。「ナモ」という形で現れた例も含む（筆者の内省では「ナン」に変えると可）。

2.4.1 〈否定〉標示の「ナン」

次のような「ナン」は、文中で否定形述語の前に現れるという点は陳述副詞と共通するが、「何も」「全然」という不定語・陳述副詞

と共起するものや、数量・程度に幅のある述語でないものであり、「ちっとも」とは訳せない。

(34) A： 先生 何カ ユートラレタ？（先生は何か仰ってた？）
　　 B： 先生チャ、ナン、ナニモ イワレンダゼ。（先生は、いや、何も仰らなかったよ。）
(35) 私、太郎チャ 結婚シトル オモトッタレド、ナン、ソーデナカッタ。（私は太郎は結婚していると思っていたけど、いや、そうではなかった。）
(36) A： 論文 ドコマデ 書イタ？ミシテヨ。（論文どこまで書いた？見せてよ。）
　　 B： 今日 人 訪ネテキタリシテ、ナン、ゼンゼン 進マンダガ。明日 ミセッチャ。（今日は人が訪ねてきたりして　全然進まなかったの。明日見せるよ。）

　これらの「ナン」は、発話冒頭に移動すれば、否定の応答詞と解釈できるものとなる。
　(34)(35) は、先行文脈に真偽判断が問われている命題があり、それに対して偽という判断を示すもので、意味的にも先に見た否定の応答詞に極めて近い。また、(36) も、Ａの暗黙の前提「Ｂは論文を書き進めた」に対して偽と述べている、あるいは、そうした前提に立った上でのＡの問いかけ（どこまで書いた？）と行為要求（見せてよ）という発話行為の妥当性を否定していると考えれば、先に見た (28)〜(32) に近い。
　次の例は、否定形述語は伴っていないが、先行発話で明示された真偽疑問文「この本は高くないか」、暗黙の前提となる命題「Ｂは論文を書き進めた」があり、Ｂの応答でそれが偽であることが含意されていると言える。この「ナン」は、述部で明示されない否定判断を示唆し、含意の推論を助ける機能を持つと言える。

(37) A： コノ本 エライ タカナイケ。（この本、すごく高くない？）
　　 B： 学術書ダカラ コノグライ、ナン、普通ダチャ。（学術書だからこのぐらいまあ普通だよ。）［＝(33)］
(38) A： 論文 ドコマデ 書イタ？ミシテヨ。（論文どこまで書い

た？見せてよ。)

　　B:　今日、ナン、風邪ヒーテ　ズット　寝トッタガ。(今日は、もう、風邪をひいてずっと寝ていたの。)

　次の例は〈先行発話で明示あるいは暗黙の前提とされた命題への否定〉とも、〈相手の発話行為の妥当性の否定〉とも言いがたく、その意味で、否定の応答詞から離れている。しかし、発話者自らが「竜宮には土産物があるか」「その行為は許されるか」「時化た時は船が降ろせるか」という命題を設定し、それに偽という判断を示すものとなっている。統語的には《題目語＋ナン、否定形述語》《連用従属節＋ナン、否定形述語》という形をとる。

(39) そすて、二日やら泊って、「こっでこさ帰らんなん」言うたら、乙姫様出て来て、「竜宮の土産ちゃ<u>なあん</u>、何一つ無いけで」言うて玉手箱ちゅうもんくれはったとお。(そして、二日ほど泊まって「今度こそ帰らなければならない」と言ったら、乙姫様が出てきて「竜宮の土産というのは＿何一つないから」と言って、玉手箱というものを下さったそうだ。)　　　　　　　　　　　　　　　　　　　　　　　(射水)

(40)(いたずらをした子供に)ソイコトチャ　<u>ナン</u>　シラレンガダヨ。(そういうことは＿してはいけないのだよ。)

(41)港へ来てから降ろすまで余裕があるわけやね、三日とか。だれど時化た<u>となも</u>、時化た<u>となん</u>、降ろされんことある。([材木を船で運んできて]港へ来てから降ろすまで余裕があるわけだね、三日とか。だけど時化ると<u>もう</u>、時化ると<u>もう</u>、降ろせないことがある。)　　　(北前)

　まとめると、(34)以下の「ナン」は、〈真偽が問題となっている命題に対する「偽」の判断を述部に先行して標示する〉機能を持つと言える。前提となる命題については、多くの場合、ただ「真偽が問題となっている」というより、「真であることが期待・予測されている」とも言えそうだ。例えば(35)や(37)では先行発話にそれが明示されており、(36)(39)(40)でもその含意があると解釈可能である。そのような「ナン」には、〈期待・予測と実際が異なる〉という点で、否定の陳述副詞としての「ナーン」との連続性

が感じられる。

　また、これらのなかには、(36)(40)など、聞き手が前提命題が真であることを期待・予測しており、話し手の発話がその聞き手の期待・予測を否定する内容であるものが多い。そのような例のうち、特に述部が否定形をとらないものは、〈聞き手の期待・予測を間接に否定する〉という機能を「ナン」が果たしており、聞き手のフェイスに配慮した表現と言える。

2.4.2 〈意外性〉〈重大性〉標示の「ナーン」

　次の例は〈問題となっている命題に対して偽の判断を示す〉とは言えない。

(42) アンタチャ、ナン、ヒドイ人ダネ。（あなたは、もう、ひどい人だね）＝(3)

(43) よわってしもて、人ね聞いてめたとこがなあん、「そうやてのおんおん、今から三百年程昔ねそんな者おった言うて聞いとれどのおんおん、なんやら、海で魚とっとって、わからんがねなってすもたやらちゅう話やてえ」言うたとお。（困ってしまって、人に聞いてみると＿、「そうだってね、今から三百年程昔にそんな者がいたと聞いているが、なんだか、海で魚をとっていて行方不明になってしまったとかいう話だよ」と言ったそうだ。）　　　　　　　　　　（射水）

(44) 大泊の隣に南渓町いうとこあって、そこにニシン場の桟橋出とんが。杭打って、そのうえ板並べて、ニシン揚げるがに。ほってそこから馬車に積んでって売る人は売る、加工する人は加工する。だれど沖であんた、網起こいとる時はなも、ひっきりなしに網起こさんにゃならんもんだ。（大泊の隣に南渓町という所があって、そこにニシン場の桟橋が出ている。杭を打って、その上に板を並べて、ニシンを揚げるために。そして、そこから馬車に積んでいって売る人は売る、加工する人は加工する。だけど、沖で、あなた、網を起こしている時はもう、ひっきりなしに網を起こさなければならないものだ。）　　　　　　　　　　（北前）

(45) 岩瀬でも大正時代から蟹工船行っとったもんおれど、おら行ったが、戦後だ。昭和二十何年やったか、四十才前だちゃ。四十越すと蟹工船は使いもんならん。なん、地獄みたいもんだ。(岩瀬でも大正時代から蟹工船に行っていた者がいるが、私が行ったのは戦後だ。昭和二十何年だったか、四十歳前だ。四十歳を越すと蟹工船は使いものにならない。いやあ、地獄みたいなものだ。) (北前)

(42)(44)は題目語の後、(43)は連用従属節の後に「ナ(ー)ン」「ナモ」が現れており、先の(40)や(41)などと出現位置が類似する。(45)も前文の「四十を越した場合の蟹工船(での労働)」という文脈上の主題に対する解説である。これらは「あなたはどんな人か」「人に聞いてみるとどうだったか」「網を起こしているときはどうか」「四十歳を越すと蟹工船(での労働)はどうか」というように、前提となる問いがあり、ナンの後にそれに対する解説が示される。また、その解説内容の事態は、意外なもの、あるいは、重大・深刻なものである。

「ナン」はそのような話し手の事態評価を示す標識だと考えられる。それゆえ、フィラーの「ナン」は、下のように、主題となる事物について問う文、自己紹介など既定の事実を中立的態度で述べる文では用いにくい。

(46) ??コノ本 ナン オモシカッタ？(この本は__面白かった？)

(47) (自己紹介で)??ワタシ ナン 小西イーマス。(私は__小西と言います。)

田窪・金水(1997: 266)は共通語の「いやあ、とにかくすごい人ばかりでした。」「いやいや、もうびっくりするような出来栄えで、…」などの「いや(あ)」「いやいや」について、「対象となる状況に話し手が圧倒されているというニュアンス」があるとし、「「通常の予測を上回っている」ということを表すために、否定系の応答詞が転用されたのであろう」と指摘している。(42)～(45)の「ナン」も〈通常の予測を上回っている〉という話し手の事態評価を表すという点は共通する。ただし、(42)～(45)の「ナン」のうち、

(42)(45)は「いや（あ）」に訳しやすいが、他2例は不自然である（いかにも見てきたような描写と解釈すれば許容しやすい）。「いや（あ）」「いやいや」は、話し手が直接経験や伝聞を通して感じた〈圧倒感〉の表現だが、「ナン」は〈圧倒されるような事態であることを聞き手に伝達する〉点に重きがある形式だからであろう。否定の応答詞や先に見た〈否定〉標示のフィラー「ナン」は、当該命題に対する「偽」の判断を示すものだが、一般に、真偽二値のうち真のほうがデフォルト（標準・基準）値である。とすると、否定の応答詞とフィラーは、共通して〈問題となる事物について、基準・標準とは異なることを述べる〉ものと言える。

「ナン」「ナモ」には、次のように文末に付加された例も観察される。この例も、「元は大家族だったのに今になって一人で暮らす寂しさは、深刻なものだ」ということを聞き手に強く訴えるという、話し手の事態評価・伝達態度を表すものと思われる。話し手の経験を述べるもので「いや（あ）」に通じる（ただし「いや（あ）」は発話冒頭でないと不自然。「いやはや」なら許容しやすい。）。

(48) 若イ 時カラ ソイ 二人暮シトカ 三人暮シナラ サホド 思ワンガ゚ダケド。サ アイソムナテ ナモ。（若い時からそのように二人暮しや三人暮しなら、それほど（寂しいと）思わないのだけど。それは寂しくて、もう。）

（東田地方：立山町出身の1934年生・女性）

3. 韻律的特徴から見た「ナ（ー）ン」

(a) 陳述副詞「ナーン」は、語アクセントとしては有核型である。実現形は、上昇・下降の位置に次のようなバリエーションがありうるが、必ずアクセント核の実現としての下降を伴う。

(49) a. カ[ゼ、[ナーン] ナオラ]ン。[長音形、音節頭で上昇、音節末で下降]

b. カ[ゼ、[ナー]ン ナオラ]ン。[長音形、音節頭で上昇、音節内で下降]

c. カ[ゼ、ナ[ー]ン ナオラ]ン。[長音形、音節内で上

昇・下降]

　後ろの動詞句との間にアクセント句境界がない（後接語句の句頭の上昇がないか、あっても小さい）のがふつうだが、アクセント句境界がある（後接語句の句頭の上昇がある）発話もありうる（共通語の否定の陳述副詞も同様であろう）。

　(50) a.　カ[ゼ、[ナーン] ナオラ]ン。[ア句境界なし]
　　　 b.　カ[ゼ、[ナーン]、ナ[オラ]ン。[ア句境界あり]

　なお、連語「何も」は2拍目で下がる*5。このアクセントの類似も、「ナーン」が「何も」に由来するという説の傍証となる。

　(51) コ[ノハコ、[ナン] モ ハイットラ]ン[ゼ。（この箱、<u>何も</u>入っていないよ。）

　(b) 応答詞相当の「ナーン＋コピュラ」における「ナーン」も必ず下降を伴い、コピュラ・助詞は低く付く。「平板型名詞＋コピュラ・助詞」は、平らに続くので、コピュラ・助詞が低接型アクセントというわけではなく、下降は「ナーン」の語アクセントの実現と考えられる。

　(52) a.　[ナーン]ダ。　cf. サ[クラダ。
　　　 b.　[ナーン]ケ。　cf. サ[クラケ。

　(c) 応答詞「ナーン」には、少なくとも、高く平らな音調と、短音化して音節内で下降する音調がある。いずれも後接語句との間にアクセント句境界がある。ある程度注意深い発話では、短いポーズも入る。

　(53)（「風邪治った？」の問いに）
　　　 a.　[ナーン]、ナ[オラ]ン。
　　　 b.　[ナ]ン、ナ[オラ]ン。

　(d) フィラー「ナン」も、平らな音調・音節内で下降する音調の両方がありえ、「ナン」の後にはアクセント句境界（さらにポーズ）が置かれるという点で、応答詞と同じである。

　(54) a.　[ソイコト]チャ、[ナン、シ[ラレンガ]ダ[ヨ。（そういうことは__してはいけないのだよ。）
　　　 b.　[ソイコト]チャ、[ナ]ン、シ[ラレンガ]ダ[ヨ。

　応答詞・フィラーが韻律的に独立した単位となすというのは、

「他の語と修飾・被修飾関係にない」という応答詞・フィラーの統語的特徴と一体のものである。

　このように、「ナーン」と後接語句との間にアクセント句境界がない場合は、陳述副詞の解釈しかとりえないが、アクセント句境界がある場合は、陳述副詞・応答詞・フィラーの解釈がありえ、同文中の共起語句や文脈に解釈を依存することになる。自然談話では(56)のように同一発話中に短音形「ナン」がいくつも現れる場合もある。3つ目の「ナン」は、原典の訳どおりフィラーとも、陳述副詞とも解釈可能である。

(55)（「風邪治った？」の問いに）
　　a.　［ナーン］ナオランガヨ。（ちっとも治らないんだよ。）
　　b.　［ナーン］、ナ［オランガ］ヨ。（{いや/ちっとも、治らないんだよ。）
(56)アンタ　エカヤトカ　タラノコズケメタイモン　モッテキテクレタモン。ソンナモン　ナン　オラチャメタエナ　ナン　ヘーゼー　ナン　メレモセンモンヤチ。（よくあなたイカだとか鱈の子づけみたいなもの［を］持ってきてくれたから。そのようなもの［は］まあ私たちみたいな［のは］まあ普段まあ見ることもできないものだよ。）　　　　　　（砺波）

4. まとめと課題

　前節で述べた(a)〜(d)について、「形態上の優勢形」「後続語との韻律境界＝統語的独立性の有無」「〈否定〉という意味の有無」という観点での異同を示すと表1のとおりである。

　長音形か短音形かの違いは、単語らしさの度合いに関わると思われる。長音形が基本となる(a)〜(c)は語義をもった、単語らしい単語であるが、短音形の(d)には語義が稀薄である。一方で、韻律境界＝統語的独立性の有無という点から見ると、(a)(b)は、動詞句に統語的に従属しており、アクセント句も動詞句とあわせてひとつになるのが基本であるが、(c)(d)は統語的に独立しており、独立したアクセント句を作る。〈否定〉という意味の有無という点

表1 「ナ（ー）ン」の形態、韻律・統語、意味上の異同

	優勢形	韻律境界	〈否定〉の意
(a)否定の陳述副詞	長音形	なし	あり
(b)応答詞（＋コピュラ）	長音形	なし	あり
(c)応答詞（単独）	長音形†	あり	あり
(d)フィラー　1)〈否定〉標示	短音形	あり	あり
2)〈意外性・重大性〉標示	短音形	あり	なし

†一部は短音形

から見ると、(a) 〜 (c) と、(d)〈否定〉標示のものが重なる。ただし、表には示さなかったが、応答詞（b）(c) と (d1)、そして (d2) は、〈問題となる事物について、基準・標準とは異なることを述べる〉という点で連続している。また、〈期待・予測より著しく劣る〉ことを表す (a) とも意味的に連続する。

　本稿では、主に筆者の内省に依拠し、補助的に富山県内の談話資料の用例を参照して、共時的な記述を行った。今後の課題としては、形態と意味・機能における地域差を明らかにし、さらに上の（a）〜（d）間の通時的関係を考察することがあげられる。

　すでに例示したように、談話資料では「ナ（ー）モ」という、末尾に母音 /o/ を持つ形も現れる。また、現在進めている臨地調査で、富山市や石川県金沢市の高年層でも「ナ（ー）モ」が「ナ（ー）ン」と併用されることが確認できた。前述のとおり、「ナ（ー）ン」「ナ（ー）モ」は、「何＋も」が一語化して成ったものと推測されるが、そうであれば「ナ（ー）ン」より「ナ（ー）モ」のほうが、原形に近い形と言える。富山市高年層話者で「ナ（ー）モ」「ナ（ー）ン」が併用され、中年層である筆者では「ナ（ー）ン」しか使わないという年齢差は、そうした通時的流れに沿ったものである。また、今回対象とした談話資料のうち、呉西（県西部）平野部の資料（射水、砺波）では「ナ（ー）ン」のみが使われ、呉東の富山市の資料（北前、東田地方）では「ナ（ー）モ」の形も現れることから、末尾 /mo/ ＞ /N/ の変化は、富山市より呉西平野部で先に起こったのではないかと思われる。また、富山市の資料（北前、東田地方）の「ナ（ー）モ」形は特に (d) フィラーで現れる。こうした形態上

の地域差・変化過程と、(a)～(d)間の関係について、まずは臨地調査・談話用例調査により確認し、その上で北陸地域における「ナ（ー）モ」「ナ（ー）ン」の変化過程を考えたい。

＊1　「ちっとも」の意味については、森田（1988: 704）の記述を参考にしている。
＊2　(14)(15)と後掲の(17)(18)はフィラーとしてなら許容できる。陳述副詞とフィラーとはたいてい韻律的特徴から区別できる。3節参照。
＊3　友定（2007）によると、青森県南津軽郡大鰐町方言の「ナンモ」、出雲方言の「インヤ」も、コピュラで受けることができるという。
＊4　ただし、共通語の「違う」は、(20)に示したように、「のだ」疑問文でも不自然な場合がある。富山市方言の「ナーンダ」も、(20)で「ナーンダ。」という言い切りにすると、考えてから答えたという場合でないと用いられない。
＊5　名詞「ナニ・ナン」は無核だが、副助詞「モ」が低接型（必ず低く付く型）なので、「ナンモ・ナニモ」全体で2型となる。

参考文献

河内洋祐（1958）「富山県井波地方の"なぁーん"」『言語生活』86：pp.73-74. 筑摩書房.
串田秀也（2005）「「いや」のコミュニケーション学」『月刊言語』34（11）：pp.44-51. 大修館書店.
田窪行則・金水敏（1997）「応答詞・感動詞の談話的機能」音声文法研究会（編）『文法と談話』くろしお出版.
冨樫純一（2006）「否定応答表現「いえ」「いいえ」「いや」」矢澤真人・橋本修（編）『現代日本語文法現象と理論のインタラクション』ひつじ書房.
友定賢治（2007）「否定応答詞の方言間対照」定延利之・中川正之（編）『シリーズ言語対照1 音声文法の対照』くろしお出版.
森田良行（1988）『基礎日本語辞典』角川書店.
山田敏弘（2001）『文法を中心としたとやまことば入門』私家版.

否定応答詞の考察
「うんにゃ」を中心に

友定賢治

1. はじめに

　感動詞全般の研究が遅れている理由の1つには、調査の難しさがある。できるだけ具体的な場面を提示して質問を試みるが、その場面をイメージして回答してもらうのには困難を伴うことが多い。
　また、回答が得られたとしても、その場面では必ずその語形が使われるのかどうかの確証が得にくいこともある。個々の感動詞に特定の語形と特定の意味があるのかという問題にもなる。
　その中で、応答詞については、場面のイメージもしやすく、使用語形と場面との関係も明確であり、質問調査による言語地図も作成されている。筆者も対照言語学的な観点から、否定応答詞の地域性について報告した（友定　2007, 2010）。
　その後も各地の否定応答詞についての記述をすすめているが、母方言の岡山県新見市方言の否定応答詞は下記のようになる。なお、本稿では、読みやすさのため、方言形の表記を平仮名とする。ただし、他文献からの引用はもとの表記に従う。

短縮形	基本形	添加形①	添加形②
いや	いーや（ー）	いーやの（な）ー	いーやのーや
	いんや（ー）	いんやの（な）ー	いんやのーや
	いんにゃ（ー）	いんにゃの（な）ー	いんにゃのーや
	うんにゃ		
うーん	うーうん		
	おーおん		
いーん	いーいん		

基本形としたものに、文末詞「なー、のー」が添加した語形、さらに文末詞「のーや」が添加した形があり、逆に短縮形もみられる。これらを使用する話者、あるいは使用場面、各地の否定応答詞と比較して、どのような特徴を有するかは、友定（2007, 2010）を参照願いたい。

　さて、各地の記述をすすめる中で、次のような点が問題としてあがってきた。

● 語頭音の「い」と「う」の対立が意味するもの

　岡山県新見市の場合、「い」音で始まる語が中心であり、「う」で始まる語が、くだけたもの言いに見られる。「い」音で始まる語が基本形で、「う」で始まる語は、「くだけ・古い」といった意味をもつことになる。

　その対立は、熊本市方言の場合にも同様に見られるが、首里方言では、「い」が同輩・目下で、「う」が目上に対する語であり、新見市・熊本市の場合と逆である。

　この２つの音の対立が、地理的分布の上でも見られ、『方言文法全国地図４』Map164では、「う」音が周辺地域、「い」音が中央部となっており、分布上からは、「う」音の語が古いのではないかと予想される。古いものが高齢者使用語であり、くだけといったニュアンスを有することが多いが、新見市・熊本市の場合はそれに符合している。

● 語中の「ん」と「長音（ー）」の対立の意味するもの

　新見市方言を見てみると、語中の撥音「ん」と長音「ー」とが対立している。「ー」音を語中に持つ語は、若い世代の使用語であったり、丁寧とか目上に向かっての使用語に特徴的に見出せる。

● 「〜んにゃ」の音形の意味

　「う」で始まる語形と同様に、「〜んにゃ」という音形の語も古態性・くだけといった意味合いを持っている。『方言文法全国地図４』でも、この形は、九州・東北地方など、いわゆる周辺部に分布するものであり、やはり「う」音と共通した性格を有している。

　本稿では、「〜んにゃ」の語形、とくに「うんにゃ」を中心とし

て考えてみたい。母方言では、「いんにゃ」「うんにゃ」があり、前述のように、どちらも「くだけ、古い」という位置づけの語である。「うんにゃ」に興味をもつ人もみられ、ネット上では、

> 「うんにゃ」と言う言葉を調べていたら面白い事に気付きました。私も子供の頃から聞いたり使ったりしていた言葉で、主に九州方面で使われている方言だと思っていたのですが、ちょっと調べて見ると、東北から北陸・近畿に四国と、自分の住む町の方言として広範囲な地域で紹介されているようなのです。そんな広範囲で使われている方言って他にもあるのでしょうか？　そもそも「うんにゃ」は方言なのでしょうか？
> (http://detail.chiebukuro.yahoo.co.jp/qa/question_detail/q1410221899?fr=rcmd_chie_detail［2010.7.9］)

といったものがある。

この語形の用法が各地方言の中でどのように異なるかという基本的なことも明確ではないが、本稿では、問題を2つに絞って検討する。

2. 問題の所在

①「うんにゃ」と「いんにゃ」の新旧

秋田県教育委員会編（2000：685）に、

> 江戸時代の否定の返事に「いんにゃ」というのがあったが、その変化したものが「んにゃ」であろう。

とある。藤原（2001：188）も、長崎県下の「うんにゃ」に関して、

> 「ウンニャ」との言いかたは、「インニャ」から来たものか。「インニャ」は「イーヤ」から来たものであろう。

との見方を示している。

②「うんにゃ」の意味用法

小林千草氏は、「うんにゃ」の意味用法について、次のように説明している（小林　2007：140）。

> 否定に「うんにゃ」を使うのは、ややことばのあらい江戸近在の田舎出を表すものか。「うんにゃ」は「うん」と「いや」を連続

させたもの。[uniya] が /i/ 音を脱落させて、[unya] → [unnya] となったものと思われ、「うん」で肯定を、「にゃ」で打ち消しており、現代若者語の「ていうかー」のノリに近いものをもっている。ひとまず相手の言うことを肯定して、そうはいかない自己の状態・考え・気持ちを述べる用法である。江戸語では、そのうち「いや」よりも「うんにゃ」は強い打消しのニュアンスをもつ時があるが、現代若者語の「ていうかー」も、そのような傾向を加えつつある。面白い符合である。

相手の意見に対する直接的な否定ではない、微妙なニュアンスを表現するものであれば、単純に「Yes」「No」と二分できない日本語表現の問題として興味深い。このような意味をもつことを確認できる用法が存在するかどうか、方言等の資料から検討したい。

3.「うんにゃ」と「いんにゃ」の新旧

まず、①の検討から始める。『方言文法全国地図4』Map165では、「(友達から)今、お前のところに車はないだろう?」と尋ねられたのに対して、「いや、有るよ。」と答えるという質問である。東北地方南部から中国地方までは、「いや」類が中心であり、東北地方北部と九州には「うんにゃ」「んにゃ」がまとまって見られる。接境域である中国地方西部に「いんにゃ」も目立っている。語頭音でみると、沖縄から九州には「う・ん」があり、東北地方北部も同様である。

大分方言の「うんにゃ」について、例えば、堀江与一・原田兵太郎(1933)には、つぎのようにある。

うんが　　いいえ
うんぎゃー　いいえ
うんげー　　いいえ
うんにゃ　　いいえ
うんねー　　いいえ

熊本方言の「うんにゃ」(村上敬一氏の教示による)では、語形のバリエーションは、下記のとおりである。

	基本形	強調形
一般	いや、いーや、いんや	なんの
くだけ	うんにゃ（ー）、うんね	なん

さらに、藤本（2002：45-46）には、熊本市に近い菊池方言について、「いんね」「いんにゃ」「うんにゃ」があがっており、

　インネは、全世代を通じて、広く使われるが、インニャ・ウンニャは老年層の使用語彙であった。そして、インニャ・ウンニャはもうほとんど使われない。

とある。

　一方、東北地方での例を、宮沢賢治の詩から取り上げてみる。

　　「おう、柔っけもんだぞ。」
　　「泥のようにが。」
　　「うんにゃ。」
　　「草のようにが。」
　　「うんにゃ。」
　　「ごまざいの毛のようにが。」
　　（以下略）
　　　　　　　　　　　　　　「鹿踊りのはじまり」

　おまへはけなげに母に訊くのだ
　（うんにゃ　ずゐぶん立派だぢゃい
　　けふはほんとに立派だぢゃい）
　ほんたうにさうだ
　髪だっていっさうくろいし
　（以下略）
　　　　　　　　　　　　　　　「無声慟哭」

秋田県学務部学務課（1929）には、

　んにゃそでねぁ（いいえ、そうではない）
　んにゃんにゃそれぁでぎねぁ　（いやいやそれはならない）
　んね（いや）
　んた（いやだ）
　んか（いや）

否定応答詞の考察

が見られる。秋田県教育委員会編（2000：685）にも、
　　　んにゃ
　　　にゃにゃ
があり、

　江戸時代の否定の返事に「いんにゃ」というのがあったが、その変化したものが「んにゃ」であろう。

との説明があるのは、前述したとおりである。
　藤原（2001：188）も、長崎県下の「うんにゃ」に関して、

　「ウンニャ」との言いかたは、「インニャ」から来たものか。「インニャ」は「イーヤ」から来たものであろう

と述べている。
　両者とも、「いんにゃ」から生じたことを、「〜であろう」「〜来たものか」と記しており、このように考える根拠は示されていないので、根拠について検討することが出来ない。
　方言分布から見ると、いわゆる周圏論的分布であり、「う・ん」で始まる語や「にゃ」を含む語形が古く、「い」で始まる語形が新しいのではないかと思われる。
　また、「いんにゃ」「うんにゃ」のどちらも用いる、たとえば岡山県新見市方言において、「うんにゃ」の方が古いという意識されていることは先に述べたとおりである。
　また、藤原（1988）も、瀬戸内地方の様子について、「かつては、これが、全階層によく言われたものである。」と記している。

4.「うんにゃ」の意味

　次に、「うんにゃ」の意味について、小林（2007：140）が述べている下記の意見について検討していきたい。

　「うん」で肯定を、「にゃ」で打ち消しており、現代若者語の「ていうかー」のノリに近いものをもっている。ひとまず相手の言うことを肯定して、そうはいかない自己の状態・考え・気持ちを述べる用法である。

　この説明の蓋然性について、方言での用法等から検討していきた

い。まず、各地の「うんにゃ」「いんにゃ」についての説明を取り上げていく。

藤原与一（1988）には、
  うんにゃ　　いいや（否定文）〈全、稀、下〉
  ○かつては、これが、全階層によく言われたものである。

とあり、島村（1935）には、
  インニャー（感）（卑）（少）
  否。ウンニャー、ンニャー等とも発音する。

とある。さらに小嶋（1969）には、
  いいえ。否。「いんにゃと」「いんにゃとよ」は大正時代から新しく用いられ始めた新しい方言。「いんにゃとよ」は女子の言葉。いずれもすでに消えている。（p.51）

とあり、これらの記述は、「うんにゃ」あるいは「いんにゃ」の使用が衰退していることを述べている。小嶋（1969）に、「いんにゃと」「いんにゃとよ」が「大正時代から新しく用いられ始めた」とあるが、これが、「いんにゃ」のことか、「いんにゃと」「いんにゃとよ」という文末詞のついた形のことなのか判然としない。

そこで、時代をさかのぼって様子をみてみる。NHKの番組の中で、「気になることば」を取り上げたものがあり、そこで、『返事のことば「いいえ」』も話題となっている。そして、下記のような説明がある。この語の概要が分かりやすいので、次に示す。

　江戸時代にはより丁寧な表現として「いえ」「いいえ」が使われるようになります。また、くだけた表現として「うんにゃ」「いんにゃ」なども登場します。江戸ことばを解説した辞典には、「うんにゃ」は主に同輩以下に対して使うと記されています。また「いんにゃ」は主に男性が使い、女性は「いんね」を使うなどと解説しているものもありました。島根県や岡山県の一部などでは、いまでも「いんにゃ」と使うなど方言として残っている地域もあるようですね。

（http://www.nhk.or.jp/a-room/kininaru/2007/09/0920.html［2010.7.6］）

この説明では、使用者の別と使用場面、くだけた用法と記しているが、肯定の後否定するという意味的なニュアンスについての説明

はない。

　古語辞典の記述をみてみる。まず、「うんにゃ」ついては下記のようにある。
○相手のことばを打ち消す時に用いられる。いいや。いいえ。
　「お丸どん、髪を結たの。とんだ能。おめへか。ウンニヤ、おかみさん」［浮世風呂二・下］　　（『角川古語大辞典』角川書店　1982）
○「うんや」の連声。多く同輩以下に対して否定の意を表す応答詞。男女共用。
　　　　　※うんにえ
　　　　実際の発音はウンニェか。「うんえ」の連声。
　　　　多く目上に対して否定の意を示す応答詞。
　　　　男女共用。　　　　（前田勇編『江戸語大辞典』講談社　1974）
次いで、「いんにゃ」の方をあげる。
○「いや」の転。否定の気持ちを表す。
　「いんにやよ、それにもわけのある事」［総籬］
　「インニャ　あれは〜でござる」［膝栗毛四・下］
　　　　　　　　　　　　　　　　　　（『角川古語大辞典』、同上）
○否定の意を表す主として男性用応答詞
　「いんや」の連声。いいや。
　　　　　※いんね　　否定の意を表す主として女性用応答詞
　　　　　　　　　　　　　　　　　　（『江戸語大辞典』、同上）
この2つの辞書においても、意味的なニュアンスは記されていない。そこで、江戸後期の具体的な作品に基づいて考察してみたい。取り上げたのは、『浮世風呂』と『浮世床』である。『浮世風呂』の否定応答詞には、次にあげるようなものがみられる。

　男性
　・いや、いやいや、いやさ、いやもし、いやも、いやほんに、いやはや
　・いえ、いーえ、いーえさ、いえいえ、いえさ、いえも、いえはや、
　・うんにゃ
　・いんにゃさ

・なに、なになに、なにさ、なーにー、なーにさ
・なんの

女性
・いいえ、いいえさ
・いえ、いえさ、いえもう
・うんにゃ、うんにゃよ
・いや、いやよ、いやいや
・なーに、なにさ
・なんの

男性、女性別に、使用頻度の高い順にあげると、以下のようになる。

男性		女性	
いや	31	いえもう	16
いやいや	11	いいえ	14
いえさ	10	いえ	12
いやさ	7	うんにゃ	7
なんの	5	いいえさ	5

　男性は「いや」、女性は「いえ」を基本として対立し、文末詞などが付いている。「うんにゃ」が女性にはある程度見られる。
　次に『浮世床』は下記のとおりである。

いや	11
いやいや	10
うんにゃ	6
なーに	4
いやさ	4

他には、
・いやはや、なに、うんにゃよ、うんにゃさ、いーえ、いえ、いえもう

がある。
　『浮世風呂』『浮世床』の「うんにゃ」と「いんにゃ」に限定してみると、使用数は以下のようになる。

否定応答詞の考察　　141

	男性	女性
浮世風呂		
うんにゃ	2	7
うんにゃよ	0	1
いんにゃさ	1	0
浮世床		
うんにゃ	7	0
うんにゃよ	1	0
うんにゃさ	1	0

　「うんにゃ」が、『浮世風呂』では女性に多く見られ、『浮世床』では男性にあるが、その理由は、登場人物で男性が多いということである。「いんにゃ」は『浮世風呂』の男性の使用例「いんにゃさ」だけにしか見られない。

　次に、「うんにゃ」を使用する人物と話し相手を整理してみる。年上に向かってのものが一例あるが、他は同等・目下であり、辞書の記述どおりである。

浮世風呂
　男性
　　とび→さく（越後生まれ）　　　　　　　同等
　　金持ちのむすこ（放蕩して若隠居）→鼓八（幇間）　目下
　女性
　　さる→とり（2人ともばあさま）　　　　同等
　　下女→下女　　　　　　　　　　　　　同等　3例
　　うば→子守　　　　　　　　　　　　　目下
　　娘（21歳）→新造（31歳）　　　　　　年上
浮世床
　　隠居→弟子　　　　　　　　　　　　　目下　3例
　　でん→びん　　　　　　　　　　　　　同等
　　びん→でん　　　　　　　　　　　　　同等　2例
　　短→長　　　　　　　　　　　　　　　同等

銭衛門→土龍　　　　　　　　　同等
　　蛸助→ちゃぼ助　　　　　　　　同等

「いんにゃ」は以下の例である。
　インニヤサ、おめへまでが　おつかじめる事アねへはな。
　　　　　　　　　　　いさみ→酔

次に、「うんにゃ」の意味的なニュアンスについて、まず『浮世風呂』のものを整理して示す。
　①一般的な否定　　9例
　とり「～死にたがった例はねへ。お迎えが来たら、最うちつと待
　　　て呉といふだんべい」
　さる「ウンニャ。ほんのことさ。」
　・●「～おめへの箸はモウついで来たか」
　　■「ウンニャまだ。」
　③立ち上げ詞　　1例
　・ばば「ヱヱじれつてへ。夫がどうしたな。」
　　はね「うんにゃよ。暮の廿九日、大雪が降った晩にの。～」
　　　※語釈は「いえね」としてある。

「立ち上げ詞」としたものは、否定の意味はなく、発話の開始をいうだけである。
　次いで『浮世床』での「うんにゃ」の用法であるが、『浮世風呂』と同様である。
　①一般的な否定　　5例
　　とめ「待たしちや置けやせん。一番へまわしやすぜ」
　　いん「ウンニヤ　ならねへ」
　②立ち上げ詞「いえね」　　3例
　・ちゃぼ「～おめへひとり　しゃべつてるぜ」
　　たこ「うんにやさ。ありがたい世の中だといふ事さ」

このように見てきて、小林千草氏の言われるようなニュアンスの用例は、見つけることができないが、方言に関する下記には、それが見られる。
　岡山方言事典刊行会（1981）では、

否定応答詞の考察　　143

> 「ウンニャー」のもとの語形は、ウンとイイエとの二語が複合して発生した呼名。

とあるが、根拠の説明がないので、検討が難しい。

村岡浅夫（1980）では、

> いんにゃ、いんにゃのう、ううん、うんな、うんにゃ…
> 母音鼻音によるいわゆる阿呍的表出でもある。
> 「う」音は肯定否定が微妙。「ううんにゃ」は最後に否定したことになる。いいえ、いんにゃは明快な否定。「いんな（にゃ）のう」は更に強まって、逆襲するぞの構えがうかがえる。

「母音鼻音によるいわゆる阿呍的表出」と独特の説明であるが、微妙な意味のニュアンスを記している。「ううんにゃ」になれば、「最後に否定した」という説明がうなづける。ただ、「ううんにゃ」が固定した語形であるかどうかは疑問である。そのため「うんにゃ」との関連させて述べることはできにくい。

橋口満（1987）には、

> ウンニャ　　　　　いいえ、イナ（否）の転訛。
> ウンニャア　　　　いいえ、ウンニャより強意。
> ウンニャウンニャ　これはこれは、イナイナ（否否）の転訛。
> 「ウンニャウンニャ、フットカ　カイモヂャ。」（これはこれは、大きな薩摩芋だ。）

とある。「ウンニャウンニャ　これはこれは」という用法が注目されるが、否定の用法とどうつながるか、いまは不明である。

また、佐賀方言に関するブログ記事に、

> ・否定的なコトバ「いいえ」の意味で「うんにゃ」（弱いNO）「いんにゃ」（強いNO）は頻繁に使われます。これは博多弁でも使います。

(http://blog.sagafan.com/feature/archives/2009/08/post_33.html ［2010.7.9］)

とあり、大分県佐伯郡蒲江町西野浦方言に関しても、

> ○いんにゃ
> 　（メゾフォルテ）いいえ
> 　「もい香は男前？」「いんにゃ！」
> ○うんにゃ

（メゾピアノ）いいえ
　　「管管はべっぴん？」「うんにゃ！」
とある。「うんにゃ」と「いんにゃ」とを、否定の強さで区別し、「うんにゃ」のほうが弱い否定としている。これは上記の『広島県方言辞典』の記述にもつながり注目される。
有働（1979：54）には、
　①うんにゃ
　ウンニャバナ。オルガ　ナンバ　アギャンコツシューキャ。（いいえですよ。私が何をあんなことをしましょうか。）
　②いんにゃ
　○インニャ、ワリャ　シェンチャ　ヨカ。オルガ　スル。（いいえ、お前はしないでもよい。おれがする。）
　○「コリャ　ワルガツカ。」「コリャ　インニャ。」（「これはお前のか。」「これは違う。」
とある。ここには、「コリャ　インニャ。」のように、「いんにゃ」が体言化した用法があり注目される。出雲方言の「いんにゃですわね。」などにつながる。
　「いんにゃ」の用法について、藤原与一（1988）の説明がある。
　いんにゃ
　①やあやあ（わざと大げさにおどろいて発する感動詞―男性向きのものである。）
　　　インニャ、イェット　テンマー　ツレテー。
　　　（やあやあ、たくさんの伝馬船をつけてるじゃないか。）
　②やあ（ややおさえた調子で発するいくらか軽い感動詞―男性向きのものである。）
　　　インニャ、ウチラー　サキーヤローカイ。
　　　（やあ、わしらは先に食べるとしようかい。）
　「やあやあ」という共通語訳をどう考えたらよいのか難しいが、「いんにゃ」が単純な否定としては用いられていない点が注目される。
　各地方言の用法をみると、「うんにゃ」「いんにゃ」とも、単純な否定ではない用法があり、それが否定用法とどう関係するのか興味

否定応答詞の考察　145

深いが、当面問題としてきた、「うんにゃ」の「肯定のあと否定する」という意味的ニュアンスにぴったり合致する用法を見出すことはできなかった。小林千草氏、あるいは『岡山県方言辞典』で述べている見方を、現段階では、そのままに受け取ることは難しいと思われる。

5. 考察の結果と今後の課題

①「いんにゃ」と「うんにゃ」の新旧については、「うんにゃ」の方が古いと考える。
　九州と東北に分布するという周圏論的な分布がみられ、筆者の母方言（岡山県新見市方言）でも、「古い」と意識されている。ただ、現在、方言の復権が話題になるが、「うんにゃ」について、若い女性のブログに下記のような評価もみられる。
　　福岡の方は、「いいえ」のことを、「うんにゃ」と言ったりするそうです。かわいいっ！
　　いちゃりばちょーDay！！　知念里奈のオフィシャルブログ
　　　　　　　　（http://blog.chinen-rina.jp/?eid=672789 ［2010.6.15］）
　もし、このような評価が広がれば、若い世代に、新しい語として広まることもあるかもしれない。
②「うんにゃ」は「うん」＋「いや」に由来するということを確認できる用法は見当たらない。否定でない用法とか、否定の気持ちの強さといった用法はみられたが、肯定してから否定するという微妙なニュアンスが確認できる用法は見いだせなかった。
　ところで、沖縄方言の否定応答詞で、「いんにゃ・うんにゃ」ではないが、「い」と「う」の対立が見られる。下記のとおりである。
　　○首里方言（仲原穣氏の教示による）。
　　　同輩・目下　　イィーイィー［jiː jiː］
　　　目上（尊敬）　ウゥーウゥー［wuː wuː］
　このように、待遇によるバリエーションは見られるが、否定の気持ちの強調については、話者から「応答詞では区別せず、その後に続けることばで表現する」とのコメントがあったとのことである。

○首里方言対象の、国立国語研究所編『沖縄語辞典』（1963）
　　'iiii　　　目下一般
　　'oooo　　目下の年長に対して、否定または拒絶を表わす語。
　　'uuuu　　目上。
　　'NNNN　　目下またはきわめて親しい者に対して、軽く、否定または拒絶の意を表す語。
○今帰仁方言対象の、仲宗根政善『沖縄今帰仁方言辞典』（1983）
　　イーイン　同輩や目下の者に対する否定の応答。
　　ウーウー　士族や外来者の目上、平民の最上の目上に対する否定の応答。
　　オーオー　平民の使う語。目上に対する否定の語。
　　ンーンー　同輩または目下に対していう。

　注目すべきは、岡山県新見市方言や熊本市方言などと異なり、「う」音が目上向けの語形になることである。この違いの説明は今後の課題としたい。

［謝辞］　本稿は、下記の、日本学術振興会科学研究費補助金による下記の研究の一部である。
○基盤研究（A）「人物像に応じた音声文法」（課題番号19202013　代表　定延利之）
○基盤研究（B）「現代日本語感動詞の実証的・理論的基盤構築のための調査研究」（課題番号19320067　代表　友定賢治）

参考文献

秋田県学務部学務課（1929）『秋田方言』秋田県学務部．
秋田県教育委員会編（2000）『秋田のことば』無明舎出版．
有働駒雄（1979）『天草の方言』自家版．
岡山方言事典刊行会（1981）『岡山方言事典』日本文教出版社．
国立国語研究所編（1963）『沖縄語辞典』大蔵省印刷局．
小嶋政一郎（1969）『延岡のことば』光輪舎．
小林千草（2007）『女ことばはどこへ消えたのか』光文社新書．
島村知章（1935）『岡山方言』桂又三郎編（1976）『岡山県方言集』国書刊行会所収．
友定賢治（2007）「否定応答詞の方言間対照」（定延利之・中川正之（編）『シリーズ言語対照1　音声文法の対照』くろしお出版）．

友定賢治(2010)「応答詞の地域差」(小林隆・篠崎晃一(編)『方言の発見―知られざる地域差を知る』ひつじ書房).
仲宗根政善(1983)『沖縄今帰仁方言辞典』角川書店.
橋口満(1987)『鹿児島県方言辞典』桜楓社.
藤本憲信(2002)『熊本県菊池方言の文法』熊本日日新聞情報文化センター.
藤原与一(1988)『瀬戸内海方言辞典』東京堂.
藤原与一(2001)『日本語方言での特異表現法』武蔵野書院.
堀江与一・原田兵太郎(1933)『大分県方言考』大分県師範学校部会国漢学部会.
村岡浅夫(1980)『広島県方言辞典』南海堂.

日本語非母語話者の感動詞の不自然な運用

野田尚史

1. この論文の目的と構成

　日本語非母語話者が日本語を話すとき、感動詞の運用が不自然なことがある。日本語を話す能力が高くない人だけではなく、日本語を話す能力が非常に高い人にも見られる。
　特に「うん」「そうですか」のようなあいづちや、「ええと」「んー」のようなフィラーは使用頻度が高く、聞き手に与える印象を大きく左右する。しかし、非母語話者に対する日本語教育ではほとんど扱われていない。
　この論文の目的は、あいづちやフィラーを中心に日本語非母語話者の感動詞の運用を分析することである。日本語非母語話者の感動詞の運用がどのような場合に不自然になるのか、また、不自然になるのはなぜかを明らかにしたい。
　この論文の構成は、次のとおりである。次の2.で非母語話者にとっての感動詞の重要性を述べ、3.で非母語話者の感動詞の不自然な運用を分類する。そのあとの4.から8.では、3.での分類をもとに、それぞれ、感動詞の不使用、母語の感動詞の使用、感動詞の不適切な語形・発音、感動詞の不適切な選択、感動詞の過剰使用について詳しく分析する。そして、最後の9.でまとめを行う。
　なお、この論文で扱うのは、1語として認定される感動詞だけではない。「そうですか」のように感動詞と同じような働きをしている語句も含める。

2. 日本語非母語話者にとっての感動詞の重要性

　日本語非母語話者の感動詞の不自然な運用というのは、次の

(1)のようなものである。この中国語話者「2」は、初対面である年上の日本語話者「1」に対して基本的には点線の下線のように「はい」で応答しているが、実線の下線のように「うん」で応答しているところがある。

(1) 1： あのー何時ごろ出てきます？
　　2： えと朝は学校は9時からですから、(1：うん) えと普通は一、8、2、8時20分ー頃、部屋から出るー、間に合うと思いますけど。
　　1： そうですか。
　　2： はい。
　　1： その時はラッシュじゃありません？
　　2： うん、ラッシュアワーですよ。(1：うんー) はい、その時は。
　　（「インタビュー形式による日本語会話データベース」のテキストデータを音声データによって修正したもの、非母語話者、日本語学校、Y.C.(F)、中国語母語話者、日本語学習歴2年3か月、日本在住歴1年3か月）

　「うん」は、基本的には初対面の年上の相手には使えない。(1)のように初対面の年上の相手に「うん」を使うと、相手は「自分がぞんざいに扱われている」と思い、この中国語話者に悪い印象を持つ可能性がある。

　このような感動詞の不自然な運用は、単なることばの間違いだとは思われず、人格の問題だと思われることもある。非母語話者にとっては、重要な問題である。

　しかし、感動詞は非母語話者に対する日本語教育ではほとんど扱われてこなかった。日本語教科書では、感動詞は、ある程度、会話文に出てくることがあるが、練習問題もなく、積極的に教えられているとは言えない。

　次の(2)は日本語教科書の会話部分である。感動詞は応答の「はい」のほかは「そうですね」と「あのう」が1箇所ずつ使われているだけである。

(2) 司会者：優勝　おめでとう　ございます。

　　　　　　すばらしい　スピーチでした。
ミラー：ありがとう　ございます。
司会者：緊張なさいましたか。
ミラー：はい、とても　緊張いたしました。
司会者：テレビで　放送される　ことは　ご存じでしたか。
ミラー：はい。　ビデオに　撮って、アメリカの　両親にも　見せたいと　思って　おります。
司会者：賞金は　何に　お使いに　なりますか。
ミラー：そうですね。　わたしは　動物が　好きで、子どもの　ときから　アフリカへ　行くのが　夢でした。
司会者：じゃ、アフリカへ　行かれますか？
ミラー：はい。　アフリカの　自然の　中で　きりんや　象を　見たいと　思います。
司会者：子どもの　ころの　夢が　かなうんですね。
ミラー：はい。　あのう、最後に　ひとこと　よろしいでしょうか。
司会者：どうぞ。
ミラー：この　スピーチ大会に　出る　ために、いろいろ　ご協力くださった　皆様に　心から　感謝いたします。

　　　　　　（『みんなの日本語 初級Ⅱ本冊』第50課、会話。ルビは省略）

　実際の会話では「はい、ありがとうございます」や「はい、そうですね」「ええと、そうですね」など、フィラーを中心にもっと多くの感動詞が出てきそうであるが、この会話には出ていない。また、この課の「練習」には、感動詞についての問題はまったく入っていない。

3. 日本語非母語話者の感動詞の不自然な運用の種類

　この論文では、日本語非母語話者の感動詞の不自然な運用を次の（3）から（7）の5種類に分けることにする。

（3）　感動詞の不使用

(4)　母語の感動詞の使用
　(5)　感動詞の不適切な語形・発音
　(6)　感動詞の不適切な選択
　(7)　感動詞の過剰使用

　(3)の「感動詞の不使用」というのは、どう返答するかを考えているときに「そうですね」などを使わずに沈黙が続くような場合である。

　(4)の「母語の感動詞の使用」というのは、ことばがうまく出てこないときに「チ」という舌打ちをする母語のフィラーを使うような場合である。

　(5)の「感動詞の不適切な語形・発音」というのは、ことばを探しているときに、「何というか」ではなく「何という」などの不適切な語形を使うような場合である。

　(6)の「感動詞の不適切な選択」というのは、自分がまったく知らないことを相手が話したのに対して「そうですか」ではなく、「そうですね」を使うような場合である。

　(7)の「感動詞の過剰使用」というのは、フィラーの「あの」などを使いすぎるような場合である。

　このあとの4.から8.では、この分類をもとに、それぞれ、感動詞の不使用、母語の感動詞の使用、感動詞の不適切な語形・発音、感動詞の不適切な選択、感動詞の過剰使用を取り上げ、詳しく分析する。

4. 感動詞の不使用

　「感動詞の不使用」というのは、どう返答するかを考えているときに「そうですね」などを使わずに沈黙が続くような場合である。

　たとえば次の(8)では、日本語話者Tの「ほかには何かやってみたいことありますか」という質問に対して、中国語話者Sはすぐに答えが思いつかなかったようで、何も言わない沈黙の時間が3秒程度続いている。

(8) T: はーい、そうですかー、はい。ほかには何かやってみたいことありますか。
S: ［沈黙約3秒］え、有名なところへ〈T：はい〉え、え、行きたい〈T：はい〉行きたい、たとえば東京〈T：はい〉暇でいるとき、暇でいるとき、東京のお寺。{笑}
T: そうですか。はーい。では、いつか行けるといいですね。はーい。

(『音声資料による中国人日本語学習者の中間言語の基礎的研究』の文字化データを付属CDの音声によって修正したもの、0407Ⅲ0701、中国語話者、魯東大学外国語学院日本語学科3年生)

このように質問に対する答えがすぐ思いつかないような場合、母語話者であれば、まず「そうですね」と言い、そのあと「何でしょうね」や「うーん」「ええと」などを使って、沈黙しないようにすることが多い。この(8)の中国語話者は、そのような表現を習得していないか、答えを考えながらほぼ自動的にそのような表現を使えるまでにはなっていないということだろう。

5. 母語の感動詞の使用

「母語の感動詞の使用」というのは、ことばがうまく出てこないときに「チ」という舌打ちをする母語のフィラーを使うような場合である。

たとえば次の(9)の英語話者「2」の発話には、「チ」という舌打ちをするフィラーが使われている。

(9) 1: まず、最初に文化とー、おー、おっしゃいましたけど、日本の文化のどういうところがおもしろいんですか。
2: ああー、日本の文化は、あの、日本には、あのー、チ［舌打ち］ああー、日本の文化は、あの、私はAmerica人、だから、あの、日本に、ああ、ああ、日本に行ったの、人々は、とても親切な人だから、私は、びっく、びっくりするほどは、親切です。

(「インタビュー形式による日本語会話データベース」のテキストデー

タを音声データによって修正したもの、非母語話者、プリンストン大学、Z.K.（M）、英語母語話者、日本語学習歴1年、日本在住歴2か月）

　この「チ」という舌打ちは、ことばがうまく出てこないときに使われる母語のフィラーがそのまま出てきたものだと考えられる。しかし、日本語では、このような「チ」は、「なぜ自分がそんな質問に答えなければならないのか」といった、不機嫌な気持ちを表すために使われていると誤解されやすい。

　フィラーをはじめとする感動詞は無意識に発せられることが多いため、他の語句に比べ、母語のものがまじりやすいと考えられる。この「チ」も無意識に出てきたのだろうが、誤解を受けやすく、非常に危険である。

　そのほか、母語の感動詞ではなく、日本語以外の既習言語の感動詞が出てくることもある。たとえば次の（10）のインドネシア語話者の発話には、語尾を上げる「アハ」という英語のあいづちのような表現が使われている。

　（10）中国語話者　　　　：うん、というより
　　　　インドネシア語話者：ン
　　　　中国語話者　　　　：日本に来る前に
　　　　インドネシア語話者：アハ
　　　　中国語話者　　　　：勉強していて
　　　　インドネシア語話者：あー、大学で？
　　　　中国語話者　　　　：大学ーではないですね
　　　　インドネシア語話者：コース？
　　　　中国語話者　　　　：コースみたいな
　　　　インドネシア語話者：あー、日本語学校みたいな
　　　　中国語話者　　　　：通信教育みたいな
　　　　インドネシア語話者：アハ、アハ、ホー。そこで、初級
　　　　　　　　　　　　　　レベルの？
　　　　（日本の大学に通う、日本語上級レベルの大学院生どうしの会話）

　語尾を上げるこの「アハ」というあいづちは、日本語を話しているときに使うと、相手の話を真剣に受け止めないで、軽くあしらっ

ているような印象を与える可能性がある。

　このようなあいづちはインドネシア語では使われないようである。母語ではなく、既習言語である英語のあいづちが出てきたものだと考えられる。

　このように母語ではなく既習言語のあいづちが出てくることがある現象は、いろいろな言語の母語話者がさまざまな言語を話すときにも見られる。たとえば、木口理恵（2003）は日本語を学習している中国語話者が英語を話すときのあいづちを調査し、日本語のあいづちが使われることがあることを指摘している。

6. 感動詞の不適切な語形・発音

　「感動詞の不適切な語形・発音」というのは、ことばを探しているときに、「何というか」ではなく「何という」などの不適切な語形を使うような場合である。

　たとえば次の（11）では、適切なことばがすぐに思いつかずにことばを探しているときに、「何という」という語形が使われている。

（11）えーっと、農場を作ること、〈あー、農場を作ることですか、あ、そうですか〉今、やっぱり夢けど、でも、農場を作りたいね、中国の場合はね、今農業の問題は日本の農業を見ると、同じの問題ね、〈んー〉別々、〈んー〉別、家ずつ、小さい畑を〈んーんー〉もっているね、そうすると、肥料とかたねとかね、〈うん〉あのー、世帯ずつ、〈うん〉買います、〈うん〉そうするとちょっとたいへんね、〈んーんー〉あ、やっぱり、中国のそんな広い畑で、〈んー〉アメリカとカナダのように、〈んー〉おお、あの、何という、超大型農業を〈んー〉やればいいと思います

（KYコーパス、中国話者、上級（CA03））

　「何というか」を使うのが適切なところで「何という」を使うのは、中国語話者や英語話者に多く、韓国語話者には少ないようである。

KYコーパスは、中国語話者と英語話者と韓国語話者それぞれ30人ずつの会話を文字化したものである。このコーパスを使って、ことばを探しているときに「何というか」類と「何という」類が使われた回数を調べると、次の表のようになる。

表　ことばを探しているときの「何というか」類と「何という」類の使用

	「何というか」類	「何という」類
中国語話者	33	16
英語話者	62	18
韓国語話者	47	2

　「何というか」類は、「何というかな」や「何て言うの」「何といいますか」などを含む。「何という」類は、「何ていう」や「何と言います」などを含む。
　中国語話者では、不適切な「何という」類の使用が全体の1/3程度ある。英語話者では、不適切な「何という」類の使用が全体の1/4程度ある。それに対して、韓国語話者では、不適切な「何という」類の使用がほとんど見られない。
　韓国語には、形も意味も「何というか」に対応した表現がある。韓国語話者に「何という」の使用がほとんど見られないのは、「何というか」に対応した表現が韓国語にあるからだろう。
　母語に対応する語形がない場合は、フィラーの「何というか」と、相手に質問する「何という？」の区別が難しいということだろう。
　この「何という」のように語形が不適切な場合のほか、発音が不適切な場合もある。次の（12）は、中国語も非常に堪能な朝鮮語話者が「そうですか」の発音で失敗したことについて話した内容をまとめたものである。

（12）いつも温厚で親切な年配の女性の日本語母語話者が私の住む家を探してくれた。最初の日は「いろいろ探してみたけど、ちょうどよい部屋が見つからなかった」と話してくれたので、「そうですか」とあいづちを打った。そのときの「そうですか」は、「申し訳なかった」という気持ちを込め

て、ていねいに言おうとして、ゆっくり語尾に向かって音をだんだん上げていくイントネーションで、語尾の「か」も少しずつ音を上げながら伸ばして発音した。そうすると、その日本語話者の表情が急に険しくなり、機嫌が悪くなった。あとでわかったことだが、それを聞いた日本語話者は、「本当に探してくれたのか？」という疑いのあいづちだと感じたということだった。

　この場合、「そうですか」というあいづちの語形は、特に不適切なわけではない。語尾に向かって音を上げながら語尾を伸ばす発音が不適切だったということである。「すみません」をそのような発音で言えば、申し訳ないという気持ちが出せるだろうが、「そうですか」をそのような発音で言えば、疑いの意味が出てしまい、相手に誤解を与えやすい。

7. 感動詞の不適切な選択

　「感動詞の不適切な選択」というのは、自分がまったく知らないことを相手が話したのに対して「そうですか」ではなく、「そうですね」を使うような場合である。

　「感動詞の不適切な選択」には、大きく分けて2種類のものがある。1つは、「対象」という点で、つまり、何に対してどの感動詞を使うかという点で感動詞の選択が不適切なものである。もう1つは、「相手」という点で、つまり、だれに対してどの感動詞を使うかという点で感動詞の選択が不適切なものである。

　まず、「対象」という点で感動詞の選択が不適切な例としては、次の（13）があげられる。この例では、日本語話者Kが最近どんな映画を見ているかを話したのに対して、英語話者Mが「そうですね」とあいづちを打っている。

(13) 102K 　／なんかー最近はすごく好きなのはー／／日本の映画も、よく／／見るしー
　　 103M 　／はい／<u>あっそうですね</u>
　　 104K 　うんさっ／／あたらしいにほんの／／映画
　　 105M 　／でも／あーわかりました
　　 106K 　もよく見るしあとは韓国と／／かー、中国とかの／／ー、映画ーの方がー
　　 107M 　／はい／あーー
　　 108M 　はい
　　 109K 　うん、よくー見るーかなあ
　　 110M 　<u>あーおそうですね</u>／／え

（『主題・とりたてに関する非母語話者と母語話者の言語運用能力の対照研究』、hibogo-k-13。Mの生育地：0〜6歳ポーランド、7〜20歳アメリカ。Mの日本語学習歴：約2年、週3時間）

英語話者Mは、相手の日本語話者Kが話した「最近、日本の映画もよく見る」とか「韓国とか中国とかの映画の方がよく見るかなあ」といったことをこのときに初めて聞いたようである。自分がまったく知らないことをそのときに初めて聞いたのなら、「そうですね」は使えない。「そうですか」を使う必要がある。

「そうですね」を使うと、相手は「知らないはずなのに、なぜ知っているように言うのか」と不審に思ったり、不愉快に感じたりする可能性がある。

この話者Mは、適切に「そうですか」を使うこともある。しかし、自分が知っていることかどうかの判断を瞬時に行い、「そうですね」と「そうですか」を使い分けるのは難しいようである。この話者に限らないことであるが、ときどきこのような不適切な「そうですね」が出てくることがある。

このような「そうですね」については、大浜るい子（2000）でも指摘されている。

次に、「相手」という点で感動詞の選択が不適切な例としては、次の（14）があげられる。この例では、大学院生である中国語話者Tは同じ大学院生である日本語話者Uに対して、点線の下線の

ように基本的に「うん」というあいづちを使っているが、実線の下線のように「はい」になることがある。

(14) 615U　ま、あれ、あるの？ぜんぜん話し変わるけど、あのー‥戸籍？戸籍というかそのー系図？／／ていうもの、中国にもある？
　　616T　／<u>うんうん</u>
　　617T　戸籍？／／おん／／<u>うん</u>あるある
　　618U　／おん／あの
　　619U　日本ではその仏壇のとこにね
　　620T　<u>うん</u>
　　621U　おいてあるのよ、こう、さかのぼっていく、系図？‥／／U家のね、系図っていうのあって、／／だか
　　622T　／けい／系図ってなに
　　623U　今おれがいてー
　　624T　<u>はい</u>
　　625U　その親がいるでしょう？
　　626T　<u>はいはいはい</u>
　　627U　ほんでその親が誰から生まれてー、ほんで、また誰から生まれて／／いくその、しゅ、しゅけい、を、／／たどっていくやつ

（『主題・とりたてに関する非母語話者と母語話者の言語運用能力の対照研究』、hibogo-h-05。Tの生育地：中国河北省）

　基本的に「うん」を使っている相手に「はい」を使うと、相手は「突然、よそよそしくなった」と感じる可能性がある。
　この話者Tのように「うん」と「はい」がまじるのは、相手によって「うん」を使うか「はい」を使うか決めた上で、同じ相手には「うん」か「はい」を一貫して使うという意識が強くないからだろう。
　この話者Tは、同じ相手に対して「です」「ます」を使うていねい体と「です」「ます」を使わない普通体をまぜて使っているが、そのような使い分けを強く意識していないのと同じことだと考えら

れる。

　内藤真理子（2003）は、韓国人日本語学習者のあいづちを調査し、あいづちのスピーチレベルが一定していないことを指摘している。

　また、窪田彩子（2001）は、日本語学習者が相手の年齢によってあいづちの待遇性を使い分けているかどうかを調査している。初級学習者の中にも、若者に対しては待遇性の低い「アー」や「ンー」などを、年配者に対しては待遇性の高い「ハイ」などを使うという使い分けができている者がいる一方、上級学習者の中にも、そうした使い分けができていない者がいることを明らかにしている。あいづちは日本語教育でほとんど扱われていないため、自然に習得するしかなく、個人差が大きいということだろう。

　なお、「対象」という点と「相手」という点の両方で感動詞の選択が不適切な場合もある。たとえば、次の（15）で日本語話者Tの「京都も古いですよねえ」に対して中国語話者Sが使った「そうそうそう」である。

　（15）T：　うんうん、うん、あのセーアンも、シーアンも、〈うん〉古い町ですねえ
　　　　S：　そうです
　　　　T：　ねえ、京都も古いですよねえ
　　　　S：　そうそうそう
　　　　T：　あの似ていますか、だいぶ違いますか

　　　　　　　　　　　（KYコーパス、中国語話者、中級－下（CIL03））

「対象」という点からの感動詞の選択では、「そうそうそう」は自分が相手と同じか、それ以上によく知っていることや強く思っていることについて強く同意するときに使うものである。

　この（15）では、中国語話者Sが日本語話者Tと同じか、それ以上に「京都が古い」ことをよく知っているわけではないはずである。また、京都が古いことは一般的な常識であり、それについて強く同意する必要もない。「そうそうそう」を使うと、相手は「そんな当たり前のことについて、私もそう思うとわざわざ強く言わなくてもいいのに」と思う可能性がある。

一方、「相手」という点からの感動詞の選択では、「そうそうそう」は、「です」「ます」を使うような初対面の年上の相手には、普通は使わない。そのような相手に「そうそうそう」を使うと、相手は「なれなれしい」と感じる可能性がある。

8. 感動詞の過剰使用

「感動詞の過剰使用」というのは、フィラーの「あの」などを使いすぎるような場合である。

たとえば次の(16)の英語話者「2」の発話には、「あの、お、あの、英語以外の、あの言語ーでもあの、しんなかったんですけど」のように、「あの」が頻繁に使われている。

(16)1： じゃあ交換留学のー。
2： ええ、そうですね、(1：うん、うん) あの短い間の、(1：うん) あのー、そうですね観光ー、旅行 (1：ん、旅行) みたいな、あの、少し、ホームステイがありましたけど、(1：へえー) あの時は全然、日本語でも、(1：うん) ほかの、言語でも、あの、お、あの、英語以外の、(1：ええ) あの言語ーでもあの、しんなかったんですけど。

(「インタビュー形式による日本語会話データベース」のテキストデータを音声データによって修正したもの、非母語話者、国際基督教大学、C.R.（F）、英語母語話者、日本語学習歴4年、日本在住歴なし)

この話者はかなり早口である。すぐにことばが出てこないときに沈黙が続かないように「あの」を入れているようには聞こえない。口癖になっているのだろうが、「あの」が多すぎて、話の内容が聞きとりにくくなっている。

このようなフィラーの過剰使用については、宮永愛子（2009）が、学習歴が比較的短い学習者が自分の体験に関する物語や、説明など、一まとまりの発話をするときに、発話の間を埋めるために使うことがあることを指摘している。

また、高村めぐみ・野原ゆかり（2010）は、日本語学習者のフ

ィラーの出現箇所について、日本語母語話者の発話では観察されない動詞＋「たり」、動詞＋「ないで」の後や、フィラーの後、目的語の後にフィラーが入る話者がいることを観察している。そうした発話に対して母語話者が「言葉が途切れて全体を捉えにくい」「話のつながりがなく、ブチブチ切れる」という印象を持ったことも指摘している。フィラーが過剰と感じられるかどうかは、フィラーの位置にも関係しているということである。

このように全体的に「あの」などを使いすぎるという「過剰使用」のほかに、不必要な箇所に感動詞が入る「過剰使用」もある。

たとえば次の（17）では、日本語話者Tの「簡単に自己紹介していただけますか」という依頼に対して、中国語話者Sは「いや」と言ってから「はい、あ」と言って、自己紹介を始めている。

(17) T： はい、それじゃ始めましょうか、、とー、じゃあ最初に、あのー簡単に自己紹介していただけますか
　　　S： <u>いや</u>、はい、あわたしはーSと申します、〈はい〉中国から、、うー、わたしの専門は、、物理、化学です、あのわたしの先生は［人名］先生です、〈ん、はい〉もうことしはもう33歳になりました

　　　　　　　　　　　　（KYコーパス、中国語話者、中級－中（CIM04））

この「いや」は無意識に口から出たものだろうが、相手に「本当は自己紹介をしたくないのではないか」と誤解される可能性がある。

そのほか、村田晶子（2000）は、相手の発話を理解していないのにあいづちを打つ例をあげているが、そのようなものも、感動詞の過剰使用の一種だと考えてもよいだろう。

9．まとめと今後の課題

この論文では、あいづちやフィラーを中心に日本語非母語話者の感動詞の不自然な運用を分析した。この論文で述べたことを簡単にまとめると、次の（18）から（22）のようになる。

(18) 感動詞の不使用：どう返答するかを考えているときに「そうですね」などを使わずに沈黙が続く場合がある。考えて

いるときに沈黙を避ける表現を習得していないか、答えを考えながらほぼ自動的にそのような表現を使えるまでにはなっていないのだと考えられる。

(19) 母語の感動詞の使用：ことばがうまく出てこないときに「チ」という舌打ちをする母語のフィラーを使うような場合がある。感動詞は無意識に発せられることが多いため、他の語句に比べ、母語のものがまじりやすいのだと考えられる。

(20) 感動詞の不適切な語形・発音：ことばを探しているときに、「何というか」ではなく「何という」などの不適切な語形を使うような場合がある。母語に対応する語形がない場合、フィラーの「何というか」と相手に質問する「何という？」のような区別が難しいのだと考えられる。

(21) 感動詞の不適切な選択：自分がまったく知らないことを相手が話したのに対して「そうですか」ではなく、「そうですね」を使うような場合がある。感動詞を使う対象や感動詞を使う相手によって感動詞を使い分ける必要があるが、その選択が難しいのだと考えられる。

(22) 感動詞の過剰使用：フィラーの「あの」などを使いすぎるような場合がある。はっきりした意味を持っていないフィラーやあいづちは、口癖になっていたり、無意識に使っていたりして、不自然になることがあるのだと考えられる。

フィラーを中心とした日本語感動詞の研究は、山根智恵（2002）や定延利之（編）（2002）をはじめ、たくさんの研究が発表されるようになってきている。

フィラーやあいづちを中心とした日本語非母語話者の日本語感動詞の運用についての研究もかなり多くなってきているが、使用される感動詞の種類や頻度、機能を分析したものが多い。非母語話者の感動詞の不自然な運用に焦点を当てたものは、渡辺恵美子（1994）や齊藤眞理子（1999）など、わずかである。

今後は、日本語非母語話者の日本語感動詞の不自然な運用について、日本語非母語話者の母語による違いや、日本語能力の違い、個

人差なども考慮しながら詳しく分析する必要がある。

　また、日本語非母語話者の日本語感動詞の不自然な運用をさらに深く追究するためには、日本語非母語話者の感動詞をさまざまな視点から分析することも必要である。

　たとえば、松﨑千香子（2005）は、日本語のディスカッションにおいて、日本語母語話者は「自分と同じ意見を持つ話し手の発話」より「自分とは異なる意見を含む話し手の発話」に対して「同意を示すあいづち」を使う割合が高いが、韓国語母語話者はそれとは逆の傾向が見られることを指摘している。日本語学習者が感動詞を使う状況についてのこのような研究も必要である。

　また、石田浩二（2005）はニュージーランド人日本語学習者が日本語のあいづち「ええ」をどのように解釈しているかを分析している。日本語学習者の感動詞の解釈についてのこのような研究も必要である。

［付記］　インドネシア語の感動詞については大阪大学の原真由子氏に、韓国語の感動詞については北海道大学の鄭惠先氏に助言をいただくなど、多くの方々の協力を得た。

引用資料

「インタビュー形式による日本語会話データベース」北九州市立大学国際環境工学部情報メディア工学科上村研究室（http://www.env.kitakyu-u.ac.jp/corpus/）.
『音声資料による中国人日本語学習者の中間言語の基礎的研究』付属CD，李晨・井上幸・李明姫，吉林大学出版社（中国），2009.
KYコーパス，鎌田修・山内博之，version 1.2, 2004.
『主題・とりたてに関する非母語話者と母語話者の言語運用能力の対照研究』（平成15年度～平成18年度科学研究費補助金基盤研究（C）（1）研究報告書）付録DVD-R，中西久実子（編），2007.

引用文献

石田浩二（2005）「ニュージーランド人日本語学習者の相づち「ええ」についての知識―母語話者と学習者の解釈の比較―」『日本語教育』127，pp.1–10，日本語教育学会.

大浜るい子（2000）「日本語のターン交替とあいづち―母語話者と学習者の比較をとおして―」『広島大学教育学部紀要　第二部（文化教育開発関連領域）』49, pp.153-161, 広島大学教育学部.

木口理恵（2003）「三カ国語習得者の第二言語コミュニケーションにおけるあいづち―中国人日本語学習者の英語接触場面の分析―」『千葉大学日本文化論叢』4, pp.92-77（pp.(17)-(32)）, 千葉大学文学部日本文化学会.

窪田彩子（2001）「初級・上級学習者の「相づち詞」の形態―日本人対話者の年齢が及ぼす影響―」『南山大学国際教育センター紀要』2, pp.14-29, 南山大学国際教育センター.

齊藤眞理子（1999）「ACTFL-OPI 初級から超級に見られた相槌の分析」『文化女子大学紀要　人文・社会科学研究』7, pp.157-172, 文化女子大学.

定延利之（編）（2002）『「うん」と「そう」の言語学』ひつじ書房.

高村めぐみ・野原ゆかり（2010）「日本語学習者が生成するフィラーとポーズの関係」『外国語教育研究』13, pp.66-77, 外国語教育学会.

内藤真理子（2003）「あいづちのスピーチレベルとそのシフトについて―日本語母語話者と韓国人学習者の相違―」『日本語教育論集　世界の日本語教育』13, pp.109-125, 国際交流基金日本語国際センター.

松﨑千香子（2005）「日本語母語話者と韓国語を母語とする学習者の日本語の同意を示すあいづち―ディスカッションにおけるあいづち使用の比較―」『甲南女子大学研究紀要　文学・文化編』41, pp.9-15.

宮永愛子（2009）「会話におけるフィラー「あの」の使用文脈―日本語母語話者と日本語学習者を比較して―」『広島大学日本語教育研究』19, pp.39-46, 広島大学大学院教育学研究科日本語教育学講座.

村田晶子（2000）「学習者のあいづちの機能分析―「聞いている」という信号, 感情・態度の表示, そして turn-taking に至るまで―」『日本語教育論集　世界の日本語教育』10, pp.241-260, 国際交流基金日本語国際センター.

山根智恵（2002）『日本語の談話におけるフィラー』（日本語研究叢書 15）, くろしお出版.

渡辺恵美子（1994）「日本語学習者のあいづちの分析―電話での会話において使用された言語的あいづち―」『日本語教育』82, pp.110-122, 日本語教育学会.

III 会話分析的研究

WH質問への抵抗
感動詞「いや」の相互行為上の働き

串田秀也／林　誠

1. 問題の所在

　本稿の目的は2つある。第一は、感動詞「いや」の相互行為における働きの一端を解明することである。第二は、それを通じて、質問への抵抗という現象に関する一定の系統的な記述を構成することである。まず、このような形で研究目的を設定する理由と意義を述べておきたい。

　感動詞の「相互行為における働き」を解明するといういい方は、感動詞の「意味」や「機能」を解明するといういい方に比べて、言語学の世界では耳慣れないものだと思われる。これは本稿が社会学の中から生まれた会話分析の方法論に依拠しているためである。会話分析の視点から言葉の研究を行うとき、それは相互行為の研究の一環として行われる。相互行為においてある言葉を発することは、行為の連鎖における特定の位置で人が直面する実際的課題に対して、その言葉を用いて対処するということである。したがって、言葉の働きを記述することは、その言葉を用いて対処されうる相互行為上の課題を記述することを伴っており、ひいては、その課題を産出する相互行為の組織を解明することにつながっている。

　この基本的視点に基づき、本稿では「いや」の働きを研究するに当たって、行為の連鎖における特定の位置で用いられる「いや」に注目する。それは、WH質問の次の発話の（実効的[*1]）冒頭という位置である。このように研究対象を限定する理由は、以下に説明するように、この特定の位置において相互行為の参与者が固有の課題に直面しうること、そして、その課題に対して「いや」が固有の仕方で解決資源となりうること、この2点である。

質問は、次に生じるべき発話に対して強い制約をもたらす発話の一種である。質問を特定の聞き手に向けるなら、その者が次の話し手になるよう、また応答という特定のタイプの発話を行うよう、要請することができる。この制約の強さは、たとえば質問のあとで間が空いたとき、(実際にはその場の全員が黙っているにもかかわらず)質問を向けられた者が沈黙していると知覚され、その者が「質問に答えていない」という事実が(参与者自身によっても観察者によっても)観察・報告可能になることに現れている。質問はまた、応答がなされることだけでなく、質問の形式に適合した応答がなされることを要請する。たとえば、yes/no 質問は肯定／否定の表現を含む応答を、WH 質問は疑問詞の種類に適合した表現を含む応答を要請する。もしも WH 質問に対して「はいそうです」という発話が返されたなら、それは応答とは見なされず、むしろ質問が十分に聴取・理解されなかった証拠と見なされるだろう。

　さて、人はしばしば、質問を向けられたけれども、その質問が課する制約を満たすような応答を産出できない、という状況に置かれることがある。このとき、質問を向けられた人は、「質問に適合した応答を産出せよという要請と、その要請に応じることを妨げる事情とを、どのように調停したらいいだろうか」という実際的課題に直面する。本稿の中心的主張は、この課題を解決するために利用できるひとつの代表的資源が「いや」である、というものである。

　適合的応答を産出することを妨げる事情には、さまざまなものがありうる。たとえば、質問がよく聞き取れない、よく理解できないという事情がありうる。求められた情報を自分が持っていないという事情もありうる。相手がきわめて自明なことを質問しており、そういう質問をすることは不当に感じられるという事情もありうる。質問が誤った前提に立脚しているという事情もありうる。そのとき進行している話の流れから質問が浮いているという事情もありうる。自分は求められた情報を持っているが、質問に合わせた形では答えにくいという事情もありうる。では、「いや」が解決資源となるのは、どんな事情があるときなのか。また、「いや」はいかにして解決資源となりうるのか。

WH質問への次の発話冒頭に置かれた「いや」には、3つの重要な特徴がある。第一に、それは質問が要請する応答形式に適合しない成分である。yes/no質問の場合とは異なり、WH質問に対しては、「いや」はそれだけでは適切な応答を構成しない。したがって、それはこの発話が「いや」だけで終了するのではなく、まだ続くことを予示できる。第二に、「いや」は反応的（responsive）な成分である。発話の冒頭に配置される成分には「あの」「ええと」「なんか」などいろいろなものがある。それらの中で「いや」は「え」「あ」「うん」などとともに、先行発話（もしくは何らかの状況内の出来事）に反応しているという主張を構成する。したがって、それは、いまだWH質問への応答が開始されてはいないとしても、何らかの返答*2がすでに開始されていることを認識可能にする。第三に、反応的な発話冒頭成分の中でも、「いや」は「え」「あ」「うん」などの成分とは異なり、否定に用いることのできる成分である。したがって、それは先行する質問に何らかの否定されるべき事情、もしくは不適切性が見いだされたことへの「注意喚起（alert）」となりうる。このことは同時に、何らかの否定されるべき事情を感知できるほど、質問がすでに聴取され理解されたことを意味しうる。

　以上3点から、WH質問の次の発話冒頭という位置において、「いや」は次のような相互行為上の働きを持ちうる。①質問が聞き取られ理解されたにもかかわらず、それ以外の何らかの不適切性が見いだされたという一般的（＝非特定的）な注意喚起*3となることができる。②どのような種類の不適切性が見いだされたのかを知るためには発話の後続成分をモニターせよ、という教示となることができる。また、これらを通じて、③その発話を質問への返答として聞け、という教示となることができる。すなわち、さもなければ質問に反応しているのかどうか不明瞭な発話成分であっても、「いや」のあとに配置することで、質問への返答として聞くようにガイドすることができる。

　以上のように、WH質問の次の発話冒頭という位置は、質問を向けられた者が直面しうる実際的課題への解決資源として、「いや」に固有の利用可能性をもたらすと考えることができる。本稿の具体

的課題は、実際の相互行為において「いや」がこのような解決資源として利用されていることを明らかにするとともに、「いや」を前置した返答が WH 質問のどんな不適切性に対処するために用いられるのかを明らかにすることである。

この問題設定は、言語学に対して次の意義を持つ。文を分析の基本単位とする従来の文法研究は、感動詞の働きを記述することを不得意としてきた。それは文にとっての残余カテゴリーとして、語用論という「屑籠」の中に投げ入れられてきた。だが、投げ込まれた側の語用論の方も、文文法のために作り出された分析道具を拡張して使用しているに過ぎないことが多く、実際の言語使用を記述するために必要な分析道具を十分に開発してきたとはいえない。必要なのは、言葉の使用文脈に関する記述を整備することである。そのためには、少なくとも、言葉が行為の連鎖の中のどんな位置で用いられているのかを厳密に記述しなければならない。だが、たとえば感動詞「いや」の用法を考察した語用論的研究を見ると、現在までのところ、「いや」の使用位置に関する十分な記述を伴う研究はごくわずかである。本稿は、使用位置の明確な限定に基づいて「いや」の働きを記述することによって、「文」概念を中心とした従来の文法研究やその拡張に過ぎない語用論研究を乗り越えるために、会話分析が重要な貢献をなし得ることを例証する。また、それを通じて、異なる言語の話者たちが同じ連鎖的位置に現れる同じ実際的課題にどのように対処しているか、に関する比較研究の可能性も示唆してみたい。

2. 先行研究とデータ概要

2.1 「いや」に関する先行研究

本稿で対象とする「いや」とは、「いや」「いやっ」「いやー」「や」「やっ」「やー」などの発音上の変異を持ちつつも（「いやいや」のように複数回続けて用いられることもある）、他の語と統語的に結びつくことがないという共通性によってひとくくりにできる、感動詞の「いや」である。

「いや」は否定応答詞とも呼ばれるが、先行研究の多くは、「いや」の用法に否定と応答というラベルには収まらない多様性があることを指摘してきた（奥津1989; 森山1989, 1996; 沖1993; Saft 1998; 山根2003; 冨樫2004=2006 など）。「いや」のもっともありふれた用法の1つはyes/no質問への否定応答だが、同様に用いられる英語の"no"に比べて、それははるかに広い用法を持つ（Saft 1998）。たとえば、「いや」は何かを否定する以外にも、感動の表現（奥津1989; 森山1996）、謙遜や気遣いの表現（山根2003）、曖昧な否定やぼかし（山根2003）、発話の切り出し（Saft 1998; 山根2003）などの用法を持つことが指摘されている。

　「いや」の用法のこうした多様性を踏まえると、2つの問いが浮かび上がる。第一は、多様な用法のあいだの関係はどのように説明できるのか、それらの用法を貫く本質的意味・機能はあるのか、という問いである。第二は、多様な用法があるなら、「いや」が用いられる個別の場面で、聞き手はその働きをそのつどどのようにして知ることができるのか、という問いである。

　「いや」を「いえ」「いいえ」と比較しながら、第一の問いに精力的に取り組んだのは冨樫（2004=2006）である。すでに山根（2003）が「いや」「いえ」と「いいえ」の相違に注目しているが、冨樫はこれを心内情報処理という観点から掘り下げ、系統的に記述した。冨樫の観察によれば、「いいえ」が情報それ自体を否定する場合にしか用いられないのに対し、「いえ」「いや」は情報提示行為の否定にも用いることができ、この働きに関して「いや」の方が「いえ」よりも使用範囲が広い。ここから、「いや」の本質的機能は「提示された情報の整合性計算の結果、情報そのもの、あるいは情報提示行為に対して不整合となったことの標示」と定式化されている。また、先行研究で繰り返し指摘されてきた否定の意味を持たない「いや」が、この本質的機能から派生した用法として捉えられている。

　この冨樫の議論は本稿の関心にとってもたいへん示唆的である。異なる観点からではあるが、本稿も、先行発話が行っている行為を否定するために「いや」が用いられることに関心を持っている。た

だ、本稿にとってより重要なのは、上にあげた第二の問いである。「いや」の多様な用法が分類されただけでは、実際の相互行為における「いや」の働きが記述されたとはいえない。話し手が「いや」という言葉を発したとき、それが聞き手に対してどんな働きかけを行っているのか（たとえば、多様な用法があるならば、この「いや」はそのうちのどれなのか）を聞き手がそのときに見出せるのでなければ、その「いや」は相互行為を次のステップへと進めるうえで何らかの働きを持つことはできない。先行研究が指摘する「いや」の多様な用法は、「いや」産出の瞬間に聞き手にそれとして感知可能だろうか。可能だとしたら、どのようにして感知可能になっているのか。それともそれらの用法は、むしろ「いや」のあとで発話されたことに基づいて区別されうるものだろうか。こうした問いに答えていくためには、相互行為の特定の位置で「いや」が用いられることで相互行為がどのように方向づけられるのか、を考えていく必要がある。先行研究の中で、こうしたスタンスから研究を行っているのはSaft（1998）と串田（2005）であり、本稿はこの路線を発展させるものである。

2.2 質問への抵抗に関する先行研究

　質問という行為が聞き手の次の行動に制約を課し、ひいては会話の流れをコントロールする装置として働くということは、会話分析の初期の研究から指摘されてきた（Sacks, Schegloff, and Jefferson 1974; Sacks 1992）。このような質問の働きは、特定の制度的目的をもった相互行為において最大限に活用される。例えば、法廷における反対尋問や、政治家へのニュース・インタビューなどがそうである。質問者と応答者が敵対した（hostile）関係におかれるこうした相互行為では、質問者（検察／弁護人・インタビュアー等）が質問の拘束力を巧みに利用し、応答者にとって不利な事実関係が明るみに出るよう、話の流れを誘導することを試みる。「質問への抵抗」に関する研究は、まずこうした状況で応答者がいかに質問者の誘導尋問に抵抗する形で返答を組み立てていくかに注目して始められた。
　レイプ事件の被害者に対する被告側弁護人の反対尋問のプロセス

を詳細に記述した Drew（1992）では、原告にとって不利な描写を含んだ yes/no 質問を被告側弁護人が投げかけた場合に、それに対し原告が肯定／否定で答える代わりに、「代替記述（alternative description）」とよばれる返答を行うことによって、弁護人の描写に抵抗し、それに対抗する事実関係の描写を提示することが報告された。また、政治家へのニュース・インタビューを分析した Clayman（2001）、および Clayman and Heritage（2002）では、インタビュアーよって政治的・道義的責任を問う質問を投げかけられた政治家が、さまざまな返答の形式を用いて、その質問に正面から答えることを回避するプロセスが記述されている。

　応答者が質問に対して抵抗を示すのは、制度的相互行為に限られたことではない。日常会話でも、質問が課す制約に抵抗するためにさまざまな手続きが用いられることが報告されている（Heritage 1998, ヘリテッジ 2008; Heritage and Raymond 2012; Sorjonen 2001; Raymond 2003; Wu 2004; Golato and Fagyal 2008; Schegloff and Lerner 2009; Bolden 2009; Heinemann 2009; Hayashi 2009; Stivers and Hayashi 2010; Fox and Thompson 2010; Heinemann, Lindström and Steensig 2011; Stivers 2011; Kim 2011, 2013; Keevallik 2012; Raclaw 2013）。なかでも本稿と関わりが深いのは、質問への抵抗を示すために、応答者が発話冒頭に特定の言語的マーカーを用いる手続きを記述した一連の研究である。例えば、Heritage（1998）は、英語の会話において、応答者が 'oh' を発話冒頭に用いることによって、先行質問が「場違い（inapposite）」なものであったというスタンスを表示できることを示した。また、英語の WH 質問に対する返答を 'well' で始める手続きを分析した Schegloff and Lerner（2009）では、発話冒頭におかれた 'well' が「後続の返答は先行の WH 質問に対してストレートな応答を提供しない」という一般的注意喚起として働くことが示されている。英語以外の言語では、Bolden（2009）がロシア語について、返答の冒頭で質問発話の一部を反復することで質問への抵抗を示す手続きを記述しており、また、Hayashi（2009）は、日本語会話において、応答者が発話冒頭に「え」をおくことで、先行の質

問が応答者にとって「想定外」のものであったというスタンスを示すことができると分析している。さらに、日本語の「いや」同様、否定語を返答発話冒頭に用いて先行質問への抵抗を示す手続きがさまざまな言語において用いられることが、近年の一連の研究によって報告されている (Kim 2011, 2013; Keevallik 2012; Raclaw 2013)。

本稿では、こうした研究の流れを受け継ぎ、WH 質問への返答冒頭で感動詞「いや」を用いる手続きを分析することで、「いや」が先行質問に対してどのような種類の抵抗を示すときに用いられるのかを明らかにする。そして、そこで得られた知見を手がかりに、他言語（特に、研究が最も進んでいる英語）において同様の相互行為上の働きをするとされるトークン（'oh', 'well'）と比較し、その類似・差異を考えることで、言語の相違を超えた相互行為上の課題の普遍性、ならびに、そうした課題に対して各言語が発達させてきた「解決資源」としての語彙トークンの働きの個別性を考える糸口としたい。

2.3　データ概要

本稿の分析は、自然に生起した（実験的統制を加えたり、話題や課題を指定したりしていない）相互行為を約 25 時間ほど録音・録画したデータに基づいている。このデータは、対面的相互行為と電話の両方を含み、さまざまな社会的関係（友人、家族・親族、恋人、仕事の取引相手、医師と患者など）にある人々の日常会話と何らかの制度的目的を持つ相互行為とを含んでいる。分析に際しては、会話分析の分野で標準的に用いられている転記方法を用いて、データを転記した。

3.　WH 質問への返答冒頭に用いられる「いや」の相互行為上の働き

この節では、どのような相互行為文脈におけるどんな WH 質問への返答冒頭に「いや」が用いられ、それに続いてどんな返答が産

出されているかを調べる。それによって、第一に、「いや」を前置した返答によって示される質問への抵抗とは、1）質問行為が主張・想定する知識状態への抵抗、2）質問が要請する応答のタイプへの抵抗、3）質問が体現する前提への抵抗、4）質問が投射する行為コースへの抵抗、5）質問の配置への抵抗、の5種類に分けられることを示す。これら5種類の抵抗は相互排他的ではなく、実際にはひとつのWH質問に対してその複数の側面への抵抗を伴う事例が相当数存在する。第二に、これらさまざまな種類の質問への抵抗を貫いて、「いや」が第1節で述べた3つの相互行為上の働き（①～③）を持つことを、各事例の個別性に即して明らかにする。

3.1　質問行為が主張・想定する知識状態への抵抗

質問するという行為は、文脈の相違をこえて、参与者間の知識状態について以下のような基本的主張・想定を提示している（ヘリテッジ 2008; Heritage and Raymond 2012）。

質問者と応答者の間の「知識勾配」（epistemic gradient）
a) 質問者は質問が対象とする事柄について、自分が「知識を持たない」（K-）ことを主張する。
b) 質問者は質問が対象とする事柄について、相手が「知識を持っている」（K+）ことを想定する。

こうした主張・想定にもとづき、質問者は質問という行為を通じて知識勾配の落差が埋められることを期待するのである。

以下の事例が示すように、ときおり応答者は「いや」で返答を始めることによって、質問という行為が提示するこうした主張・想定に抵抗を示すことが観察される。まず、次の2つのケースでは、「応答者は知識を持っている」（K+）という想定（上記b））への抵抗が「いや」を前置した返答によって示されている。事例（1）では、人間が眠りに落ちる生理学的メカニズムについて4人の友人たちが話している。

(1) [DEM6:6―00:05:52]
```
01 A ：（で）も ほんとはなんかでも寝るときって体温::[(こう)下がっ-(.)てかないと＝
02 Y ：                                          [う：ん.
03 A ：＝眠れないはずですよね
04 S ：ああ：そうか.
05 A ：[だからほんとは
06 Y ：[↑え(0.2)なんで眠いとき体温：(0.2)
07 A ： u-  [°あの：°
08 Y ：    [手：とか熱くなるじゃないですか.
09       (0.5)
10 A ：いやなんかほんと寝る-(.)寝るためには体温をこうどんどん下げて
11     [いかなきゃならないってゆう：
12 N ：[え じゃあどうやって下げてい-下げればい[いんですか？       ]＝
→ 13 A ：                              [＞いやそれはわかんない＜]＝
14   ＝ただ-(.)ただなんか本当は:,寝るためにはこう体温もある程度さげなきゃだめ
```

　眠りに落ちるためには体温が下がらなければならないと主張し同意を求めるA（01, 03行目）に対し、Sは同意を示すが（04行目）、Yは眠くなると手が熱くなると反論する（06, 08行目）。Yの反論に対しAは自分の前の主張を繰り返す形で答えるが（10, 11行目）、その途中でNが割り込み、「じゃあどうやって（体温を）下げればいいんですか」というWH形式の質問をする（12行目）。この質問を行うことで、NはAが質問の対象となっている事柄について「知識を持っている」（K+）という想定を示すが、Aは「いや」で返答を開始し、当該の知識がないことを主張することで（「それはわかんない」）Nの質問が提示するK+の想定に抵抗する。

　事例（2）は、精神科医Aが精神科デイケアの利用者Bと面談を行っている場面である。

(2) [DCG0121:34]
```
01 A ：いまじゃあいま妹さんが, (1.1)受験になるんかな？
02 B ：そうでs:::.
```

```
        03 A ： うんうん．
        04     (0.9)
        05 A ： ど-(0.8)どう-どうですか？
        06     (0.3)
        07 A ： 妹さんの，.nhhhh((鼻すすり))
→       08 B ： いや(.)もうぼくはほんっっとに，
        09     (0.3)
        10 A ： うん．
→       11 B ： もう何年も：話をしてないので::，
        12     (.)
→       13 B ： 顔も見てないですし，
        14     (0.4)
        15 A ： え::↑そうなの::？＝
        16 B ： ＝はい．
```

　Bの妹がどうしているかというAの質問（05, 07行目）は、当該の事柄についてBが知識を有していることを想定するが、それに対しBは「いや」で返答を開始した後、質問の対象となっている事柄について知識を得るためのアクセスがない理由を述べることによって「知識がない」という主張を間接的に行い（08, 11, 13行目）、K+の想定への抵抗を示している。

　以上の２つの事例では、質問が対象とする事柄について、応答者側に想定された知識状態への抵抗が示された。これに対し、次の事例（3）では、質問者側に想定された知識状態に抵抗が示されている。つまり、質問者は質問した事柄に関して「自分は知識を持たない」（K-）との主張（上記a））を提示するわけだが、応答者は、「今提供している情報は、あなたの知らないことではない（ゆえに自明のことである）」というスタンスを「いや」前置返答によって表示することができる。

(3) [DEM6:20—00:20:25]
((Nは当時巨人に在籍していた清原選手の実家がある町でかつて教師をしていた。))
01 N：ん：であの清原のおうちって電気屋さん-(0.2)なんですけど：(0.8)
02　　　清原電気の前をちょっとこう通りながら．
03 A：あじゃあいや [わかるんですね実家は [清原の
04 Y：　　　　　　[↑ほ:::ん．
05 N：　　　　　　　　　　　　　　　　　　[う::ん．
06 Y：[清原
07 S：[清原見たことあります？
08 N：ないで [す：
09 S：　　　 [こ：ら- 安い 安いよ::((手をたたく))とか言って．
10 A：ahahahaha..hh
11 Y：今どうしてるんですか？
→ 12 S：いや巨人にいるよ．
13 N：え清原はまだ引退してないんです [か？
14 S：　　　　　　　　　　　　　　　　[まだ [います．
15 Y：　　　　　　　　　　　　　　　　　　　[そうなんだ．

　　データ録画当時（2003年）、清原選手は巨人に7年間在籍していた。Yの「（清原は）今どうしてるんですか」（11行目）という質問の組み立ては、以前とは異なる清原の「今」の状況について何か自分の知らない情報（例えば、「引退した」など。13行目のNの発話参照。）があるという想定に立脚している。それに対し、Sは「いや」と前置きした後、「巨人にいるよ」という応答を行うが、当時過去7年間巨人に在籍していた選手に関して「巨人にいる」と述べることは、すなわち以前と異なる状況にはないということを主張するものとして聞かれる。ここでの「いや」の使用は、したがって、質問者であるYの「清原の近況に関して自分が知らない新情報がある」という想定への抵抗を表示するものだと考えられる。
　　次の事例（4）も、応答者が質問者のK-の主張に抵抗する応答を行う際、冒頭で「いや」を用いる例である。ここでは、マックシェイクヨーグルトを飲めないというBのことが話題になっている[*4]。

(4)　[Kushida5:31]
```
01 A： .h  [h肺活　 [量ない(ねん.)　]
02 C：      [.hhhhh [(やだよ)それ　]:: =
03 A： = .hhh     [(ahaha)
04 B：           [肺活量あたし↑高かったよ.
05      (0.9)
06 B： 天高時代.
07      (0.7)
08 A： ﾟ>(それじゃ)ﾟ<<吸い込む量が>少ないんﾟ(やな)ﾟ
09      (1.1)
10 A： 要領が,わ(h)か(h)って(h)　[な(h)い(h)んち(h)ゃう(h)ん(h)
11 C：                          [huhuhu
12      (0.4)
13 A： .hhh [.hhh           ]
14 B：      [>ﾟどうゆ意(味)ﾟ<]
15      (0.6)
16 C： ahah
→ 17 A： ih↑い(h)::やそ(h)の(h)ま(h)ま(h).
18 C： .hh [hhh
19 A：     [なんで人の省略分からへんのよ.
20 C： ﾟuh [uhuﾟ
21 A：     [自分の省略は分かってもらおうとして.
```

　Bがマックシェイクヨーグルトを飲めないことについて、Aはまず「(Bは)肺活量ない(ねん.)」(01行目)と断定し、Bがそれに反論すると(04, 06行目)、「ﾟ>(それじゃ)ﾟ<吸い込む量が>少ないんﾟ(やな)ﾟ」(08行目)とさらに断定する。そして、笑いを含みながら「要領が,わ(h)か(h)って(h)な(h)い(h)んち(h)ゃう(h)ん(h)」(10行目)とからかいの発話すると、Bは「>ﾟどうゆ意(味)ﾟ<」(14行目)と質問する。この質問は、Aの先行発話には何か自分にはわからない(K-)意味があるという想定に立脚している*5。それに対し、Aは「いや」で応答を始め、「そ(h)の(h)ま(h)ま(h)」

WH質問への抵抗　　181

と答えることで、「文脈から推測可能な意味以上の意味はない」と主張し、Bの質問が立脚するK-の主張に抵抗する（17行目）。（Aはさらに続けて「なんで人の省略分からへんのよ」と発話し、文脈から推測可能な意味をわからない(K-)と主張するBの質問行為への批判を明示化する*6。）

　本節では以下のことを示してきた。質問という行為は、質問者と応答者の間の知識状態の勾配に関して、特定の主張・想定を提示している。応答者がそれらの主張・想定に不適切性を見いだしたとき、返答の冒頭で「いや」を用いることによって、質問の不適切性に注意を喚起することができる。そして、後続する発話成分において質問に伴うどんな主張・想定が不適切であるのかを明らかにするとき、これを質問への返答として提示することができる。

3.2　質問が要請する応答タイプへの抵抗

　質問は、応答がなされることだけでなく、質問に適合したタイプの応答がなされることを要請する。たとえば、英語のyes/no質問は、"yes"または"no"という言葉を含んだ応答を要請しており、これ以外の形式をとる応答は、たんに質問を肯定/否定する以上の行為を遂行するものだということが明らかにされている（Raymond 2003）。WH質問の場合、まず、疑問詞の種類に適合した形に応答を組み立てることが要請される（Schegloff & Lerner 2009; Fox & Thompson 2010）。たとえば、「いつ」「どこ」「誰」という疑問詞を用いて質問が組み立てられているなら、応答は時間・場所・人物という特定の種類の情報を提供するものである必要がある。「なんで」「どうやって」のように理由ややり方の説明を求める質問に対しては、応答はそれらの説明を遂行するべく組み立てられる必要がある。

　ただ、応答タイプが質問に適合しているということには、たんに疑問詞に適合した情報を提供する以上のことも含まれている。たとえば、「どこ」と場所を尋ねられたとき、場所に関する情報を提供するやり方はひとつではない。住所を答える、目印になる建物に対

する位置関係を答える、相手の家からの道順を答えるなど、さまざまなやり方がある（Schegloff 1972）。応答においてどのように場所を表現するのが適切であるかは、質問が何者から何者に向けて何のために発せられているか等も考慮されなければならない。何が質問に適合したタイプの応答を構成するかという問題は、最終的には、これらの文脈的諸条件をも考慮することによって、応答者がそのつ・ど答えを見つけ出す必要のあることがらである。このようにして質問の形式と文脈的諸条件を考慮した結果、応答者は、求められた情報を自分が持ってはいるものの、質問に適合した応答の形ではそれを提供できない／したくないと見なす場合がある。このとき、求められたタイプの応答とは異なる形の応答を産出する準備として、「いや」を用いることができる。

　事例（5）では、1人が体験談を語り始めようとしているときに、もう1人が「なんで」と理由の説明を求める質問を行っている。だが、質問に応じて理由の説明をするならば、体験談を語る前にそのオチを言ってしまうことになる。このような状況に直面した語り手は、「いや」を前置した返答によって質問が要請する応答タイプへの抵抗を示し、体験談を語るための相互行為上のスペースを確保している。そして、体験談を語ることを通じて、質問への答えを提供している。

　同じゼミに属する3人の学生（Aは大学院修士2年生、Bは修士1年生、Cは大学4年生）の会話である。「いや」前置返答は13行目にある。まず、そこにいたる先行文脈を説明しよう。この断片の少し前にCが恋愛に「おくて」だったことが話題になると、Cは、自分は「おくて」ではあったが同時に「ふつう通りのスケベ」だったと述べる。これを受けて、Aがスケベにふつう通りとかそんな区別があるのかと疑問を投げかけると（ここまではデータは示されていない）、Bは「度が外れたスケベ」もいると主張する（01行目）。Aがただちにこれに興味を示し、「あ度が外れたスケベってどんなスケベなんですか？」と説明を求めると（02, 04行目）、Bは「たとえば」と具体例をあげることを予告し、「命をかけてエロ本を合宿に持ってくる」人を自分が知っていることを示唆する（06, 08行

目)。Aがこれに懐疑を含んだ興味を示すと（09行目）、Bは「たいへんだったんですよ」（11行目）と体験談を語る用意があることを示す（Sacks 1974）。だが、AはBが自由に体験談を語るに任せてはおかず、自分の懐疑的な興味の所在をより明確化して、「エロ本を持ってくる」ことが「命かける」こととなるのはなぜなのか、その理由を説明することを要求する（12行目）。

(5) [Kushida2:141]
```
01 B    そらちょっと:::やっぱり度がはずれたス[ケベ(とかね).
02 A:                              [あ度がはずれた[スケベって=
03 C:                                           [ん:.
04 A:   =どんなスケベなんですか？
05      (0.3)
06 B:   ええ::(0.6)たとえばあ[の:]:(0.6)いのちをかけてエロ本を:合宿に=
07 A:                       [うん.
08 B:   =持ってくるってゆう::,=
09 A:   =そんなやつ[いんの¿]
10 C:             [(すご]::い)=
11 B:   =たいへんだったんです[よ.
12 A:                      [なんでエロ本を持ってくんのに命かけんの.
→ 13 B: いやたとえば(0.2)エロ本を持ってくると.=[で,(.)高校んときの::え::=
14 A:                                       [うん.
15 B:   =キャンプで::エロ本を持ってきてくれ:っ[とゆう頼まれる[と.
16 A:                                      [お:お:.     [ほ:[お:.
17 C:                                                     [はあ:.
18 B:   すると,え:いっしょけんめ隠してカバン:の中に,
19 A:   うん.
20      (0.5)
21 B:   で行ったと.
22      (0.6)
23 B:   や:れ:[う-う-[あ-
24 A:        [あっ  [先生に見つかったら怒られる¿
```

```
25          (0.3)((Bが軽くうなずく))
26 C：うん [うん.
27 A：    [((ばばっと)
28          (0.2)
29 B：°(   )°=
30 A：=(な)んで [いのちかける [°(んかと思っ-)°]((Cの方を向いて))
31 C：         [ぼくら修学 [旅行 ]んときは [そんなん [ありましたよ.
32 B：                   [いやっ]        [そ-    [それでも：  ]=
33 A：=[うん.
34 B：=[エロ本を持っていって:,
35 A：うん.
```

((14行省略：Bがバスに酔ってしまい寝ていたら、そのうちに男女ともにいる前で、持ち物検査が始まった。))

```
50 A：あっ(0.2)女子もいるまえで.((「で」のとき机をバンと叩く))
51 B：はい.
52          (0.6)
53 A：あ::持ち物 [検査でエロ本が    ]見つかってしまう.
54 B：         [検査がはじまったっ.]
55          (0.5)
56 B：エ:ロ本が見つかってしまうっ.
57          (0.6)
58 A：めっちゃかわいそう.
```

　のちに明らかになるように、Bが開始しようとした体験談は、ある人物*7が高校のキャンプのときにエロ本を持っていったところ、本人がバスに酔って寝ているあいだに持ち物検査が始まり、女子生徒もいる前でそのことがばれそうになった、というものである（13-56行目）。この体験談は、女子生徒もいる前で持ち物検査が始まったというエピソードにおいてクライマックスを迎える。そして、「エロ本を持ってくる」ことが「命かける」ことなのは、このエピ

ソードゆえであることが分かる。したがって、もしもAの質問（12行目）に適合したタイプの応答（「〜だから」という端的な理由説明）を産出しようとするならば、Bは体験談を語る前にその結末をいわなければならないことになる。

　Bは、質問が要請するタイプの応答を産出することに抵抗し、体験談を一歩ずつ組み立てていくスペースを確保するために、「いや」前置返答を用いている。Bは「いや」によって何らかの抵抗を示したあと、「たとえば」とあらためて例をあげることを予告し、「エロ本を持ってくると.」と直前に述べたことを反復することで、自分が行おうとしている「体験談を語る」という活動に聴き手として協調するよう、Aに求めている（13行目）。Aが「うん」と聞く構えを示すことで、Bが物語を語るスペースが協働的に確保されている（14行目）。このスペースを利用して、Bは「高校のときのキャンプ」で「エロ本を持ってきてくれ」と「頼まれ」たので「カバンの中に」「隠して」「行った」と、物語の舞台設定を行い、出来事の進行をクライマックスに向けて一歩ずつ描写していく（13–21行目）。

　だがAは、Bから理由説明を聞き出そうという企てを放棄してはいない。Bが「や::れ::」と、キャンプ場に到着してから生じた出来事をいよいよ語ろうとした（23行目）直後、Aは「あっ、先生に見つかったら怒られる¿」と応答候補を提示し、Bの確認を求める（24行目）。Bがこれを明確に否定しないでいると（25–29行目）、AはCの方を向いて「(な)んでいのちかける°（んかと思っ-）」と、自分の疑問への答えが得られたような発話を行い始めている（30行目）。Bの体験談は「命をかけてエロ本を持ってくる」と表現された人物にAが興味を示したことを受けて開始されたものなので、Aの疑問が解消されるならば、（少なくともAにとって）Bの体験談はすでに用の済んだものとして終了可能となる。実際、もう1人の聴き手であるCは、この連鎖的位置で「ぼくら修学旅行んときはそんなんありましたよ」と「第二の物語」（Sacks 1992）を開始することで、Bの物語が終了可能な地点が訪れたという理解を示している（31行目）。

　この局面において、BはCの発話に重ねて自分の体験談がまだ進

行中であること主張し、Aにふたたび聴き手としての構えを整えさせることで、語りを継続するスペースを確保する（32–35行目）。こうした交渉を経てようやくBの体験談がクライマックスのエピソードにいたると、Aはそれを「あっ(0.2)女子もいる前で」「あ::あ持ち物検査でエロ本が見つかってしまうっ」と自分の質問への納得のいく応答として受理し（50, 53行目）、得られた応答への感想を述べている（58行目）。このように、この事例では、Bは理由説明という適合した応答タイプに抵抗を示し、体験談を語るという別の形式の発話を組み立てる準備として「いや」を用いている。だが、この別の形式の発話は、それを通じて求められた理由説明が事実上果たされていることによって、質問へのたんなる返答ではなく、応答として産出されている。

次の（6）では、天気が「どう」なのかを尋ねた質問に抵抗するために、「いや」前置返答が用いられている。「どう」という疑問詞は、それ自体としては、比較的多様な応答の仕方を許容するものといえるかもしれない。だが、この事例の場合、質問が発せられた連鎖的位置ゆえに、それは特定のタイプの応答を産出するよう明確な制約を課しているものと見なされうる。

これは、Rの家に友人のAからかかってきた電話の一部である。2人はこの日、鈴鹿サーキットにカーレースの練習に行くことにしており、AがRを迎えに来る予定である。Aは電話の冒頭で、遅くなったことを詫びたあと、Rに出かける用意ができているかを尋ねる。Rは用意ができていると答えるとともに、早く行かないと間に合わないとAに注意を促す（ここまでの部分はデータ中には示されていない）。Aはこれに反論して、サーキットまでは1時間で着くと主張する（01行目）。Rがこの主張を受け入れ、Aが今から迎えに来ることにあらためて同意すると（02–07行目）、Aは電話を終了しにかかる（08行目）。

(6) [RIKA03]
```
01 A ： (dけど)そ-1時間で着くよ:::?
02 R ： あそ:う?
```

```
03      (0.2)
04 A：う::ん.
05 R：うん.=
06 A：=サーキットまでは:?
07 R：あ↓:[いいよ.]
08 A：   [1時 ]間あれば.う:ん.=  [ほん ]じゃね:.=.hhh あ:::い.
09 R：                          [うん.]
10 R：なにで来る::?車:.
11      (0.8)
12 A：ん:どうな:ん?天気:.
→ 13 R：い↓や::::微↑妙なんやけど::鈴鹿:は<ちょっ>↓と::.
14      .hh 夕方から雪かもしれんっていう感じかな::.
15      (0.6)
16 A：あ:そう[::.]
17 R：      [6 ]時ぐらい::やと思うんやんか::.
18      (1.0)
19 A：雪っつのは::?
20      (0.3)
21 R：う:ん雪っていうかま:みぞれ::?
22      (1.0)
23 A：んどうした方がええと思う?
```

　Aが電話を終了しかけた直後、Rは終了に応じる代わりに、Aがどの車で来るつもりかを質問する（10行目）。この質問の背景としては、Aが普通の乗用車のほかに一般道を走れるレース仕様の車も所有しているという事情がある。質問を向けられたAは、応答する代わりに、Rに天気がどうなのかを尋ねている（12行目）。この質問は、この連鎖的位置で発せられていることによって、どの車で来るのかという質問に答えるのに必要な情報を求める「挿入連鎖（insertion sequence）」（Schegloff 1972）を開始しているものと理解できる。すなわち、それはたんに漠然と天気を尋ねているのではなく、Aが車を選択するうえで参考になる天気情報（たとえば、レ

ース仕様の車でも大丈夫な好天なのか、それとも普通の乗用車で行くべき悪天なのか）を求めていると認識可能である。

　Rは応答（13–14行目）の冒頭で「いや」の語尾を長く引き延ばして、質問に対する何らかの抵抗を示している。そして、これに後続する部分において、「どうな:ん？天気:.」という質問に即答できない理由を明らかにしている。まず、「微↑妙なんやけど::.」ということで、自分が天気に関して知っていることは単純に表現できる情報ではないことを予告している。次に、Rは「雪」という天気を表現する言葉を含む応答を産出しているが、そこにはこの言葉以外の多くの成分が付加されることで、Rの持つ情報の複雑さが示されている。第一に、「鈴鹿は」「夕方から」と場所と時間を特定して応答が組み立てられることで、Rの家の付近と鈴鹿サーキット付近とでは天候が異なり*8、またサーキットから帰る夕方頃は行くときとは天候が異なる、という可能性が示されている。第二に、「<ちょっ>↓と::.」「かもしれんっていう感じかな::.」という表現により、降雪の可能性がわずかであるとともに不確実であるという認識が示されている。このような組み立てにより、Rは、自分の応答がAに特定の車を選択することを勧めているように聞こえることを、注意深く避けているといえよう。

　実際、Rの応答はAに対して車を選択する助けになっていないことが、それ以降のやりとりに現れている。AはRの応答を聞いて「あ:そう::.」と情報を受理しているが（16行目）、どの車で来るかというRの質問（10行目）への答えは産出していない。Rが情報を付加した（17行目）あとでは、雪についてさらなる情報を求めることで、いまだ車の選択をするに十分な情報が得られていないことを示している（19行目）。そして、最後には、車の選択に対するRの意見を求めている（23行目）。このように、この事例においても「いや」を前置することは求められた応答タイプに抵抗する準備として用いられているが、そのあとに配置された発話成分は、質問へのたんなる返答ではなく、応答として産出されている。

　以上2ケースでは、3.1で見た事例とは異なり、質問行為において主張・想定された互いの知識状態は、応答者によって承認されて

いる。なぜなら、応答者は最終的に、質問によって求められた情報を提供しているからである。抵抗が向けられているのは、この情報をどのような仕方で提供するかに関する制約、すなわち、質問によって要請された応答タイプである。応答タイプに関する制約は、WH質問に用いられた疑問詞の種類と、質問が位置づけられた文脈的諸条件を分析することにより、そのつど応答者によって見いだされるものである。分析の結果、応答者は、自分が求められた情報を持ってはいるものの、それを質問が要請するタイプの応答を通じては提供できない事情があることを見いだす。このとき応答者は、「いや」前置返答によって、質問が要請するのとは異なる形式の発話を組み立てることを通じて、応答を提供することができる。

3.3 質問が体現する前提への抵抗

　質問によって特定の情報を相手に要求するためには、その情報に関連する相手の置かれた状況・立場や相手の持つ知識などについてさまざまなことがらを前提にしなければならない。質問形式はそれらの前提を体現する（Heritage 2002; Boyd & Heritage 2006; Bolden 2009; Stivers & Hayashi 2010）。たとえば、「何時に行くの？」という質問は、相手が「行く」ことを前提にしている。質問に適合的な応答を返すことは、質問が体現する前提に対して暗黙のうちに同意を表明することでもある。そこで、もしも応答者が同意できない前提が質問によって体現されているなら、応答者はこの前提への暗黙の同意を構成しないように返答を組み立てる必要がある。「いや」前置返答は、このためにも利用できる。

　事例（7）では、質問の中で明示的に表現された前提に対して、抵抗が示されている。これは事例（5）と同じ会話からの抜粋で、3人の学生が大学のゼミ室でお茶を飲みながら会話している。ゼミ室には急須がないので、3人はドリップコーヒー用の器具に茶葉を入れてお湯を注ぐというやり方で、お茶を淹れている。Aは01行目で、お茶を淹れながら「お茶の出が悪くなったのはなんでかな」と自問するように言う。さらに03行目で「紙がはりついてんのかな::.」と言ってから、ペーパーフィルターを少し手でつまんでみ

る（04行目）。これを見てBは、フィルターの底に茶葉がたまってきたせいではないかと推測を述べる（05行目）。3人はお茶の出が悪くなった原因をあれこれと議論し、Cがペーパーフィルターを交換することを示唆すると、Aは席を立ってフィルターを取りに行く。そのあいだに、Cは今のフィルターのままで自分用にお茶を淹れて試してみる（中略部分）。

(7) [Kushida2:30]
```
01 A ：お茶の出が悪くなったのはなんでかな:.(( お茶をいれながら ))
02      (0.5)
03 A ：紙がはりついてんのかな::.
04      (1.4)((Aがペーパーフィルターを手で少しつまむ))
05 B ：いや底に葉がたまってきたん°>(じゃないすか)<°
```

((25行省略：3人はお茶の出が悪くなった原因をあれこれと議論し、Cがペーパーフィルターを交換することを示唆すると、Aは新しいフィルターを取りに席を立つ。そのあいだに、Cは今のフィルターのままでで自分用にお茶を淹れて試してみる。))

```
31 C ：あっ、い-(.)じゅうぶん出てますよ.
32      (0.3)
33 A ：出てる::?((少し離れた場所から大きな声で))
34      (1.6)  ((Cがお茶の出方を見ている))
35 C ：はい.
36      (0.3)
37 A ：じゃおれのときだけ出えへんのはなんでかな
38 C ：[あれっ
→ 39 B ：[いやぼくんときも出えへんかったですよ.
40 C ：でも止まってきた.
41      (0.6)
42 A ：だろ？だろ？((ペーパーフィルターを持って戻ってくる。))
```

Cは、自分で試してみたら、今のフィルターで十分にお茶が出て

いることをAに告げる（31行目）。Aはこの情報に確認を求め（33行目）、Cが確認を与えると（35行目）、「じゃおれのときだけ出えへんのはなんでかな」と、自問的な質問を発する（37行目）。この質問は、Aのときだけお茶が出ないという命題を明示的に前提としており、その理由を問うものとなっている。これに対してBは、発話の冒頭に「いや」を置いて何らかの抵抗を示したあと、「ぼくのときも出えへんかったですよ」とAの質問の前提を否定することによって、その抵抗が何に向けられているのかを明らかにしている（39行目）。この返答には質問が求めた情報が含まれておらず、応答にはなっていないが、質問の前提を否定することはBが応答しない理由になっている。

　事例（8）では、今の事例ほど前提が明示されているわけではないが、質問に用いられた言葉を通じてある前提が体現されており、その体現された前提に対して抵抗が示されている。4人の中年の女性A・B・C・Dが、Aの家でお茶とケーキを囲んで会話している場面である。01行目でBは、最近家を改装したAに対して、台所も改装したことに確認を求める。Aはこれに応じて、台所の中のどこを改装したかを説明していく（02-15行目）。これによって、Aは床や壁や天井を含む改装を行ったことが明らかとなる。

(8)　[KOB 3—00:02:25]
01 B ： [(お台所は?)] お台所も変えたゆうてたんちゃうの？
02 A ： うん=変えたのは床:と天井とね:?
03 B ： う::[:::ん.]
04 A ：   [あの:]::::クロスと:,[あれ　]だけで:,
05 B ：   [うん.]
06 B ： う:::ん.
07 A ： あの::上のグリーンの　[袋　　]戸棚は昔の[まま.　]
08 B ：   [う:::ん.]   [まん　]ま.=
09(B)：°うん　[うんうん.°]
10 A ：   [壁あ　]の:::((sniff))でタイ　[ル-(あの)タ[:イル|:と:　]壁=
11 B ：   [タイルも　|(.)　|前の?]

```
12 A ：　＝と：[ん::その　]ぜんぶ＝う:ん.
13 B ：　　　　[変えたん？]
14 B ：[ふ::::::::::ん.
15 A ：[したの:板の　]間と.＝
16 B ：＝そんなあいだどないしてたん？ここさわって　[はる　](あいだ).
17 A ：　　　　　　　　　　　　　　　　　　　　　　[tch!　]
18 A ：これ:?
19 B ：うん.＝
→ 20 A ：＝いや　[もう:::すぐし　]はった.[一日ぐ　　　　]らいで＝
21 B ：　　　　[(すぐ)使える？]　　　　[ああそう(なん).]
22 A ：＝(し[はった).]
23 B ：　　　[ああ　]そう.
24 C ：　　　[あ::::::]::::::[:::　　]
25 A ：　　　　　　　　　　　[うん.]
26 D ：ふ:::::ん
```

　注目したいのは、この説明を聞いてBが発した「そんなあいだどないしてたん？ここさわってはる（あいだ）.」という質問である（16行目）。この質問に含まれた「そんなあいだ」「ここさわってはるあいだ」という表現は、改装に少なからぬ時間がかかり、そのあいだAは台所を使うことができなかったはずだという前提を体現している。だが、Aは「いや」前置返答によって、この前提に抵抗を示している（20行目）。「いや」によって質問への何らかの抵抗を示したあと、Aは「もうすぐしはった」「一日ぐらいでしはった」と改装に要した時間が短かったという情報を提供することで、質問に体現された前提を否定している。先ほどの事例と同様、ここでも、質問の前提を否定することは、求められた情報を提供しない理由になっている。

　このケースはまた、「いや」の直後に質問者が発話している（21行目）点で興味深い。1節で述べたように、「いや」は返答発話がまだ続くことを予示できる。だが、「いや」によって注意喚起された不適切性のタイプを質問者が推測できるなら、返答発話の完了を

待つことなく、先取り（pre-empt）して質問者の方が不適切性に対処することも可能である。Bは「いや」を聞いたとたん「（すぐ）使える？」（21行目）と質問を改訂することにより、不適切だったのは「改装に少なからぬ時間がかかった」という前提だと推測したことを表示している。ここでBは、直前の他者開始修復（other-initiated repair）（の一種である理解チェック）「これ？」（18行目）に対しては、自分の質問に何の改訂も加えていない（19行目）ことに注意しよう。Aが質問を理解するうえで問題に直面したときには、Bは自分の質問を改訂する必要を見いだしてはいない。しかし「いや」によって注意を喚起されたときには、ただちに、対処すべき不適切性を見いだしている。他者修復開始と「いや」とは、どちらも応答者が先行発話に何らかの問題を見いだしたことへの注意喚起である。だが、これらはそれぞれ異なるタイプの問題への注意喚起であること、そして、「いや」によって注意喚起がなされるのは、発話理解において問題がないときであること、これらのことがここに例示されている。

　本節では以下のことを示してきた。質問に適合的応答を返すことは、質問が体現する前提に暗黙のうちに同意を表明することでもある。質問を聞いて、そこに体現された前提が誤りであることを感知した応答者は、質問の不適切性に注意喚起する手続きとして「いや」を用いることができる。返答では、この注意喚起に続いて、応答者が質問にどんな前提が体現されていると分析し、その前提はどのように誤っているのかが示される。こうして前提の誤りを指摘することは、応答者がその質問の求める情報を提供しない理由を構成する。したがって、前提に対する抵抗を示すために「いや」前置返答が用いられるとき、それは通常、応答ではない返答となる。

3.4　質問が投射する行為コースへの抵抗

　質問は応答が得られたあとで質問者が行う行為を投射（project）する、もしくはその予兆となる（foreshadow）ことができる（Sacks 1992; Schegloff 1980; Schegloff 2007; Terasaki 2004; Merritt 1976など）。質問は情報要求というそれ自体としての資格

において聞かれ、反応されるだけでなく、応答が得られたあとで質問者が行う行為への布石・前触れ・予兆といった資格においても聞かれ、反応されうる。質問を向けられた者にとって、応答を返したあとで質問者が行うであろう行為を受け入れられないという事情があるとき、「いや」前置返答はこの投射された行為コースに抵抗するためにも用いることができる。

　今回集めたデータの中で、明確にこれに該当する事例は1ケースのみであった。事例（9）では、依頼の前置き（pre-request）として認識可能な質問が発せられ、応答したあとに質問者が依頼を行うことが予測できる状況において、その依頼に応じられない事情のある応答者が「いや」前置返答を行っている。

(9) [Kushida64:15]
```
    01 C： AHA:::hah hah  [hah
    02 A：                [あれ着てコンビニ入って゚(ん)゚.=
    03 C： =.hhh ha ha: .hh
    04     (1.0)
    05 C： ghh ghh((咳払い))
    06     (0.5)
    07 C： えっ-(0.3)↑これって↑この前のさっ-(0.4)
    08     き-分はどこにあるん.((前方を指さしながら))
    09     (0.7)
→   10 A： いやもう括ってもうたわ.
    11     (0.3)
    12 C： .hhh
    13     (0.3)
    14 C： ツマキさんがどうなったか僕知らへんわ.=(読んで [たのに).
    15 A：                                              [いやっs:すごいやる気
    16     だしてん.
```

　Aのアパートに弟のCが訪ねてきている。この会話の前日、Aは部屋に溜まっていた古新聞・古雑誌をひもで括ってベランダに出し

WH質問への抵抗　　195

た。この会話の少し前では、Cが部屋に置いてあったコミック雑誌を読んでいた。それまでの話題が終了したと見なせる（01-04 行目）時点が訪れると、Cは読み終わったコミック雑誌のあたりを指さしながら、「↑これって↑この前のさっ-(0.4)き - 分はどこにあるん.」と、読んでいた雑誌のひとつ前の号の所在を質問している（07-08 行目）。この質問は、質問者が欲しているであろう相手の所有物の所在を尋ねているという特徴を持つ。それは、もしも所在が明らかになったら、質問者がそれを読ませてくれと頼む（あるいは頼む代わりに、自分でそれを取りにいく）という相互行為の展開を投射している。AはCが求める情報を持っているが、その情報を提供したあとで生じるであろう依頼に応じるためには、ひもで括ってある古雑誌の束を解かなければならない。Aがそうしたくないなら、質問に返答する機会を捉えて、このような相互行為の展開をブロックすることができる。Aは「いや」に続いて、予想されるCの依頼に応じられない理由を述べるという形で、これを行っている（10行目）。この事例が示すように、「いや」前置返答は、応答を返したあとで生じるであろう行為コースを未然に防ぐためにも利用できる。

3.5　質問の配置への抵抗

　最後に、質問それ自体には以上に見てきたいずれの特徴も見られないが、進行中の相互行為に対するその質問の配置（placement）によって、質問の不適切性が感知されるケースを見ておきたい。
　まず事例（10）を見ていただきたい。これは、中学時代に同じ部活動に属した仲間3人（YとHは同級生、Tは一歳下の後輩）が大学卒業後に集まって会話している場面である。就職3年目のYは「1年目は」「住民税がないから」よかったが、いまは住民税を引かれるので給料が「安い」と愚痴をこぼしている（01-02 行目）。この愚痴は、二人の聞き手（二人とも就職1年目）に対して、3年目までの給料の変化を体験した者としての「経験への権限（entitlement to experience）」（Sacks 1992）を示すふるまいである。これを聞いたTは、「来年住民税がつくと思うとぞっとする」と仮想的にYの愚痴への共感を示したり（08-09 行目）、Hに対して1

年目は住民税がつかないことを（Ｙとともに）教えたりするという形で（16-17行目）、就職２年目から住民税がかかることを知っている点でＹと共通の立場にある者としてふるまう。だが、ＹはＴを自分と対等だとは見なさない。「それやったらええで」（11行目）「いまええと思うで」（23行目）「３年目もやっすいで」（27行目）「おれなんかどんどん手取りが下がってく」（32,35-37行目）といった一連の発話を通じて、自分の体験している事態はＴのいまだ体験していない「一歩先」のことであることを際だたせる。このように、Ｙが「先まで体験した者」としての権限を際だたせつつ先の愚痴を詳述（elaborate）している途中で、Ｈは「住民税ってどれぐらいすんの」と質問する（41行目）。

(10) [TG 14—00:15:03]

```
01 Y： [ほ::ん]またいがい安い.もう::だめ!もう1年目:はよかったけど:
02     hh heh 住民税がないから hh heh  [heh hh .hhh    ] =
03 H：                               [あ!そうなん.   ] =
04 Y： =う::ん.=
05 T： =あ::::  [(ぼくら)      ]
06 Y：        [いま=いまや]すいやろ.あ安いってゆうか-あの:-(0.2)
07        [(      ] )やろ.
08 T： [来年住民-]
09 T： 来年住民税つく[と思うと    ]ぞっとしま[すよ.    ]
10 Y：              [う::::::ん.  ]         [ええや  ]ろう.
11       それやったらええで:.m もう [1年目はもう     ]最高やわやっぱり.
12 T：                            [しゃれになってない.]
13 T： う:::ん.
14     (0.2)
15 H： え?住民税ってゆうのは1年目はつかない(の).=
16 T： =つ  [かない.]
17 Y：     [つか  ]ない.
18( )：( )
19 T： 来年から.(0.5)また減りますよ来年から.
```

```
20     (1.1)
21 H : °は::::::°
22 T : んнたぶんね:::[(.)たいがい - ]
23 Y :              [いやいま - い]まええと思うで[(だから)だから]:=うん.=
24 H :                                              [ほんま:.       ]
25 T : =2年目:ってゆうのがいちばん給料安い時期じゃないです
26     か [たぶん.]
27 Y :    [や!っす]い=3[年   ]目もや!っすいで::.=
28 T :               [きゅう - ]
29 T : =やでも:給料は - (.)上がらない
30     のに [::住 ]民税がダンと来て:=
31 Y :    [あ::ん.]
32 Y : お: [>おれ - おれなんか::<]
33 T :    [>少なくとも<1年目よ ]り
34     は [k - [や - [あれで  ]しょう?安いですよ[ね: ]
35 Y :    [う - [う - [う:::ん.]              [うち1]年んで!おれ
36     なんか - (0.4)どんどん手取りが下がっていくもん=
37 Y : =hhh heh heh heh heh .hhh [額]面増えてんのに:
38 H :                          [( )]
39 T : ahhh!=
40 Y : =ど(h):んど(h)ん手(h)取(h)り(h) [下(h)が(h)って(h)hh .hhh ]
41 H :                              [住民税ってどれぐらい      ]すんの.
→ 42 Y : やめっちゃたかいで:.(0.3)えとね:,ひと月によ:ん万ぐらい.
43 H : え [え!]
44 T :    [え ]え! heh heh heh heh
45 Y : いやほ:[んまほんま.  ]
46 T :       [う(h)うそ(h) ][で(h)[し(h)ょう?]]
47 Y :                          [まじま    ]じ..hh めっちゃ高いで:.
```

この質問は、先立つ部分で「もっとも知らない」立場を表明しているHが、進行中のやりとりについていくためになされた「無垢な」質問であるように見える。しかし、Yは「いや」に続いて「め

っちゃたかいで」と自分のそれまでの主張（住民税のせいで給料が安い）を防御する成分を配置し、そのあとで初めて求められた情報を提供している（「ひと月によ：ん万ぐらい」）（42行目）。Yは自分の主張を防御する必要のあるような何らかの含みをこの質問に「嗅ぎ取った」ことを示している。では、Hの一見したところ無垢な質問からどうしてそうした含みが嗅ぎ取られうるのだろうか。

　Hの質問はたしかに、それ自体としては、住民税が「高くないのでは？」という疑念を示すような成分を含んではいない。だが、先行する発話連鎖において、「住民税が引かれる」ことは「給料が安い」というYの主張の理由として最初に提示されており（01–02行目）、続いてTがYに共感を示し、それに対してYが自分の方が「一歩先」にいることを際だたせていくとき、この2人のやりとりは住民税が少なからぬ金額であることに関する暗黙の合意を示している。このような文脈のもとで、Yが自分の境遇を誇張された表現（「どんどん手取りが下がっていく」）に笑いを重ねて自虐的に描写するとき（35–40行目）、聞き手は「一歩先」にあるYの経験のひどさを認め、Yとともに笑うよう誘われている（Jefferson 1979）。その位置で、Yの語りを支える事実関係を「無垢に」尋ねることは、そうした笑いの誘いを拒否する非協調的（disaffiliative）な行為だと見なされうる。このように、感情的反応が適切である位置において「無垢な」感情中立的質問がなされるとき、応答者はその質問がたんなる質問以上の行為をも行っていることを「嗅ぎ取る」ことが可能である。このとき、「いや」は、何らかの不適切性が嗅ぎ取られたことに注意を喚起するために利用できる。

　事例（11）では、また別の形で、質問の配置の不適切性が感知されている。ここでは、質問はそのとき進行している相互行為にとって「場違い（inapposite）」なものとみなされている。これは、同じ研究会に属する若手の研究者6名が、研究会が終わってから酒を飲みながら会話している場面である。この断片の前では、関東出身で関西に住むMが、たまに東京で同窓会などに出ると関西人だといわれるし、最近は関東弁の方が鼻につくようになってきたと、自分が関西になじんで関東に疎遠になってきた体験談を話していた。

こうした話題の流れの中で、14行目では、やはり関東出身で関西に住むSが、自分は人生において関西に住んでいる期間の方が長くなったと述べている。このSの発話を聞いて、部屋の中で(会話収録のための)配線作業をしていたNは、「あれ、S先生どちらですか?」と質問する(20,26行目)。

(11) [Jaist:87]
```
01 K :    [まあでも i- 人生のなかで:関[西に住んでるのがもう半分ぐらい] =
02 D :                            [それで::::武石が嫌いなんや.    ]
03 K : =なって(る)んじゃないの?
04 M : .hh そ:うなんですよ:. =
05    = >でも< [↑武石さんなんか,[えせ関西弁使います [よね:.
06 N :         [あれっ!         [なに-なんやこれ.
07 E :                                              [そう.すごい
08      えせ関西人や [(h).
09 M :             [う:ん.=
10 E : = .hh [hahahahaha
11 D :       [ぜんぜん正しい関西人-[関西弁知らんで.
12 M :                            [そうそうそうそ[うそうそ::う.=
13 K :                                          [うん.
14 S : = >そっ(か)俺もう<半分超えたな.=<関西が>.
15      (0.2)
16 K : [う::ん.
17 E : [ふ::ん.
18 M : [((nod nod))
19 ? : ゜う [ん゜.
20 N :    [↑あれっ!=
21 S : =じゅうはち年と,
22      (0.2)
23 M : うん.
24      (0.6)
25 S : ↓え:にじゅう(.)いちで.
```

```
26 N：＞あ(れ)＜S先生どちらですか？
27      (1.2)
→  28 S：＞いや＜ [群馬-(.)[群馬だけど      ]::, =
29 M：            [群馬    [群馬°(ですよね)°]
30 N：＝あ↑そう°なんですか°.
31 D：.hh [群馬っ!
32 S：    [うん.
33       (0.6)
34 S：＞もう＜群馬にいたのは18歳までだから::, =
35 M：＝ [う:[ん.=
36 N：   [あ:[そうやったんか. ]
37 S：         [もうこっちの   ]方がながい.
```

　01–03行目で、Kは、関東出身のMが関西になじんできた理由を推測して、「人生の中で関西に住んでるのがもう半分ぐらいになってるんじゃないの？」と確認を求める。Mはこれに同意する（04行目）が、Kの発話とオーヴァーラップしてDはMの体験談への別の感想を返しており（02行目）、Mはすぐ続いてこれにも同意している（05行目）。この「武石」という知人をめぐってDとMが少しやりとりをしたあとで、この話題に参加していなかったSは、Kの推測に触発されて、自分が関西に住むのが「半分超えた」ことに気づいたことを知らせる（14行目）。ここでSは、関東出身で関西に住むというMとの共通の立場に指向しつつ、もう1人の「話題上の話し手（speaker-on-topic）」（Jefferson 1993）として名乗りを上げているのが分かる。だが、このSの発話は積極的に話題化されなかった（16–18行目）ので、Sは自発的に報告を詳細化する（21,25行目）ことで、他の参与者がそれに興味を示す機会をさらに作り出している。このように、Sの発話は、Mの体験談に端を発する「関東出身者が関西になじむ」という話題を継承しつつ、そのもう1つの事例として、自らの報告が話題化されることを求めている。

　この直後に発せられたNの質問（26行目）は、しかしながら、

Sの報告をそのような形で話題化するものではない。それはSの出身地に関する情報を求めているが、これは「関東出身者が関西になじむ」という話題にとっては必要のない詳細度（granurality）(Schegloff 2000)の高い情報であり、Sが継承しようとしている話題に対しては接線的（tangential）(Jefferson 1984) な関係にしかない。このように、話題化が求められているとき、その話題に対して接線的な関係にある情報要求をすることは、話題化を拒否する非協調的な行為だと見なされうる。SはNの質問が、自分の進めようとしている相互行為の方向に対して「場違い」であることを、次のように「いや」前置返答によって示している。Sは「いや」に続いて求められた情報（「群馬」）を配置しているが、「群馬だけど」とその情報を自分の発話の前置きに過ぎないものとして位置づけ、そのあとくるっと旋回するように、「群馬にいたのは18歳までだから」「もうこっちの方が長い」と自分の報告をもう一度述べ直す形で発話を完了させている。Sはこうして、質問に応答するかのように発話を開始しながら、最終的には自分の報告が話題化される機会をもう一度この会話の中に作り出す形に、発話を終えている。

　以上のように、一見したところたんなる中立的な情報要求に見える質問が、相互行為の特定の位置に配置されることによって、何らかの不適切性が嗅ぎ取られることが可能である。進行中の相互行為のある位置において、あるタイプの反応を適切にするようにそこまでの発話連鎖が組織化されているとき、その反応ではないと認識可能な質問を発することは、非協調的な行為と見なされることが可能である。こうした、そのときどきの相互行為の文脈に感応した形で嗅ぎ取られる質問の不適切性に対して、抵抗を示すためにも「いや」前置返答は利用可能である。

4. 結論

　感動詞の研究には、「文」概念を中心とした従来の文法研究の限界を超えていく拠点になることが期待される。この期待に応えていくためには、感動詞が実際にどのように用いられているかを、文脈

の厳密な記述を伴いつつ研究することが肝要である。会話分析は、言葉の相互行為上の働きを、行為の連鎖に関する厳密な記述と結びつけて研究する点で、そうした期待に応えるひとつの有力なアプローチである。本稿では、その例証として、WH質問への返答冒頭に用いられる「いや」の相互行為上の働きを分析してきた。中心的な知見は次の2点である。

　第一に、「いや」は、WH質問の次の発話冒頭という特定の位置において、質問を向けられた者が直面しうる相互行為上の課題（私は今、質問に適合した応答を返すよう求められているのに、そうすることのできない事情がある。どうすればいいか？）を解決するための資源として利用できる。この位置において、発話冒頭に置かれた「いや」は、①質問が理解されたにもかかわらず、何らかの否定されるべき事情、つまり不適切性が感知されたという非特定的な注意喚起となり、②不適切性の内実を知るためには続く発話部分をモニターせよという教示となり、これらを通じて③今から始まる発話を質問への返答として聞けという教示として働く。このようにして、「いや」は、次の瞬間に相互行為にどのように参加すればよいかを方向づけるという、相互行為上の働きを持つ。

　第二に、「いや」がどのような質問への返答冒頭に用いられ、「いや」に続いてどんな返答が産出されているかを調べることで、質問への抵抗という現象に関する一定の系統的な記述が手に入り、質問－応答連鎖という相互行為の組織に関して理解を深めることができる。質問を向けられた者は、1）質問行為において主張・想定された知識状態、2）質問によって要請された応答タイプ、3）質問が体現する前提、4）質問が投射する行為コース、5）進行中の相互行為への質問の配置、に抵抗を示しながら返答するときに「いや」を用いるのが観察された。人は質問を向けられたとき、求められた情報内容に関心を向けるだけでなく、「その」情報が「その」質問形式で「あなた」から「わたし」に「いま」要求されている、という諸事実の全体に関心を向けている。そして、これら諸事実の何らかの側面に関して否定されるべき不適切性が感知されるなら、「いや」を前置してまず質問への抵抗を予示したうえで、後続する発話成分

において抵抗の内実を示すことができる。

　こうした「いや」の働きは、英語でWH質問への返答の冒頭に置かれる"well"の働きと重なる部分が多いようだ。「いや」は"well"と同様に一般的な注意喚起となり、ストレートでない返答があとに続く場合が多い。ただ、相違点もある。"well"の働きが「前向き（forward-looking）」、つまり、これから産出されるものに働きかけるもの*9 であるのに対し、「いや」の働きはまずは「後向き（backward-looking）」ないし反応的（responsive）、つまり、前に産出されたものに働きかけるものである。それはまず、先行質問に感知された、否定されるべき不適切性に注意を喚起することを通じて、いわば間接的に返答がストレートなものにはならないことを予告する。また、"well"は質問に答えるために必要なことをまずこちらから聞くための挿入連鎖を開始するときにも用いられる（Schegloff & Lerner 2009）。これに対し、「いや」には、挿入連鎖を開始するときに用いられる例が見られない*10。「いや」を前置するとき、人は返答をどう組み立てるか細かい点までは決めていなくても、その質問への返答方針（「否定すべき事柄がある」）をすでに決めることができるほど、質問を理解できているのだと考えられる。この点で「いや」の用法は"well"よりも限定されているようだ。他方で、「いや」は質問に「後ろ向き」に働きかける点で、英語の"oh"の用法と重なる部分もある。質問が場違いであることを示すときに用いられる「いや」がその典型である。しかし、"oh"が、先行発話を聞いたことで話者に生じた「知識状態の変化（change of state）」を表象することで、先行発話の場違い性を浮かび上がらせるのに対し（Heritage 1998）、「いや」は、先行発話に何らかの不適切性が感知され、それを否定するというスタンスを表象することで場違い性を浮かび上がらせる。要するに、「いや」の用法は英語の"well"と"oh"の用法それぞれと部分的に重なりつつも、いずれとも使用範囲はやや異なっている。

　この駆け足の比較からさしあたり分かるのは、質問に答えるという相互行為上の要請は言語の相違を超えた一般性を持ち、それに対処する装置を各言語が発達させていること、しかし他方で、それぞ

れの言語で発達した装置には、この問題のどの側面に照準を定めているかに違いも見られるということである。他方で、近年の会話分析的研究では、日本語以外にも、否定のトークンがWH質問への返答の前置きとして利用されている事例が報告されている。英語の"no"(Raclaw 2013)、エストニア語の"ei"(Keevallik 2012)、韓国語の"ani"(Kim 2011, 2013) などである。これらの研究はWH質問への返答全般を主題的に扱ったものではないため、ここでただちに日本語の「いや」前置返答と比較を行うことはできない。ただ、相互行為の連鎖的構造が言語の違いを超えてもたらす実際的課題に対して、さまざまな言語が発達させている対処の装置にはかなりの重なりも存在するという可能性を垣間見せてくれる。感動詞は、このように、言語の相違を超えた人間の相互行為や生活経験の普遍性を基盤としつつ、それぞれの言語でどのように言葉が使用されているかを比較研究するうえで、格好の研究対象である。

　最後に、本稿では扱えなかった課題のうち、2つのことを書き留めておこう。第一に、相互行為の中で特定の実際的課題が浮かび上がるとき、その解決資源として用いられる装置はたいていひとつではない。たとえば、質問が十分に理解できないという問題に直面するとき、人は「え？」ととたんに聞き返すこともできるが、「＊＊っていう意味？」とこちらから候補を挙げることもできる。どんな解決資源を用いるかで、後続する相互行為は異なった形で方向づけられる。「いや」によって対処される質問の不適切性に関しても、「いや」以外にはどんな解決資源があるのか、それらはどのように異なった形で相互行為を方向づけるのかを、さらに考えていく必要がある。第二に、本稿では「いや」が非特定的な注意喚起であり、それ自体としては不適切性の種類を示すものではないと論じてきた。だが、発音上の変異に注意を向けるなら、「いやっ」と切り上げるような音調の場合と「いやー」と延びる音調の場合とでは、直感的にも、おおざっぱなデータ観察によっても、扱われている不適切性の種類がいくぶん異なるように思われる。こうした音調による違いも含めた考察が、さらなる課題となる。

*1 「実効的 (effective)」冒頭という表現は、Heritage (1998: 328) による。たとえば、ある言葉によって発話が開始されたが、それが中断されて発話が開始し直される場合、最初に発せられて中断された言葉は、後続する発話の冒頭成分としては放棄されているので、開始し直されたときの最初の成分が「実効的」冒頭となる。

*2 本稿では、質問によって求められている情報を提供する発話を「応答 (answer)」、求められている情報を提供しているとは限らないが質問への反応として組み立てられている発話を「返答 (response)」と区別して呼ぶ (ただし、「質問者」という言葉と対比する意味で、質問を向けられた人物は、その発話内容にかかわらず「応答者」と表記する)。応答は返答のサブカテゴリーである。質問の次の発話はほとんど返答であるが、まれに、返答ですらない発話 (たとえば、質問の直前に自分が述べたことの続きをいう) が行われることもある。

*3 相互行為においてある種の言葉は、何らかの特定の事態を指し示すという形ではなく、ある一般的な形式的特徴に聞き手の注意を促し、その内実を聞き手自身が見いだすように方向づけるという形で働く。これを Schegloff & Lerner (2009) は「一般的注意喚起 (general alert)」と呼んでいる。

*4 「マックシェイクヨーグルト」はドロンとした濃厚な飲み物なので、他の飲み物に比べてストローで吸い込むのに労力を必要とする。

*5 文脈によっては、「どういう意味?」という質問は相手に対する挑戦 (例えば、ここではからかいに対する反論) と聞かれることもあるが、この場面では、以下の理由で「°>どうゆ意 (味)°<」は純粋な情報要求の質問と聞かれる可能性の方が高いと考えられる。まず、A が 8, 10 行目の発話を行っている間、B は自分の目の前に置かれている雑誌の星座占いのページを指でなぞりながらじっと黙読しているようなそぶりを見せ、あまり A に注意を払っていないように見える。さらに、14 行目の「°>どうゆ意 (味)°<」を発話する際も、視線は雑誌に注がれたままで、小声で穏やかなトーンで発話を行っている。これらの身体的・音調的な特徴から、B の発話は挑戦的というよりは、「無垢な」質問として組み立てられている印象を与える。

*6 この会話では、この断片より前の部分で、B の話し方には省略が多いということが話題になっている。A は 19 行目と 21 行目でこの先行する話題を蒸し返している。

*7 この人物とは実は B 自身なのだが、B はこのことを伏せたまま語っていき、語り終えたあとで「ぼくのことですよ、それは」とばらして、A と C を笑わせるという手の込んだことをしている。ただ、掲載した 58 行目までの時点ではまだこのことは明かされていないので、本文の分析はこのことには触れずに行っている。

*8 R の家は海に近い平野部にあり、鈴鹿サーキットはその数十キロ北の低山地にある。

*9 発話冒頭の "well" の働きに関しては、Schourup (2001) がさまざまな先行研究を批判的に統合し、その働きを「話し手が、次に発話すべきことを決定するのに考慮に入れなければならない事柄を、積極的に検討しているというス

タンスを示すもの」であると論じている。

*10 事例（6）の「ん：どうな：ん？天気:.」（12行目）という発話がWH質問への挿入連鎖開始の一例である。この「ん：」の位置で英語の"well"を用いることは可能だが、「いや」を用いることはありそうもない、というのが本文で述べていることである。

参考文献

Bolden, Galina B. (2009). Beyond answering: Repeat-prefaced responses in conversation. *Communication Monographs* 76: 121-143.

Boyd, Elizabeth and Heritage, John (2006). Taking the history: questioning during comprehensive history-taking. In Heritage, John and Maynard, Douglas W. (eds.) *Communication in Medical Care: Interaction between Primary Care Physicians and Parents*, Cambridge: Cambridge University Press, pp.151-184.

Clayman, Steven E. (2001). Answers and evasions. *Language in Society* 30: 403-442.

Clayman, Steven E. and Heritage, John (2002). *The news interview: Journalists and public figures on the air*. Cambridge: Cambridge University Press.

Drew, Paul (1992). Contested evidence in a courtroom cross-examination: The case of a trial for rape. In Drew, Paul and Heritage, John (eds.) *Talk at work: Social interaction in institutional settings,* Cambridge: Cambridge University Press, pp.470-520.

Fox, Barbara A. and Thompson, Sandra A. (2010). Responses to *wh*-questions in English conversation. *Research on Language and Social Interaction* 43: 133-156.

Golato, Andrea and Fagyal, Zsuzsanna (2008). Comparing single and double sayings of the German response token *ja* and the role of prosody: A conversation analytic perspective. *Research on Language and Social Interaction* 41: 1-30.

Hayashi, Makoto (2009). Marking a 'noticing of departure' in talk: *Eh*-prefaced turns in Japanese conversation. *Journal of Pragmatics* 41: 2100-2129.

Heinemann, Trine (2009). Two answers to inapposite inquiries. In Sidnell, Jack (ed.) *Conversation Analysis: Comparative perspectives,* Cambridge: Cambridge University Press, pp.159-186.

Heinemann, Trine, Lindström, Anna, and Steensig, Jakob (2011). Addressing epistemic incongruence in question-answer sequences through the use of epistemic adverbs. In Stivers, Tanya, Mondada, Lorenza, and Steensig, Jakob (eds.) *The morality of knowledge in conversation*. Cambridge: Cambridge University Press, pp.107-130.

Heritage, John (1998). *Oh*-prefaced responses to inquiry. *Language in Society*

27: 291-334.

Heritage, John (2002). Designing questions and setting agendas in the news interview. In Glenn, Phillip, LeBaron, Curtis D. and Mandelbaum, Jenny (eds.) *Studies in Language and Social Interaction.* Mahwah, NJ: Lawrence Erlbaum, pp.57-90.

ヘリテッジ・ジョン、川島理恵訳 (2008).「知識に関する眺望 (epistemic landscape) を描きだすこととその眺望に働きかけつつその中を進むこと — yes/no 質問に対する yes/no 返答と繰り返し返答に込められる進行性と主体性、抵抗 — 」『現代社会学理論研究』2: 14-25.

Heritage, John and Raymond, Geoffrey (2012). Navigating epistemic landscapes: Acquiescence, agency and resistance in responses to polar questions. In De Ruiter, Jan Peter (ed.) *Questions: Formal, functional and interactional perspectives,* Cambridge: Cambridge University Press, pp.179-192.

Jefferson, Gail (1979). A technique for inviting laughter and its subsequent acceptance declination. Psathas, George (ed.) *Everyday Language: Studies in Ethnomethodology*, New York: Irvington, pp.79-96.

Jefferson, Gail (1984) On stepwise transition from talk about a trouble to inappropreately next-positioned matters. In Atkinson, J. Maxwell and Heritage, John (eds.) *Structures of Social Action: Studies in Conversation Analysis*, Cambridge: Cambridge University Press, pp.191-222.

Jefferson, Gail (1993) Caveat speaker: Preliminary notes on recipient topic-shift implicature. *Research on Language and Social Interaction* 26(1): 1-30.

Keevallik, Leelo (2012). Compromising progressivity: 'No'-prefacing in Estonian. *Pragmatics*, 22: 119-146.

Kim, Hye Ri Stephanie (2011). *Beginning an action in English and Korean: Turn design and action projection*. (Unpublished doctoral dissertation). University of California at Los Angeles.

Kim, Hye Ri Stephanie (2013). Ani 'No'-prefaced responses to WH-questions as challenges in Korean conversation. In Frellesvig, Bjarke and Sells, Peter (eds.) *Japanese/Korean Linguistics* 20: 383-398.

串田秀也 (2005)「「いや」のコミュニケーション学」『月刊言語』34(11): 44-51.

Merritt, Marilyn (1976). On questions following questions (in service encounters). *Language in Society* 5(3): 315-357.

森山卓郎 (1989)「応答と談話管理システム」『阪大日本語研究』1: 63-88.

森山卓郎 (1996)「情動的感動詞考」『語文』(大阪大学国語国文学会) 65: 51-62.

沖久雄 (1993)「肯定応答詞と否定応答詞の体系」『日本語学』4: 58-67.

奥津敬一郎 (1989)「応答詞「はい」と「いいえ」の機能」『日本語学』8: 4-14.

Raclaw, J. (2013). Indexing inferables and organizational shifts: 'No'-initial utterances in English conversation. (Unpublished doctoral dissertation).

University of Colorado at Boulder.

Raymond, Geoffrey (2003). Grammar and social organization: Yes/No interrogatives and the structure of responding. *American Sociological Review* 68: 939–967.

Sacks, Harvey (1974). An analysis of the course of a joke's telling in conversation. In Bauman, Richard and Sherzer, Joel (eds.) *Explorations in the ethnography of speaking.* London: Cambridge University Press, pp.337–353.

Sacks, Harvey (1992). *Lectures on conversation,* Volumes 1 and 2. Oxford: Blackwell.

Sacks, Harvey, Schegloff, Emanuel A. and Jefferson, Gail (1974). A simplest systematics for the organisation of turn-taking for conversation. *Language* 50: 696–735.

Saft, Scott (1998). Some uses and meanings of utterance: Initial *iya* in Japanese discourse. In Akatsuka, Noriko, Hoji, Hajime, Iwasaki, Shoichi, Sohn, Sung-Ock and Strauss, Susan (eds.) *Japanese/Korean Linguistics* 7: 121–137.

Schegloff, Emanuel A. (1972). Notes on a conversational practice: formulating place. In Sudnow, David (ed.) *Studies in Social Interaction,* New York: The Free Press, pp.75–119.

Schegloff, Emanuel A. (1980). Preliminaries to preliminaries: "Can I ask you a question." *Sociological Inquiry* 50: 104–52.

Schegloff, Emanuel A. (2000). On granularity. *Annual Review of Sociology* 26: 715–720.

Schegloff, Emanuel A. (2007). *Sequence Organization in Interaction: A Primer in Conversation Analysis 1.* Cambridge: Cambridge University Press.

Schegloff, Emanuel A. and Lerner, Gene H. (2009). Beginning to respond: Well-prefaced responses to *Wh-* questions. *Research on Language and Social Interaction* 42: 91–115.

Schourup, Lawrence (2001). Rethinking *well. Journal of Pragmatics* 33: 1025–1060.

Sorjonen, M.-L. (2001). Simple answers to yes-no questions: The case of Finnish. In Selting, Margret and Couper-Kuhlen, Elizabeth (eds.) *Studies in interactional linguistics,* Amsterdam/Philadelphia: John Benjamins, pp.405–431.

Stivers, Tanya (2011). Morality and question design: 'Of course' as contesting a presupposition of askability. In Stivers, Tanya, Mondada, Lorenza, and Steensig, Jakob (eds.), *The morality of knowledge in conversation.* Cambridge: Cambridge University Press, pp.82–106.

Stivers, Tanya and Hayashi, Makoto (2010). Transformative answers: One way to resist a question's constraints. *Language in Society* 39.

Terasaki, Alene Kiku (2004) Pre-announcement sequences in conversation. In Lerner, Gene (ed.) *Conversation Analysis: Studies from the First*

Generation, Amsterdam/Philadelphia: John Benjamins, pp.171-224.

冨樫純一（2004）「否定応答表現「いえ」「いいえ」「いや」」現代日本語文法研究会編『現代日本語文法における現象と理論のインタラクション』pp.79-97.（＝冨樫純一（2006）「否定応答表現「いえ」「いいえ」「いや」」矢澤真人・橋本修（編）『現代日本語文法　現象と理論のインタラクション』,pp.23-46, ひつじ書房）

Wu, Ruey-Jiuan Regina (2004). *Stance in talk: A conversation analysis of Mandarin final particles*. Amsterdam/Philadelphia: John Benjamins.

山根智恵（2003）「談話における「いや」の用法」『岡大国文論稿』（岡山大学文学部言語国語国文学会）31: 136-145.

［トランスクリプトに用いた記号］

［文字］	左角括弧は上下の行で2人以上が同時に話し始めている位置を、右角括弧は2人以上が同時に話している状態が解消された位置を示す。
＝	等号は前後の発話が切れ目なく続いていることを示す。1つの行内に等号を1つ用いるときと、複数の行の関係を示すために行末と行頭とにセットで用いるときがある。なお、1人のひと続きの発話が、紙幅の制約上、2行以上にまたがっているときにも、行末と行頭にセットでこの記号を用いる。
（数字）	丸括弧内の数値は、その秒数の間が空いていることを示す。
(.)	丸括弧内のドットは、ごくわずかの間（おおむね0.1秒前後）があることを示す。
文字::	発話中のコロンは、直前の音が引き延ばされていることを示す。コロンの数が多いほど引き延ばしが長い。
文字-	ダッシュは、直前の語や発話が中断されていることを示す。
文字.	ピリオドは、尻下がりの抑揚を示す。
文字?	疑問符は、尻上がりの抑揚を示す。
文字¿	逆さまの疑問符は、やや尻上がりの抑揚を示す。
文字,	コンマは、まだ続くように聞こえる抑揚を示す。
文字_	アンダーバーは、平坦な抑揚を示す。
文字!	感嘆符は、弾んだ抑揚を示す。
文字、	読点は、間は空いていないし、中断でもないが、音が区切られて聞こえること（声門閉鎖など）を示す。
↑文字	上向き矢印は、直後に急に音が高くなっていることを示す。さらに高くなっているときには↑↑このように矢印を2つ使う。
↓文字	下向き矢印は、直後に急に音が低くなっていることを示す。さらに低くなっているときには↓↓このように矢印を2つ使う。
<u>文字</u>	下線部分が強められて発話されていることを示す。さらに強められているときは、<u>このように二重下線</u>を引いて示す。
°文字°	この記号で囲まれた部分が弱められて発話されていることを示す。

	さらに弱められているときは、この記号を°°このように°°二重にして用いる。
hh	小文字のhは呼気音を示す。hが多いほど呼気音が長い。
.hh	ドットに先立たれた小文字のhは吸気音を示す。hが多いほど吸気音が長い。
文(h)字(h)	笑いの呼気音を重ねながら発話している部分を示す。
文h字h	笑いではない呼気音が発話に重ねられていることを示す。
¥文字¥	呼気音が重ねられてはいないが、笑いを帯びた声質で発話されていることを示す。
<文字>	不等号で囲まれた部分が、前後に比べてゆっくりと発話されていることを示す。
>文字<	不等号で囲まれた部分が、前後に比べて速く発話されていることを示す。
(文字)	聞き取りに確信が持てない部分は丸括弧で囲って示す。
(　　)	まったく聞き取れない部分は、丸括弧で囲って示す。括弧内のスペースの長さは聞き取れない部分の長さを示す。
(X／Y)	XかYかいずれかに聞こえるが、どちらであるか確信が持てないことを示す。
((文字))	転記者によるさまざまな種類の注釈・説明は、二重丸括弧で示す。
→	分析において注目する行を示す。
ゴチック太字	分析において注目する発話部分を示す。

IV 地理的研究

猫の呼び声の地理的研究
動物に対する感動詞

小林　隆

1. 指示系感動詞と動物

　広い意味での感動詞の中には、相手に対して何らかの行為を指示するものがある。仮に、それを指示系感動詞と呼んでおく。この類の感動詞としては、「まわれ右」や「前へならえ」「よーいどん」「はっけよいのこった」といった慣用句的な号令の類が挙げられる。これらはその指示内容もさまざまである。また、「しーっ」「めっ」といった符牒的な形式や、舌打ち・咳払いなどの非言語的音声の類もある。これらは聞き手の動作を制止することに働くものが多い。

　指示系感動詞は、話し手から聞き手に向けて発せられる。この場合、話し手はもちろん人間であるが、聞き手の方はかならずしも人間とはかぎらない。すなわち、人間の意を介する動物が聞き手となる場合もある。例えば、「お手」「お座り」など、動物の調教にはいくつかの号令が用いられる。また、牛馬を使役するには、「どうどう」「ばーばばば」など独特の感動詞が使われる。

　そうした調教や使役に関する感動詞はいくぶん特殊なものと言えようが、比較的日常性の高い動物への指示もある。それは、こちらに来させる指示と、あちらに行かせる指示である。近所の犬に餌をやろうと呼び寄せたり、干してある穀類をついばみに来た鳥を追い払ったり、といった経験をもつ人はいるだろう。「呼び寄せる」と「追い払う」は、動物に対する基本的な指示であると言ってよい。

　ここで、動物を呼び寄せる場合について考えてみる。われわれは動物を呼び寄せるとき、どんな声を発するだろうか。人間が相手ならば、「こっちへ来い」「こちらにお出でください」などと言うはずである。それが、言葉の通じない動物が相手だと、舌打ちや鳴き真

似など、十分言語化されていない音声を使うことが多いのではなかろうか。しかし、場合によっては「お出でお出で」などと、人間に話すように呼びかけることもあるかもしれない。

　本稿では、そうした動物を呼び寄せるときの感動詞の一例として、猫の呼び声を取り上げてみよう思う。つまり、猫をこちらに呼び寄せるとき、猫に向かってどのような声を発するかについて考えてみたい。具体的に、以下では次の2つの課題について論じることにする。

- **a. 猫の呼び声の種類と発想法**：猫の呼び声にはどのような発音や言語形式が利用されるのか、そのバリエーションを明らかにする。また、猫を呼ぶ場合と他の動物や人間を呼ぶ場合との違いについて考察し、その背後に潜む、待遇に関わる言語的発想法を明らかにする。
- **b. 猫の呼び声の成立過程**：猫の呼び声の種類に見られる通時的関係について考える。特に、舌打ち音からさまざまな言語形式が成立する言語化の様子や品詞の転成の問題を扱う。

　また、本稿は方言学の立場による研究であるから、日本語の地理的変種を対象とし、方言形成の問題として上の2つの課題に取り組むことになる。

　なお、本稿で使用する方言データは、筆者と澤村美幸(当時日本学術振興会特別研究員、現在和歌山大学教育学部准教授)が、2009年に通信法により2000地点を対象に行った感動詞全国分布調査の結果である。回収された調査票のうち、言語形成期を現地で過ごしたインフォーマントの回答823地点分を使用する。

2. 猫の呼び声の種類と発想法

2.1 猫の呼び声のバリエーション

　猫の呼び声にはどのような発音や形式が使われているのだろうか。感動詞全国分布調査からは、実にさまざまな回答が得られた。しかし、それらを分類してみると、大きく4つの種類にまとめることができる。すなわち、舌打ち類、鳴き声類、名前類、命令類である。

各グループの主な形式を掲げてみる。
　舌打ち類：舌打ち音、チュッチュッ、チョッチョッ、チョンチョン、チョーチョー、チャーチャー、ターター、トートー、チャコチャコ、タコタコ、チャペチャペ、など。
　鳴き声類：ニャーニャー、ニャンニャン、ニャオニャオ、ニャオンニャオン、ニャゴニャゴ、ミーミー、ミャーミャー、ミャーンミャーン、など。
　名　前　類：タマ、ミケ、クロ、シロ、トラ、など。
　命　令　類：コイコイ、コーイコイ、コーコー、コイヨコイヨ、ケーケー、オイデオイデ、など。

　舌打ち類のうち最初の「舌打ち音」とは、口の中で舌を打ち鳴らすことで発する音である。共通語的には不満や批難を表すのに使用されることが多いが、方言ではこれが猫を呼び寄せる際に使われる。チュッチュッ以下の形式は、舌打ち音を元に生まれたと考えられる言語形式である。そこには、言語化や品詞の転成の問題が絡んでいるが、これについては次節で扱う。

　鳴き声類は猫の鳴き声を模したものである。いわゆる擬音語に由来するものであり、さまざまな種類が報告されている。上に示した形式の中ではニャーニャーとミーミーが優勢である。

　名前類はその猫の名前を呼ぶものである。回答には具体的な名前が記入されているものは少なかったが、その中でも目についた名前はタマである。この場合、「タマタマ」とか、「ターマタマ」などのように呼ぶことになる。

　命令類は「来い」に当たる言い方であり、それに該当する各地の方言形式を含む。多くは「コイコイ」のように反復される。このほか、「お出で」を繰り返す「オイデオイデ」も回答が多かった。

　以上のように、全国的に見た場合、猫の呼び声には舌打ち類、鳴き声類、名前類、命令類という出自の異なる4つの種類が認められる。それでは、これらの地理的分布はどのようになっているであろうか。

2.2 猫の呼び声の地理的分布

図1は猫の呼び声に見られる4つの類の分布を示したものである。各類内部の詳細は省略し、グループごとに地図化してある。

この図を見て最初に気づくのは、それほど明瞭な分布が見えてこないことである。日本語方言に特徴的な周圏分布や東西対立分布といった典型的な分布は見出せない。しかし、ある程度傾向のようなものは観察できる。類ごとに分布の状況を記せば次のようになる。

舌打ち類：東北に濃密な分布領域をもつとともに、北陸から中部の西端、そして西日本にかけての地域にもかなり認められる。しかし、関東・中部にはほとんど分布していない。

鳴き声類：全国的に見られるものの、近畿を中心に比較的まとまって分布する。関東の南部には分布が弱いが、北部には目立つ。琉球地方にも一定の分布が見られる。

名　前　類：関東から東北南部にかけての地域や九州の西側に強い。東北北部から中部地方（愛知付近を除く）、近畿、中国の西部、九州東部といった地域には分布が乏しい。

命　令　類：主に関東・中部から西の地域に優勢な分布を示す。一方、北関東から東北にかけての分布は弱い。九州も東側には回答が認められず、琉球地方にもほとんどない。

こうした複雑な分布状況はいかなる原因に由来するのであろうか。1つには、方言形成の原理に関わる問題があると思われる。すなわち、このような分布は、伝播論的な形成のみで説明できるものではなく、孤立変遷論（自律変化論）的な成立による部分も大きいのではないかということである。方言周圏論に代表されるように、中央からの伝播が日本語方言を形成するというのが伝播論の考え方であるが、それならば、中央を中心とした同心円的な分布が描かれるはずである。しかし、そのようにならないのは、地域ごとに個別に形式の生産が行われ、かつ、多元発生的に各地で同様の形式が生み出されるという現象が起こっているからだと考えられる。

この点に関して、猫の呼び声という対象の性質にも注意しなければならない。すなわち、猫をどう呼び寄せるかは言わば表現法の問

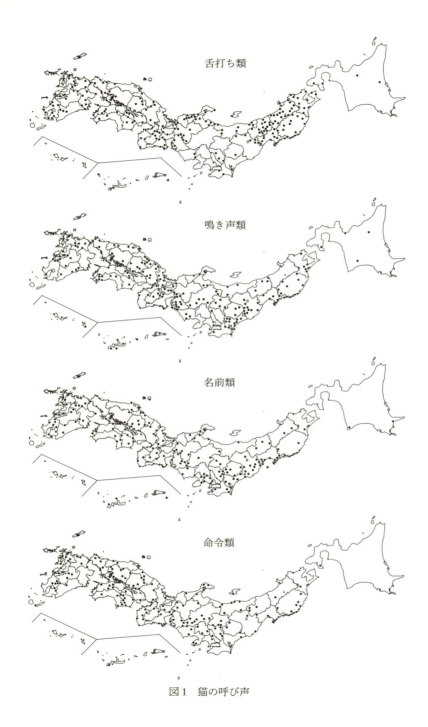

図1 猫の呼び声

題であり、選択の自由度が高いと考えられる。つまり、机はツクエ、椅子はイスと言わなければいけないといった言語的な拘束力は緩く、言語主体の志向や好みに応じてさまざまな言い方が許容される性格のものではないかと思われる。これは、猫の呼び声には、必ずしも1つの規範的な形式が存在せず、複数の形式が並立しやすいことを意味する。一方、言語の恣意性という観点から見ると、一般の語とは異なり猫の呼び声に利用される形式にはある程度必然性が存在する。すなわち、その鳴き声を真似たり、名前を呼んだり、あるいは人に対するのと同様に「来い」と命令したりするのは、猫を呼び寄せる方途として極めて自然であり、十分可能性のある指示方法だと言える。このことは、それらの形式が同時多発的に各地で生まれ得ることを示唆する。

　以上のように考えてくると、図1に見るような複雑な分布は、それぞれの形式が各地で多元発生的に成立し、かつ、地域の人々の志向や好みに応じて選択され使用されていることに由来するものではないかと考えられる。もちろん、そのことは伝播論的な方言の形成を否定するものではない。これらの形式が中央から地方へと伝播した場合でも、表現の自由度が高い分、地域ごとの志向の違いによって定着に差が出る可能性は十分にある。また、澤村美幸（2011）が指摘するように、一般の語彙に比較して感動詞の伝播速度は非常に速く、中央から日本の周辺部へ一気に伝播が到達することで、各類の分布範囲に大きな差が現れてこないということもありうる。そうした猫の呼び声独特の事情が、たとえ伝播論的な形成が行われたとしても、このような全国に及ぶまだらな分布を出現させたと推定することもできる。現実には、各地の多元発生もあれば中央からの伝播もあり、その両者が絡み合って複雑な分布が出来上がったというのが実態であろう。

　さて、ここでは4つの類の歴史的関係に踏み込むことはせず、それらの地理的分布傾向を押さえるに留めておきたい。ただし、分布の背後に潜む呼び声の発想法の問題については触れておこう。

2.3　猫の呼び声の発想法

　4つの類のうち、言語的な発想法の点から見て興味深いのは命令類である。猫に対して「コイ」「オイデ」と呼びかけるのは、猫を人間と同じ範疇で扱っている点でおもしろい。動物を人間の仲間に含めるという現象についてはさまざまなアプローチが可能だが、ここでは待遇表現の問題として扱ってみたい。すなわち、人間と同じ命令形式を使用するのは、言語的に動物を人間並みに待遇しているからだと考えられる。その点で、動物を動物として待遇する舌打ち類や鳴き声類とは異なる。名前類も人間扱いと言えそうだが、こちらは呼び声以前に命名の問題が絡むので命令類とは同じレベルで扱うことができない。

　さて、動物の呼び声については、猫のほか、犬と鶏について調査を行ってある。そこで、犬と鶏も加えて命令類の分布について示したのが図2である。コイ・オイデの使用と3つの動物との関係について検討してみよう。

（1）命令類の使用

　最初に、命令類（コイ・オイデ）をどの動物に対して使用するかを見てみる。結果を簡潔に示せば表1のようになる。まず、鶏に対しては全国的に見て命令類を使用する地点はほとんどない。一方、犬に対してはどの地域も命令類を使用する。両者は対極的な位置にあるが、地域差が現れないという点では同じである。これに対して、猫の場合は広範囲に見られるものの、犬に比べて分布が薄い。かつ、先に見たように、日本の両端に当たる北関東・東北と九州東部・琉球ではあまり使用しないという地域差が認められる。まとめれば①②のようになる。

① 命令類から見た動物の待遇度は、犬＞猫＞鶏の順である。犬は全国的に人間扱いされるが、鶏はどの地域においても動物扱いである。猫の待遇度は犬と鶏の中間に位置

表1　命令類の使用状況

	鶏	猫	犬
北関東・東北、九州東部・琉球	×	×	○
それ以外の地域	×	○	○

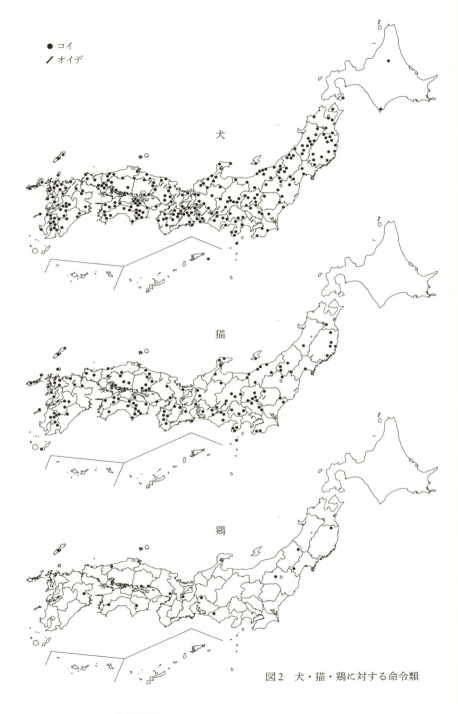

図2 犬・猫・鶏に対する命令類

する。
② 猫については地域差が認められる。概略、日本の中央部では猫に命令類を使用し人間並みに扱うが、周辺部ではほとんど命令類を用いず動物扱いである。

表2　オイデの使用状況

	鶏	猫	犬
東日本	×	×	×
西日本	×	△	○
近畿	×	○	◎

(2) オイデの使用

　次に、オイデの使用について見てみよう。オイデは目下に対して用いる点ではコイと同じだが、コイに比べて配慮を含んだ形式である。つまり、同じ動物を待遇する場合でも、コイよりオイデの方が待遇度が高いと言える。このオイデの使用状況を整理すると表2のようになる（記号は◎＞○＞△の順に優勢）。すなわち、鶏に対しては全国的にオイデを用いない。一方、猫と犬にはオイデを用いるが、犬の方により使いやすい。また、地域差の面では、東日本ではオイデをほとんど使用しないが、西日本ではある程度用いる。とりわけ、近畿を中心とした地域ではかなり活発に使用している。まとめると、③④のようになる。

③ オイデの使用から見ても、動物の待遇度は、犬＞猫＞鶏の順である。
④ オイデの使用には地域差が見られる。東日本より西日本の方が、さらに、西日本の中でも近畿を中心とする地域がオイデをよく使用し、犬や猫に対して配慮を示しやすい。

　以上、命令類について、猫のみでなく犬や鶏の場合も含めて検討し、①〜④のような特徴をつかむことができた。待遇度が犬＞猫＞鶏の順になるのは、これらの動物がどの程度人間と意思疎通できるか、あるいは、いかに人間の生活に密着しているか、といった点での違いを反映したものであろう。また、動物に対する待遇度に地域差が観察されたのは興味深く、動物を呼ぶときにまで人間並みの配慮を示す近畿方言と、動物はあくまでも動物として待遇する日本の周辺地域、とりわけ東北方言との対比が浮かび上がったと言える。この点は、小林隆・澤村美幸（2010、2014）で述べた人間に対す

る「配慮化」の地理的傾向、すなわち、言葉で配慮を表しやすい近畿と表しにくい東北との差とも対応し注目される。

3. 猫の呼び声の成立過程

猫の呼び声には前節で見たように大きく4つの種類が認められる。ここでは、その中から舌打ち類を取り上げ、その成立過程について考えてみたい。舌打ち類はバラエティが豊富で、舌打ち音から言語的な形式が成立する言語化の様子や品詞の転成の問題が注目される。

3.1 舌打ち類の回答処理

図3は舌打ち類の詳細を示したものである。分析の前に、この地図を作成するにあたって、具体的な回答をどう処理したかを述べておこう。

- **a. 舌打ち音の扱い**：回答には、「舌を鳴らす」のように舌打ち音であることのみ記すものと、「チョッチョッと舌打ちする」というように具体的な形式を添えるものとがあった。これらは、地図上では分けて記号化してある。後者のケースについて、そもそも舌打ち音を一般的な仮名で表記するのは難しいはずだが、実際にはチャッ、チッ、チュッ、チェッ、チョッといった、一見、母音の違いに対応するバラエティが回答された。これは、舌打ちを行う際に、どのような口の構えをとるかを区別して表したものではないかと考えられる。母音はもちろん発音されないが、口の構えによって舌打ち音の音色が変わってくる。それを書き分けたものとみなしてよいだろう。地図の凡例も含めて、以下の論述では、舌打ち音の形式はチョッチョッのように斜体で表示し、言語化された形式チョッチョッとは区別する。
- **b. 「チ」「ツ」の表記**：頻度は高くないものの、語頭が「チ」ではなく「ツ」と表記されたものがあった。これは、微妙な発音の違いを表したものともとれるが、例えば、鹿児島県枕崎市の回答で、「ツッツッ（舌打ち TyuTyu）」と記されていることからわかるように、本来、同じ音を表したものではないかと考えら

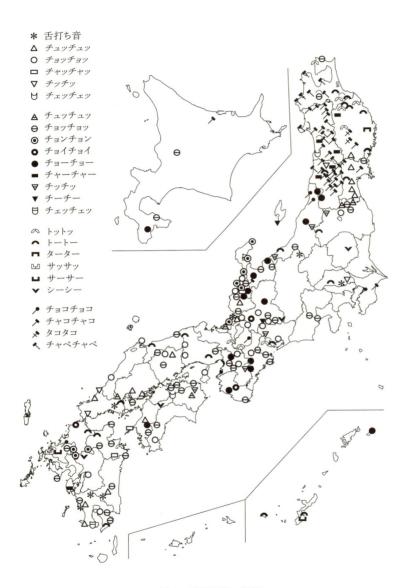

図3 舌打ち類の詳細

れる。分布も、チ形式とツ形式とで特に偏りが見られない。そこで、「ツ」の表記を「チ」にまとめた。具体的には、ツァ、ツ、ツェ、ツォを、それぞれ、チャ、チュ、チェ、チョに統合して地図化してある。

c. **反復の問題**：回答の多くは、例えば、チョッチョッのように、同じ形態（チョッ）を1回反復する形式であった。したがって、図3の凡例は、すべてそのようにして載せてある。ただし、中には、チョッチョッチョッやチョッチョッチョッチョッのように3回・4回と繰り返す回答が見られた。おそらく1回反復が基本形でありながらも、繰り返しの数は、実際には自由度が高いものと思われる。また、チョーチョ、チョーチョチョのように、反復とともに微妙に長さを変えていく形式も回答されたが、これらも凡例上、単純反復のチョーチョーに含めてある。

3.2 舌打ち類の変化過程
3.2.1 理論的推定

図3の凡例に挙げた形式は、次のような基準で分類してある。なお、例えばチョッチョッの「チョッ」、チョコチョコの「チョコ」を語基ととらえ、「チョ」を語基前部、「ッ」「コ」を語基後部と呼ぶことにする。

舌打ち音（斜体）
　　口の構え：5母音（u・o・a・i・e）のどれであるか。
言語化形式
　　語基前部：子音がt∫（破擦音〈拗音〉）、t・s（破裂音・摩擦音〈直音〉）のどれであるか。また、母音が5母音（u・o・a・i・e）のどれであるか。
　　語基後部：促音、撥音、「イ」、長音、あるいは、接尾辞に由来する「コ」「ペ」のどれであるか。

さて、図3を見ると舌打ち類の分布はかなり複雑で、すぐさま通時的解釈を行うことが難しい。これは、それらの分布が地域独自に、しかも多元的に発生した可能性を示唆するものであり、もし中央からの伝播があったとしても、地域によって複雑な受容がなされたり、

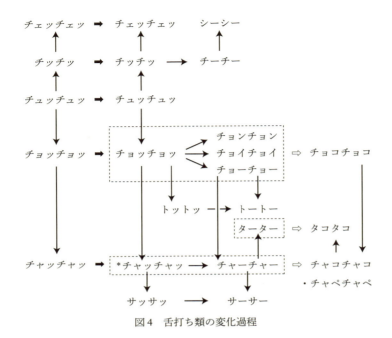

図4 舌打ち類の変化過程

伝播自体が不完全なものであったりしたのかもしれない。ここでは、一旦、分布を離れ、理論的に変化の過程を推定することにしよう。すなわち、発音上、あるいは語形成上、より妥当性が高いと思われる方向で変化の流れを組み立ててみる。

図4は推定した変化の流れを示したものである。普通の矢印は形態変化を、太い矢印は言語化を、白い矢印は派生（接尾辞の付加）を表している。点線で囲った部分は、その中の形式に接尾辞「コ」「ペ」が付加することで、白い矢印の右側の派生形式が誕生したことを意味する。*チャッチャッは何らかの理由で回答が得られなかったが、存在が想定される形式である。

図4について解説しよう。要点は次の5つである。

① **舌打ち音の言語化**：斜体で示した舌打ち音が、舌打ち類の中で最も原初的なものである。この舌打ち音が言語化する、すなわち一般的な言語音に置き換えられることでさまざまな形式が生じた。その際、まず、舌打ち音（例：チョッチョッ）と聞こえの点で類

似性をもつ形式、すなわち、語基前部の子音が破擦音で、かつ、語基後部に促音をもつ形式（例：チョッチョッ）が生まれた。
② **語基後部の変化**：上記①で成立した形式（例：チョッチョッ）から、語基後部の促音が撥音に入れ替わった形式（例：チョンチョン）や「イ」に入れ替わった形式（例：チョイチョイ）、長音に入れ替わった形式（例：チョーチョー）が発生した。
③ **語基前部の変化**：上記②で成立した形式（例：チャーチャー）をもとに、語基前部の子音が破擦音から破裂音に変化した形式（例：タンター）や摩擦音に変化した形式（例：サーサー）が発生した。この現象は拗音の直音化と言い直すこともできる。
④ **口の構え（母音）の変化**：舌打ち音は口の構えによって母音の異なりに対応するような音色の違いが実現される。口の構えとして最も自然であるu的な舌打ち音（チュッチュッ）が原初的なもので、そこから広母音（o・a）方向への変化（チョッチョッ、チャッチャッ）や前舌母音（i）方向への変化（チッチッ）が生じた。後者には、さらに広母音（e）方向への変化（チェッチェッ）も加わった。このような変化は、言語化したあとの形式にも同様に起こった。
⑤ **派生形式の成立**：言語化した形式の語基後部が接尾辞「コ」「ペ」に入れ替わることで、チョコチョコ、チャコチャコ、チャペチャペなどの派生形式が生まれた。

3.2.2 方言分布による検討

さて、図3の分布が複雑で解釈が困難なことは先に述べた。しかし、理論的に考えることで図4のような推定が得られた。その推定を指針とし、あらためて図3を検討してみよう。

(1) 舌打ち音の言語化など
① **舌打ち音の言語化**：上では、舌打ち音（A）が原初的なものであり、それが言語化を起こし、語基前部の子音が破擦音で、かつ、語基後部に促音をもつ形式（B）へと変化したと推定した。この変化が中央で生じ、地方へと周圏的に伝播したものであるならば、

日本の周辺寄りにAが、中央寄りにBが分布するはずであるが、そうはなっていない。これは、BがAのあとを追いかけながら混在状況を生み出した可能性や、A→Bの変化が各地で起こった可能性が考えられよう。後者の可能性については、例えば、チュッチュッとチュッチュッッが宮城・福島、福井、広島のあたりで互いに近い位置に分布し、また、チョッチョとチョッチョが近畿をはじめ各地で隣接し合っている点が注目される。これは、AとBとが地域レベルで見た場合、一方からもう一方へと変化したという通時的関係にあることを意味する。この場合、A→Bか、それとも、B→Aかは分布からは判断できないが、理論的に考えた場合、上で推定したようにA→Bの可能性が高い。

② **語基後部の変化について**：上では、促音形式から撥音形式や「イ」形式、長音形式が生まれたと推定した。この点についても、分布を見るかぎり周圏論的な解釈は難しい。ただし、地域ごとに見ると、佐渡のチーチーは対岸にチッチッが分布する。岐阜・愛知県境のチーチーも近くにチッチッが存在している。また、北陸・近畿、九州北部では、チョンチョンやチョイチョイ、チョーチョーとチョッチョッとが隣接して分布する。九州にはチャッチャッとチャーチャーが見られ、両者が＊チャッチャッを介在して結びつく可能性が考えられる。さらに、東北・近畿・九州では、トットッとトートーとが近接する様子がうかがえる。これらの状況は、促音形式のチッチッ、チョッチョッ、チャッチャッ、トットッから、撥音形式のチョンチョンや「イ」形式のチョイチョイ、長音形式のチーチー、チョーチョー、チャーチャー、トートーが生まれたことを示唆する。これらの変化も中央で起こった可能性は否定できないが、むしろ各地で個別に生じた変化と思われる。

③ **語基前部の変化について**：上では、語基前部の子音が破擦音〈拗音〉から破裂音・摩擦音〈直音〉に変化したと推定した。この点について図3を見ると、東北ではチャーチャーの側にターターが存在し、チャコチャコに混じってタコタコが分布する。チョッチョッとトットッも隣接するが、同じ状況は近畿でも観察される。また、九州ではチャーチャーが見られると同時に、サッサッ、

サーサーも分布する。さらに、岐阜・愛知付近ではチーチーとシーシーが近接している。これらの状況は、破擦音の形式から各地で破裂音や摩擦音の形式が誕生したことを示唆する。

なお、「音韻総覧」(『日本方言大辞典』下)によれば、チャ行の発音が語頭において口蓋性を弱めてツァ行の発音になる傾向が東北の太平洋側で報告されている。これらの地域におけるターターやタコタコ、トットッなどのタ行音の形式は、そうした音声的基盤を背景に、チャ＞ツァ＞タ、あるいは、チョ＞ツォ＞トの変化で生じたものかもしれない。

(2) 口の構え(母音)の変化について

上の④では、舌打ち音の場合も含めてu的な発音が古く、そこから、u→o→aや、u→i→eという変化が起こったと推定した。たしかに、uのチュッチュッ、チュッチュッは東北や中国西部、九州南部など、比較的日本の周辺部に目立つ。これに対して、oのチョッチョッ、チョッチョッ、チョーチョーなどは全国的に分布し、近畿にも根強いところから、uの類よりは新しそうである。u→oの変化が中央で起こり、その順に全国に伝播した可能性がある。

一方、aの類の分布は東北・北陸・九州に分布し、uの類と同様に周辺的な様相を呈する。上で推定したようなo→aの流れを認めるためには、aの類は中央から広まったものではなく、各地でoの類から多元的に発生したと考えることになる。しかし、aの類の周辺的状況を中央からの古い伝播によるものとみなすならば、o→aとは逆にa→oの流れを想定する必要がある。つまり、中央でa→oの変化が起こり、その順に周囲に伝播したということである。

この問題について考えるために、動物の鳴き声の歴史を参考にしてみよう。というのも、動物の鳴き声とその動物の呼び声との間には形態上の対応関係が存在するので、その点が手がかりになりそうだからである。山口仲美(1989、2002)や『日本国語大辞典』の情報などによれば、例えば、鶏の場合、極度に定型化した神楽歌などの「かけろ」を除けば、トッテコー、トーテンコーなどの鳴き声が古く、それが江戸以降、コッケコーやコケコッコーに交替した。

そして、これに対応するのが、鶏の呼び声の場合、トートーやコーコーなどであったと思われる。また、雀の場合には、鳴き声として古くからチューチューが使用されているが、その呼び声もチュの音を用いたものであったと考えられる。『枕草子』の「うつくしき物」の段には、「雀の子の、ねずなき（鼠鳴き）するに踊り来る」（新日本古典文学大系141頁）とあり、雀を呼び寄せるのに鼠の鳴き声を真似していたことがわかる。実際にはチュッチュッのような舌打ちを行っていたのであろう（「鼠鳴き」の正体が舌打ちであったことは、猫の呼び声における宮崎県西諸県郡野尻町の回答に「舌でチュッチュッチュとネズミの真似をする」とあることからも推測される）。

　このように鶏や雀の場合には、鳴き声と似た音でその動物を呼び寄せていた。それでは猫の場合はどうかというと、猫の鳴き声は江戸時代になってニャーニャーが現れてくるが、それまではニョーニョーととらえられていたようである。つまり、ニョーニョーが古く、ニャーニャーが新しい。もし、猫の場合も、鳴き声と呼び声が発音的に対応していたと仮定すれば、母音部分の対応関係からして、猫の呼び声はチョーチョーなどのoの類が古く、チャーチャーなどのaの類が新しいことになる。

　以上のような動物の鳴き声と呼び声の関係をまとめたのが図5である。この図には、両者の対応関係とともに通時的な流れも示しておいた。まず、雀の呼び声の場合には、舌打ち音のチュッチュッが先にあり、それが言語化してチュッチュッやチューチューなどの形式（チュ類）が生まれたのではないかと考えられる。一方、猫と鶏の呼び声の場合には、どちらも元になったのは舌打ち音のチョッチョッであると思われる。これが言語化する際、より自然な形式はチョッチョッやチョーチョーなどのチョ類であるはずだが、鶏の場合には鳴き声のトッテコーなどと対応するように、直音化したトートーやトートトなどの形式（ト類）になったと推測される。これに対して、猫の場合には鳴き声のニョーニョーが拗音であることから、そのままチョ類として定着したと考えられる。つまり、猫と鶏とは最初舌打ち音の段階では区別がなかったものが、言語化する際に、

動物	鳴き声	共通母音	呼び声	
			言語化形式	舌打ち音
猫	ニャーニャー ↑ ニョーニョー	a〈拗音〉 o〈拗音〉	チャ類 ↑ チョ類	←チョッチョッ
鶏	トッテコー ↓ コッケコー	o〈直音〉	ト類 ↓ コ類	
雀	チューチュー	u〈拗音〉	チュ類	←チュッチュッ

図5　動物の鳴き声と呼び声の対応関係

鳴き声との対応で形式が分かれたことになる。図5にはチャッチャッは示していないが、猫の鳴き声がニョーニョーからニャーニャーに変わるにあたり、それと並行的にチョッチョッから分化したものであろう。

　さて、先の問題に返り、猫の呼び声としてo→aとa→oのどちらが妥当かという点については、上の図のようにチョ類からチャ類への変化を推定するので、o→aの方に軍配が上がることになる。ただし、この変化は図3によれば日本の中央部ではあまり見られない。中央では鳴き声にo→aの変化が生じたものの、それと対応する呼び声の変化が遅れていると考えられる。o→aの変化が活発なのは日本の周辺部であり、特に東北で積極的に起こったものと言える。

　ところで、図4では、猫の呼び声として利用される舌打ち音はチュッチュッが原初的なものであると考えた。しかし、図5ではチュッチュッは雀の呼び声として位置付けた。おそらくチュッチュッは舌打ち音の言わば基本形であり、最初は雀の呼び声であると同時に他の動物にも適用可能な汎用性の高い形式だったのではないかと思われる。しかし、そのうち動物の種類に応じて舌打ちの音色を使い分けるようになり、猫や鶏にはチョッチョッが使用されるに至ったと推定される。もしそうだとするならば、図3に見られるチュッチュッおよびその言語化形式は猫専用ではなく、他の動物にも使用可能なものであることが考えられる。

ここまで、母音の種類の観点から舌打ち類について見てきたが、i・eについてはまだ触れていなかった。iの類とeの類はそもそも分布が乏しく推定が難しい。ただし、iの類のチッチッ、チッチッ、チーチーは全国に点在するとともに中央近辺にもあり、uの類より新しいとみなしてよさそうである。eの類のチェッチェッ、チェッチェッについてはよくわからないものの、iの類から誕生したと考えるのに特に問題はなさそうだ。

(3) 派生形式の成立について
　3.2.1の⑤では図4の説明の際、言語化した形式の語基後部が接尾辞「コ」「ペ」に入れ替わることによって、チャコチャコ、チャペチャペなどの派生形式が生まれたと述べた。しかし、接尾辞「コ」「ペ」が、例えばチャッチャッの促音部やチャーチャーの長音部に入り込み、新しい感動詞が生じるという直接的な変化は考えにくい。この変化は、実際には図6のような品詞の転成を含む複雑な過程を経ていると思われる。

① まず、猫の呼び声のチャッチャッやチャーチャーが名詞に転成し、猫の名称チャチャが成立する。
② 次に、チャチャの「チャ」を語基とし、親愛の意を添える接尾辞「コ」「ペ」が付加されることで、猫の名称チャコやチャペが作られる。
③ さらに、今度はそれらのチャコ・チャペを語基として反復が行われることで、再びチャコチャコ、チャペチャペといった猫

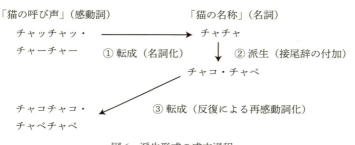

図6　派生形式の成立過程

の呼び声が成立する。

　こうした過程は図3を見ていただけではわからない。そこで、『日本方言大辞典』を調べてみると、猫の名称としてのチャチャは秋田県・山形県から報告があり、チャコも同様に秋田県・山形県、チャペは加えて青森県から報告がある。これは、図3に見る猫の呼び声のチャコチャコ、チャペチャペの使用地域とほぼ重なるものであり、上記の①から③の過程が実際に起こったことを推測させる。東北大学国語学研究室が2010年に行った陸羽東線沿線（宮城〜山形）のグロットグラム調査においても、猫の名称のチャコ・チャペの分布と猫の呼び声のチャコチャコ、チャペチャペの分布とが一致し、前者から後者が発生したことを物語る（小林隆2011）。

　なお、接尾辞「コ」は対象への愛着を表すとされるものであり、東北方言に活発である。ただし、『日本方言大辞典』によれば各地から使用の報告があり、全国的な広がりをもつ。図3で東北以外にもチョコチョコ・チャコチャコがわずかながら回答されているのは、そのことと関係があろう。もう1つの接尾辞「ペ」については、現段階では詳細を把握できていない。ただし、『日本国語大辞典』の「っぺ」の項には、「田舎っぺ」「在郷っぺ」のような軽蔑の意を含む「ペ」や、「朝っぺ（朝子）」のような名前について親しみを表す「ペ」が載っており、特に後者と関係があるのではないかと思われる。

4. まとめと課題

　指示系感動詞の一種である猫の呼び声について、地理的な視点から取り上げてきた。本論の結論は次のとおりである。
(1) 猫の呼び声には、全国的に見て舌打ち類、鳴き声類、名前類、命令類の4種類がある。それらの複雑な分布は、表現の自由度と命名の必然性からくる呼び声独特の性質に由来するものであり、中央からの伝播と各地の多元的発生が絡み合うことで形成されたものと考えられる。
(2) 命令類の使用に注目すると、犬・猫・鶏という動物の待遇に関

わる言語的発想法の地域差が見えてくる。動物を呼ぶ際に人間並みの配慮を示す近畿方言と、動物はあくまでも動物として待遇する日本の周辺地域、とりわけ東北方言との違いが浮かび上がる。
(3) 舌打ち類の成立過程について見ると、もともと猫を呼ぶ際には舌打ち音が使用されていたものが、それをもとに言語化が行われたり派生形式が作られたりすることで、各地で多様な形式が生み出されていったと推定される。

　本論はさまざまな課題を抱えている。例えば舌打ち音が猫以外のどのような動物に使われるか、不満表明の舌打ち音との関係はどうか、といった問題が残る。また、語彙体系の観点からは、他の動物も含めた呼び声の体系を描く必要がある。舌打ち類の考察でアイデアを示した鳴き声との対応関係にも踏み込んでみたい。さらに、動物に対する配慮の発想法は、人間と事物とを両端に置いた軸の上で再度考えるべきテーマである。方言形成論の立場からは、伝播と多元発生が絡み合う複雑な分布の成立をいかに説明するかが課題となろう。

　一見、特殊な感動詞に思える猫の呼び声は、方言学に対して普遍的で新しい課題を提起する。

文　献

小林隆（2011）「感動詞―猫の呼び声―」『宮城県・山形県陸羽東線沿線地域方言の研究』東北大学国語学研究室.
小林隆・澤村美幸（2010）「言語的発想法の地域差と社会的背景」『東北大学文学研究科研究年報』59.
小林隆・澤村美幸（2014）『ものの言いかた東西』岩波書店.
澤村美幸（2011）『日本語方言形成論の視点』岩波書店.
尚学図書編（1989）『日本方言大辞典』小学館.
日本国語大辞典第二版編集委員会・小学館国語辞典編集部（編）（2000～2002）『日本国語大辞典　第二版』小学館.
山口仲美（1989）『ちんちん千鳥のなく声は―日本人が聴いた鳥の声―』大修館書店.

山口仲美（2002）『犬は「びよ」と鳴いていた―日本語は擬音語・擬態語が面白い―』光文社.

V 対照言語学的研究

感動詞の多層性をめぐる考察
日独対照を例に

Paul Cibulka（パウル・チブルカ）

1. 要旨

　本稿で扱うのは、感動詞とそのさまざまな用法である。先行研究を踏まえ感動詞を3つの層に分け、その分類に基づき日本語およびドイツ語それぞれ1つの感動詞を比較する。こうして層ごとに対比を行うことにより、両言語間の相違点と共通点が見分けやすくなる。その結果、日独語間では、話し手が態度を表出する際に用いる感動詞の用法が多少異なる、ということが判る。

2. 問題設定および研究対象の定義

　或る晴れた朝、私は、少なからず空腹感を覚えて、コンビニに入店する。必要なものを揃えてレジに向かう。店員が商品の量を確認し、しばらく迷ったような表情をしてから、やがて「袋にお入れしましょうか。」と聞く。私は鞄を持参しており、環境保護のことも考えて、袋は要らないと判断し、「ア[1]、結構です」と返す。「ア、はい、かしこまりました」と店員は相づちを打つ。
　このようなやりとりは、毎日ありそうなことだが、ここで注目したいのは、感動詞の「ア」の用法である。単に「結構です」よりも、「ア、結構です」のほうが丁寧な印象を与えるという人が多いが、それはいったいなぜだろうか。店員の受け答えも同様に、「ア」を入れたほうが丁寧だと感じる人は少なくないだろう。
　また、ドイツ語感動詞の「*ach*」は、「ア」と同じく「発見・気付き」のときに発せられるとされている。だが、この「*ach*」はその他にも、たとえば「*Ach* wie siehst du denn aus? （[*ach*] なんて格

好してるんだ？）」のような例においては、軽蔑的態度を表出する場合がある。

　従来の感動詞研究でなされる「「ア・*ach*」は発見・気付きだ」という記述にはいったいどこまで有効性があるのか。上記の例の「ア」ないし「*ach*」がもし「気付き」のみであれば、丁寧度増加、それと軽蔑的態度表出の効果はどう説明すべきか。両言語社会間で誤解を生じかねないものであることから第二言語習得にとって、この問題に取り組むことには大いに意義があると思われる。

　本稿でいうところの感動詞とは、非分析的な語であって、文から文法的に独立した現れ方をし、さらに単独でも発話を成立させることができるものを指す。たとえば「ア、結構です」や「エ、まじで？」などの「ア」や「エ」、それと「空気すすり」（定延2007a）や日本語社会で苛立ちを表すとされている「舌打ち」は、以上の条件を満たしている。上記の種の語は従来の研究では「間投詞」や「フィラー」などと呼ばれることがあるが、本稿ではそういったものをまとめて「感動詞」と呼ぶことにする。

3. 先行研究の概要

　従来の研究で感動詞はさまざまな視点から検討されてきた。以下に代表的なアプローチの概要を述べる。

　まず、認知的なアプローチを取り上げる。これは、ごく一般的にいえば、感動詞は話し手の心内操作や心の動きに関連している、つまり、話し手が心の動きを声に出したものが感動詞だ、という立場である。たとえば、冨樫（2001）は「談話標識の本質は、話し手の心内での情報処理を標示するのみ」（冨樫2001: 40）であると述べる。また、定延・田窪（1995）および田窪・金水（1997）では、話し手の「心的操作」、すなわち「様々な情報データの処理操作」、（定延・田窪（1995: 74）；田窪・金水（1997: 257））に関する感動詞が中心的に扱われる。つまり、話し手が会話において、新規情報を獲得したり、旧情報を思い出したりする際に、その特定の心的操作に対応する感動詞を発する、ということである。

別のアプローチとして、感動詞の談話上の働きを分析する立場がある。たとえば、Ehlich (1979) は、ドイツ語感動詞の「hm」の音韻学的・語用論的アプローチを試み、「hm」の音韻的変種に関して「They are used to execute a variety of functions in the hearer's steering of the speaker's speech activity.」(Ehlich 1979: 503) と述べる。また、Cibulka (2009) では「エ」という感動詞が取り上げられ、その諸用法が会話分析の枠組みで取り扱われる。従来言われてきた、発話者の目の前に起きている事情や、直前の話者の発話に対する驚き・意外性を表示するという用法だけでなく、むしろ参与者が会話中に、直前の話者の発話に関連しないなんらかの事情に対する気付きを表示することが主たる用法であると結論づける。
　そして、友定 (2005) と江端 (2006) は、方言学的アプローチを通じて、発話開始部に現れる感動詞と定義される「立ち上げ詞」の概念を提唱する。立ち上げ詞の役割はさまざまだが、自分の行動を立ち上げる、他者の発話に呼応し応答の発話を立ち上げる、他者との関係を立ち上げる（江端 2006: 2)、つまり開始的性格を持つ感動詞であると提案する。
　最後に、社会言語学的な分析方法を取り上げる。たとえば、小出 (1983) は、言い淀み表現による丁寧度増加の効果を指摘する。また、横尾 (1999) は、感動詞の「フーン」を取り上げ、その待遇性（目上の人との会話の中では「フーン」が発しにくいかどうかという点）を論ずる。須藤 (2001) によれば、会話参加者の社会的関係（特に「親疎」）に応じて、感動詞の「ア」の音声的特徴は変化する、という現象が観察される。更に、定延 (2007b) は感動詞の「サー（わかりません)」を取り上げ、「サー」は話し手の検討操作に対応するとされるが、「検討してもダメな場合専用のフィラー」であるということから「サー」のことを「あからさまに儀礼的なフィラー」（定延 2007b: 8) と名付ける。
　以上の概観からわかるように、認知的なアプローチは、話し手の心的操作、およびそれと同時に発せられる感動詞とが結びついているということを明らかにする立場である。だが、上で述べた、感動詞と結びつき得る丁寧な態度や軽蔑的な態度の表出という現象を理

解するには、認知的視点だけでは不十分である。談話管理・語用論および社会言語学における研究を視野に入れれば、感動詞は単に心的操作と関連するのみならず、むしろ社会的要素に条件づけられて用いられることが多いことが判る。そして、その用法は各言語社会によってまちまちなのではないかと推測される。以下に感動詞のそういった用法を見分けて、それぞれの用法を「層」と呼んでおく。

4. 感動詞における多層

先行研究の概要でわかるように、感動詞の用法は、さまざまな見方がある。以下では、こうした用法を3つの層に分けて分析することにより、日独対照を通じて浮上してくる問題がより整理しやすくなると論じる。

4.1. 自然的表出（第一層）

言語哲学者のウィトゲンシュタインが『哲学的探究』の中で、人間が感覚の表現法をどういうふうに身に付けるかという問題について書いたものをまず引用したい。

「［…］ことばが根源的で自然な感覚の表現に結びつけられ、その代わりになっているということ、これは一つの可能性である。子供がけがをして泣く。すると大人たちがその子に語りかけて、感嘆詞を教え、のちには文章を教える。かれらはその子に新しい痛みのふるまいを教えるのである。［…］痛みという語表現は泣き声にとって代わっているのであって、それを記述しているのではないのである。」*2（『哲学的探究』第244節）

大人が子供の痛みの自然的表出に「痛い」という言語表現を重ね合わせるということである。そして、子供は泣きながら「痛い」と言えるようになる。それからやがて、けがをして痛くても泣かずに「痛い」と言えるようになる、というのがウィトゲンシュタインの考え方である。

このように痛みを感じたときに泣き声を出すことは、最も自然な表出方法であることから、それを自然的表出と呼んでおく。厳密に

いえば自然的表出は感動詞として捉えにくいものであるが、本稿ではそれを仮に感動詞の第一層として取り扱うことにする。この他に第一層の感動詞の類として考えられるものは、（乳幼児・子供の）笑い声や、びっくりしたときの叫び声くらいであろう。

そして、ウィトゲンシュタインによれば、「大人たちがその子に語りかけ、感嘆詞を教え」る（ibid）とあるが、その「感嘆詞」のことをどういうふうに解釈すべきかについては以下に記述する。

4.2. 社会的表出

大人に感動詞および文章を教えられた子供はその時点で、「痛みのふるまい」が変化するとウィトゲンシュタインは述べる。つまり、痛みを感じたときに泣き声を制御し、その代わりに「イタッ」などという感動詞や、「頭が痛い」などという発話ができるようになるのである。

そして、その「新しい痛みのふるまい」というものは、各言語社会により異なるのである。たとえば、やけどをしてしまった時、反射的に発する感動詞は、ドイツ語話者なら「*au*（アオ）」、フランス語話者なら「*aïe*（アイユ）」、ルーマニア語話者なら「*arş*（アルシュ）」、スウェーデン語話者なら「*aj*（アイ）」、日本語話者なら「アッッ」などと種々のものが存在する。知覚される感覚は同じものなのにも拘らず言語社会ごとに感動詞が異なる。この種のものを感動詞の「社会的表出」と呼んでおくことにする。

以下に「社会的表出」の感動詞を更に2つの種類にわける。

4.2.1. 直接的対応型（第二層）

上述の通り、子供はけがをし、痛みを感じた場合、泣かずに「イタッ」や「*au*」など、といった表現を用いるようになる。その時に、自然的表出のみの段階を克服し、育ってきた言語社会的環境で一般に使われている感動詞を発する。それを前節で、「社会的表出」と呼んだ。その際、けがをした人が感じた痛みと、それと同時に発せられる感動詞とは直接対応しているため、この感動詞の層を「直接的対応型」と呼ぶことにする。

それは、痛みのみならず、驚き、検討、新規情報獲得、思い出しなどという、人の内省で行われるさまざまな操作に対応する感動詞全般を指すものである。たとえば、定延・田窪（1995）は「エェト」と「アノ（ー）」を取り扱い、それらを「心的操作標識」と呼んでいる。上述の認知的なアプローチでは心的操作とそれに対応する感動詞の分析が主な課題ということになる。

しかし、では、本稿の冒頭で挙げたコンビニの例に現れた感動詞の「ア」の用法は、それらとどういった関係にあるのか。以下で説明の提案を試みる。

4.2.2. 間接的対応型（第三層）

上でみた直接的対応では、話し手の心的操作と感動詞が対応しているわけである。しかし、感動詞を発したら、発話の丁寧度が増加した、あるいは、軽蔑的態度が表出されたという現象とどう関連させ得るのだろうか。たとえば、相手が飲み物などを勧めてくれているが、それをことわる時に、単に「結構です」というよりも「ア、結構です」というほうが一般に丁寧に受け止められる。この場合、「ア」と発話時の話し手の心的操作は直接な関係が薄いことから、直接的対応型とは次元が異なる感動詞の用法の存在が示唆される。すると、感動詞が必ずしも話し手の心的操作に直接対応しているとは限らないということになる。こうした類の感動詞の用法を本稿では社会的表出における「間接的対応型」と呼ぶことにする。

たとえば、定延・田窪（1995）は、話し手が感動詞の「アノー」や「エェト」を用いることにより、発話のぞんざいさなどを緩和できると述べている。この場合、話し手が実際に相手の質問などを真剣に吟味・検討しているとは限らず、むしろ演技のような行為をしているとみてよい。冨樫（2001）では、この用法が「語用論的フィードバック」と呼ばれる。それがまさしく本稿でいうところの感動詞の間接的対応型に当たる。この用法の特徴として、対他的である、つまり、会話の中で用いることは可能だが、独り言で用いることはできない、ということが挙げられる。

また、日本語とドイツ語を対照すると、感動詞のこの用法におい

て相違点が見られると考えられる。以下で全ての表出方法を考慮に入れた日独対照分析を行う。

5. ドイツ語および日本語の場合
　　感動詞「ア・ach」を例に

　感動詞の用法が多層的なものであることを論じてきた。この論が妥当なものであることを検証するために、1つの例として日本語感動詞の「ア」*3 とドイツ語感動詞の「ach」*4 における社会的表出の用法を比較する。

5.1. 第二層における「ア・ach」
　上述のように、第二層の社会的表出の直接的対応型は、同一の心的操作に対応していても、日本語とドイツ語では感動詞が異なる。また1つの感動詞と結びつくさまざまな心的操作の領域にも両語間でずれが見られる。「ア」と「ach」は両言語において「発見・思い出し」という心的操作に対応している。以下に日独語の例をそれぞれ挙げる。ドイツ語の例は、英文グロスを斜字体で付記しておく。

（1）ア、お前か！
（2）ア、傘忘れた！
（3）*Ach,　　du　　bist's!*
　　　INT*5　*you　are.it*
　　　あ、お前か！
（4）*Ach,　mein　Schirm　ist　noch　im　Laden!*
　　　INT　*my　umbrella　is　still　in.the shop*
　　　あ、傘を店においてきちゃった！

「気付き・思い出し」という心的操作と結びつく感動詞「ア」および「ach」は日独語でほぼ同じ働きをしているといえる。ところが、「ach」はその他にも「感嘆」を表すのに発せられることがある。これに対して、「ア」にはそういった用法がみられない。以下の例（5）とその日本語訳である（6）を見られたい。

（5）*Ach, wär　ich　doch　　ein　Millionär!*

```
       INT was  I    MOD*6   a   millionaire
```
（6）??ア、お金持ちになれたらいいのになぁ。

　ドイツ語の（5）は自然だが、日本語の「ア」は「感嘆」と承接しないため、（5）に直接対応させた（6）は不自然である。

5.2.　第三層における「ア・ach」

　さらに、第三の層である社会的表出の間接的対応型における「ア・ach」をみてみよう。上述のように、「ア」には丁寧度増加の効果があると考えられる。したがって、丁寧に話すべき目上の相手と丁寧に話さなくてもいい目下の相手がいるとすれば、丁寧度増加の効果を持つ「ア」の使用が相手の地位に応じて出やすかったり、なかなか出なかったりすることになる。換言すれば、相手との上下関係や親疎関係に応じて「ア」の使用頻度が変化するということである。

　従来の研究において、似たような現象が指摘されている。須藤（2001）は、会話参加者の社会的関係に応じて、感動詞の「ア」の音声的特徴は変化すると論じる。具体的にいえば、会話参加者は「疎」（お互いそれほど親しくない、または初対面の場合）の関係であれば、末尾に声門閉鎖音を含めた「アッ」を発する傾向が強い。それに対し、「親」（お互いが知り合いの場合）の関係にある会話参加者同士であれば、延伸した「アー」が現れやすいという現象が観察される。

　その問題を日独語で対照的にみてみよう。以下の（7）（8）（9）で感動詞「ア」の現れ方と会話参加者の社会的関係を見ていこう。

（7）［学校の廊下で知り合いの先生（＝目上）を見かけて］
　　　ア、こんにちは

は自然である。では、条件を少し変えてみよう。

（8）［学校の廊下で知り合いの後輩（＝目下）を見かけて］
　　　?ア、こんにちは

は少し不自然であってもまだ受容される範囲だが、「こんにちは」を「おっす」に入れ替えた発話、

（9）??ア、おっす

は不自然だと感じる人は増えるであろう*7。

　既述のように、「ア」の直接対応型の用法は「発見・思い出し」と分類されている。しかし、発話（7）に表出する「ア」と「こんにちは」は相性が良いが、発話（8）に表出する、「ア」と「おっす」は相性が良くない。では、このことから推量すれば、「ア」は単に「発見・思い出し」という心的操作に対応する感動詞ではない。感動詞「ア」は、待遇表現らしい要素が強い。

　また、ドイツ語の「*ach*」を使用した、（7）および（8）のそれぞれの独訳（10）と（11）を挙げる。英文グロスを斜字体で付記しておく。

　（10）［学校の廊下で知り合いの先生（＝目上）を見かけて］
　　　Ach,　guten Tag!
　　　INT　*good　day*
　（11）［学校の廊下で知り合いの後輩（＝目下）を見かけて］
　　　Ach,　hallo!
　　　INT　*hello*

　以上の発話を分析すると、（10）も（11）も不自然なわけではないが、厳密に言えば、「学校の廊下で知り合いの先生ないし後輩を見かけて挨拶する」という文脈ならば、感動詞「*ach*」を発話するのは若干大袈裟に感じる。「学校の廊下」である以上、「先生や学生を見かけるのは当然のこと」であり、「意外性」が低い。感動詞「*ach*」が発せられるには、これ以上の意外性が必要である。例えば、「病院の待合室に入り椅子に座る。何分か経ってから隣に座っている人が知り合いであるのに気が付く」という場面を考えると「*ach*」を発してから挨拶するのは自然であろう。要するに、「*ach*」という感動詞には「意外性」の要素が強い。一方、（10）も（11）も、ある程度の意外性さえあれば自然な発話になるということから判断すると、ドイツ語の「*ach*」の待遇性は、日本語の「ア」と比べて、ごく薄いあるいはないといってもいいのではないか。

　「*ach*」はこの場合、直接的対応の層（＝発見）のものに過ぎない。日本語の「ア」は、相手との社会的関係との関連と、丁寧度増加の効果がみられるため、必ずしも話し手の心的操作に直接対応せ

感動詞の多層性をめぐる考察　　247

ず、間接的対応型に属するものであるといえよう。

では、ドイツ語の「ach」は常に話し手の心的操作に対応しており、間接的対応型で用いられることはないのだろうか。上述のように、「ach」を用いることによって軽蔑的態度の表出が可能である。以下に例を挙げる。

(12) A: *Ach, wie siehst   du   denn   aus?*
　　　　 INT how look.like you   MOD   VERB.PRE*8
　　　　[ach] なんて格好してるんだ？

　　　B: *Ach, lass   mich   doch   in Ruhe!*
　　　　 INT leave   me   MOD   in peace
　　　　[ach] ほうっといてくれ

AがBの外見を批判し、それに苛立ち、発話で「ach」を用い、またBがAに対する不満を表現する発話でも「ach」を用いるという態度表出の具体的な例である。

ここで発せられる感動詞の位置づけに関してはどうだろうか。Aが（12）で発する「ach」は、直接的対応型、つまりBがそこにいることに気付くという心的操作への対応であるといった解釈は可能である。だが、間接的対応型としての解釈、つまりAはBに対して軽蔑的態度を示す、という解釈のほうが一般的であろう。また、Bの発話での「ach」について、軽蔑的態度表出の間接的対応型の解釈のみ可能である。

「ア」と「ach」という感動詞が第二層の直接的対応型として用いられる場合には、その用法は非常に類似しているが、同じ感動詞が間接的対応型のものとして用いられる場合には、そのように日本語とドイツ語で著しく食い違うということである。日本語「ア」およびドイツ語「ach」はいずれも「発見・思い出し」という話し手の心的操作に対応するものであっても、特定の態度を表出する場面では、それぞれ違う働きをしているのである。

6. むすび

ここまでの議論でみたように、痛み、または発見・思い出しとい

う心的操作を声に出す形式にさまざまな層があると考えられる。乳幼児の場合、言語社会における知識をいまだ身につけていない段階にあるため、泣き声や笑い声は唯一の表出方法である。泣き声や笑い声は、人類共通のものであることから、コミュニケーションにおける最も基本的な言語的層であるといえよう。本稿ではこの層を自然的表出と命名した。第二の層では、痛み、または発見・思い出しという心的操作にそれぞれ直接対応させた「イタッ・*au*（アオ）」ないし「ア・*ach*」の類の感動詞が用いられる。この層を社会的表出の直接的対応型と呼んだ。また、第三の層では、相手の社会的地位に応じて、感動詞の形式や使用頻度が変化する。このように態度表出を可能にする感動詞の種類を社会的表出の間接的対応型と呼んだ。

　社会的表出の感動詞の用法は各言語社会により差異がみられる。日独語における感動詞を対照した際に、それぞれの言語の感動詞を層に分けて分類することによりその差異がより見出しやすくなると論じた。日独対照を行ってみると、直接的対応型の感動詞が非常に似ているが、間接的対応型の感動詞は必ずしもそうでないということが判る。むしろ、丁寧度増加の効果のある日本語「ア」と、軽蔑的態度表出の効果のあるドイツ語「*ach*」とは、互いに正反対の働きをしているのではないだろうか。

　このような例を見ると、間接的対応型の感動詞の用法は各言語で著しく異なるだろうと推量される。この問題については今後、より詳細な言語対照研究を通じて考察を進める必要がある。

---

*1　本稿では、感動詞として扱うものを、日本語の場合は片仮名、ドイツ語の場合は斜体で表記することにする。
*2　原文は下記の通りである。
　　„[...] Dies ist eine Möglichkeit: Es werden Worte mit dem ursprünglichen, natürlichen, Ausdruck der Empfindung verbunden und an dessen Stelle gesetzt. Ein Kind hat sich verletzt, es schreit; und nun sprechen ihm die Erwachsenen zu und bringen ihm Ausrufe und später

Sätze bei. Sie lehren das Kind ein neues Schmerzbenehmen. [...] [D] er Wortausdruck des Schmerzes ersetzt das Schreien und beschreibt es nicht." Wittgenstein (2006: § 244)

*3 長さが短く末尾に声門閉鎖音を含むもの [aʔ] を指す
*4 IPA 表記では [ax]
*5 Interjection（間投詞）の略。
*6 Modal Particle（心態詞）の略。
*7 ところが、「ア」を「オ」と入れ替えれば、自然さが増す。それは、「オ」にも「ア」と似たような待遇的性質があると推定される。
*8 Verbal Prefix（動詞から分離した接頭語）の略。

参考文献

Cibulka, Paul. (2009) "Interjections in everyday conversation – Some communicative functions of the Japanese token 'eh' – " MA Thesis. Kobe University, Japan.
江端義夫 (2006)「「日本語方言立ち上げ詞研究」について」『方言資料叢刊』9：pp.2-6, 広島大学教育学部国語教育学研究室方言研究ゼミナール.
Ehlich, Konrad. (1979) Formen und Funktionen von hm: eine phonologisch-pragmatische Analyse. In H. Weydt. (ed.) *Die Partikeln der deutschen Sprache*, pp.503–517. Göttingen: de Gruyter & Co.
小出慶一（1983）「言いよどみ」水谷修（編）『講座　日本語の表現3　話しことばの表現』pp.81-88, 東京：筑摩書房.
定延利之・田窪行則（1995）「談話における心的操作モニター機構―心的操作標識「ええと」「あのー」―」日本言語学会『言語研究』108：pp.74–93.
定延利之（2007a）「日本人が空気をすするとき」定延利之・中川正之（編）『音声文法の対照I』pp.129–147, 東京：くろしお出版.
定延利之（2007b）「話し手は言語で感情・評価・態度を表して目的を達するか？―日常の音声コミュニケーションから見えてくること―」言語処理学会『自然言語処理』14（3）：pp.3–15, 言語処理学会.
須藤潤（2001）「感動詞「あ」の音声的特徴と会話参加者間の社会的関係」『日本語・日本文化研究』11：pp.117–128. 大阪外国語大学日本語講座.
田窪行則・金水敏（1997）「応答詞・感動詞の談話的機能」音声文法研究会『文法と音声』pp.257–279, 東京：くろしお出版.
冨樫純一（2001）「情報の獲得を示す談話標識について」『筑波日本語研究』6：pp.19–41, 筑波大学文芸・言語研究科.
友定賢治（2005）「感動詞への方言学的アプローチ―「立ち上げ詞」の提唱―」『月刊言語』34（11）：pp.56-63, 大修館書店.
横尾佐世（1999）「コミュニケーションの中での話し手の期待―「ふうん」を中心に―」『表現研究』69：pp.1-8, 表現学会.
Wittgenstein, Ludwig. (2006) *Werkausgabe Band 1: Tractatus logico-philosophicus, Tagebücher 1914-1916, Philosophische Untersuchungen.*

Frankfurt am Main: Suhrkamp Taschenbuch Wissenschaft.
Wittgenstein, Ludwig. 藤本隆志訳 (1976)『哲学的探究』大修館書店.

VI 調査法の開発

感動詞類調査のための「ビデオ質問調査票」の開発について

有元光彦

1. はじめに

　本稿の目的は、感動詞類を調査するための斬新な言語調査法として開発しつつある「ビデオ質問調査票」の趣旨・内容・開発過程について記述し、それを利用して実施した調査の結果・問題点について議論することにある。

　話は、2007（平成19）年6月24日、神戸大学での第1回打ち合わせ会議の後の懇親会に遡る。そのときの串田秀也氏が発言された提案に端を発するものであった。感動詞類の方言調査には困難が伴う。特に、「こういう状況になったら思わず何と言いますか？」と尋ねる調査においては、状況設定を言葉で行うだけでは、インフォーマントになかなか理解してもらえないときがある。そこで、状況設定を言葉だけによって行うのではなく、映像も併用して、よりリアルに、しかも何度でも再生可能な形で、行えるような調査法としてビデオ質問調査法が浮かんできたのである。

　従来の言語調査の調査方法としては、面接調査、アンケート調査、通信（郵便）調査、内省調査、自然観察調査が挙げられ、また質問方式としては、なぞなぞ式、共通語翻訳式、読み上げ式、選択式、確認（誘導）式、知覚式がある（cf. 小林隆・篠崎晃一編（2007））。本稿で示すビデオ質問調査票は、調査方法としては面接調査であり、質問方式としてはなぞなぞ式であろう。ただ、質問文が人間からではなく、画面から出されるという違いがある。従来の調査においても、絵や写真のような視覚的な道具を使用していたが、ビデオ質問調査法では動画を利用しているのである。もちろん、ある種の実験をする際には、動画を利用したものもあるが（cf. 伝康晴・田中ゆ

かり編（2006））、なぞなぞ式で動画を用いる試みは本稿で示す研究が初めてであろう。それゆえに、様々な問題が生じることになる。

　本稿では、ビデオ質問調査票を開発する過程を追うことによって、そこに生じる問題を明らかにするとともに、感動詞類の調査に対するより有効な調査方法を検討していく。

2. 調査対象

　本稿で示すビデオ質問調査票を使用して調査する対象は、感動詞類である。

　「感動詞」とは、益岡隆志・田窪行則（1989: 54）によると、「感動詞は、文の他の要素と結びついて事態を表すというよりも、事態に対する感情や相手の発言に対する受け答えを一語で非分析的に表す形式である。」と定義している。この中には、間投詞や応答詞も含まれている。また、田窪行則（2005: 16）では、「感動詞類」を「語彙的感動詞」と「いいよどみ的な発声（非語彙的感動詞）」に分類している。前者は、「あの」「もう」のように、本来指示語や副詞であったものが意味を失って形成されたものであり、後者は「ああ」「ええ」のような応答詞や間投詞である。

　本稿で扱う「感動詞類」とは、これらの感動詞に、定延利之（2005a）の言う「ショーアップ語」、「フィラー（filler）」、はたまた「つっかえ」「空気すすり」等の非言語的音声も含めた名称である。

3. 第一次開発プログラム

3.1　開発プロセス

　第一次開発プログラムの目的は、ビデオ質問調査票を試験的に作成し、作成プロセスにおける問題点を探ることである。作成は、山口大学教育学部で筆者が開講した「国語学特別演習II」（平成19（2007）年度後期）において、以下の要領で行われた。

　まず、対象となる調査項目であるが、「感動詞調査票－広島・項

目網羅的調査 －」（澤村美幸・小林隆作成・2007年版、未公開）及び「感動詞日中対照調査票」（友定賢治作成・2007年版、未公開）から25項目を抜粋している。以下の通りである。

[1] メガネが見つかりません。部屋の中をさんざん探し回った後で、自分の頭の上にあったことに気がつきました。そのとき思わず、何と声を上げますか。【気づき＋自分へのあきれ】

[2] 新聞を見たら、自分の宝くじがなんと1等に当たっていました。そのとき、信じられない気持ちで、何と声を上げますか。【予想外の事態に対する驚き】

[3] 物陰から、突然誰かが飛び出してきました。そのとき、驚いて思わず何と声を上げますか。【自分のテリトリー外から、眼前に突然出現した意外な事物もしくは突発的に起こった意外な事態に対する驚き】

[4] ぶつかった拍子に花瓶を倒してしまいました。中の水がどんどんこぼれています。それを見て、あわてて何と声を上げますか。【予想外の事態に対する狼狽・動揺】

[5] 知り合いと公園を歩いています。若い男女がベタベタしているのを見て、気詰まりになり、その場をとりつくろうために、思わず何と声を上げますか。【狼狽・動揺＋他者へのあきれ】

[6] バス停に向かっていると、乗る予定のバスが、ちょうど目の前で発車してしまいました。そのとき、残念な気持ちで、思わず何と声を上げますか。【事態への失望・落胆＋あきらめ】

[7] 重い荷物を抱え、やっと家までたどり着きました。荷物を下ろし、その疲労感に、思わず何と声を上げますか。【疲労感】

[8] 知り合いにお金を貸しましたが、なんと持ち逃げされてしまいました。だまされたと分かって、怒りのあまり、思わず何と声を上げますか。【怒号】

[9] 病院に行きましたが、受付で診察券を忘れたことに気がつ

きました。そのとき、思わず何と声を上げますか。【自分の失敗（予想外）に対する認識・反省】

[10] 普段から何かと活動的な友人が、今度は朝のジョギングを始めたといいます。それを聞き、感心して何と声を上げますか。【他人への感心】

[11] 長年応援しているプロ野球チームが、激戦の末、ついに優勝を果たしました。そのとき、感動のあまり、思わず何と声を上げますか。【事態がおもいどおりになった感動の表出】

[12] 偶然、大ファンの芸能人を見かけました。実物を見ることができたことに感動して、思わず何と声を上げますか。【予想外の事態の発生による興奮状態（比較的軽度）】

[13] 嘘泣き（エーンエーン・シクシク）

[14] 冬に暖房の効いた部屋から屋外に出た瞬間、あまりの寒さに思わず何と声を上げますか。【瞬間的に感じた寒さ】

[15] 誤って、まだ熱いヤカンに触ってしまったとき、思わず何と声を上げますか。

[16] 誤って、タンスの角に足の指をぶつけてしまいました。そのとき、思わず何と声を上げますか。【瞬間的に感じた痛み（軽度）】

[17] これまで食べたこともないようなおいしい料理を食べました。その味に感動して、思わず何と声を上げますか。【うまさ・おいしさ】

[18] 段差につまづいて、危うく転びそうになりました。そのとき、体のバランスを保とうとして、思わず何と声を上げますか。【崩れそうな体のバランスを取り戻そうとするときに発する声】

[19] 長い木材を肩にかつぎ、勢いをつけて持ち上げようとするとき、思わず何と声を上げますか。【体に勢いをつけて対象を持ち上げようとするときに発する声】

[20] 長時間歩き続けて、くたくたです。ようやく座れるというとき、腰をかがめようとしながら、思わず何と声を上げま

すか。【異なる体勢を取るための勢いをつけようとするときに発する声（座る場合）】

[21] 温泉に長く入って、のどがカラカラです。上がってから、ようやく水を口にした瞬間、思わず何と声を上げますか。【渇水状態からの開放感】

[22] 考え中（ウ〜ン・ウ〜ッ）

[23] なだめ（マアマア）

[24] 提示（ジャーン！）

[25] 仕事を始めるとき（サー、そろそろ始めるか。）

抜粋の基準としては、なるべく様々な種類の項目であること、今回は試験的な作成なのでできる限り作成しやすい項目であること、を考慮に入れた。

　上記の質問文は、従来の質問調査票に用いられているものであるので、これを元にして、ビデオ質問調査票のためのシナリオを作成した。シナリオは、撮影当日に演者（受講学生）に渡される。演者には「文脈は自由に変更してよい」と指示したので、当日の変更もかなりあった。ただ、言うまでもなく、調査項目（代表例）そのものを変更することはできない。代表例は、演者に共通語で言ってもらうことにした。次に、分担であるが、受講生15名を、3名ずつ5グループに分けた。毎回の撮影には、2グループが関わり、1つのグループに「撮影班」、もう1つのグループに「演者」となってもらう。最終的には、全員がいずれも分担するようにした。撮影は家庭用ムービーを使用し、撮影時間は1項目につき最大15秒とした。撮影後は、筆者がwmv形式またはmpeg形式で編集した。

3.2　内容紹介

　本節では、上記の調査項目［2］【予想外の事態に対する驚き】について紹介する。ただし、シナリオは以下のように変更している。

　まず、場所は廊下である。同年代の友人3人が世間話をしているとき、1人が予想外の話題を提供する。そのとき思わず何と声を上げるか、ということを質問するものである。回答候補としては、「えっ」や「えー」などが期待される。

図1　調査項目［2］：テロップなし　　図2　調査項目［2］：「えー」

　当初は、回答候補である「えー」などの語は、画面上に出ない形で作成した（【図1】参照）。この映像をインフォーマントに見せた直後に、調査者は「このような場合何と声を上げますか」と口頭で質問することになる。
　しかし、この場合、ビデオをインフォーマントに見せた直後に、改めて調査者によるターゲットについての説明をするので、二度手間になることになる。結局、従来の質問法と同じことになり、違いと言えば、少しだけコンテクストがリアルになった程度である。
　この問題を少しでも解消するために、回答候補である「えー」などをテロップとして画面上に映し出す、という方法も考えられる（【図2】参照）。ただ、この方法を用いたとしても、何について回答すればいいかについて、インフォーマントへの説明は必要となろう。

3.3　議論*1

　前節で示したように、ここでの問題点としては、①回答候補を画面上に示さない場合には何がターゲットであるか不明である、②回答候補を画面上に示したとしても質問内容は言わなければならない、という点が考えられる。
　これらの問題に関しては、定延利之（2008: 私信）に「この問題は、何よりもまず、「インフォーマントに何をどう指示すればいいか（たとえば画面に「何と言いますか」と提示するかどうかの問題）」の問題ではないかと思います。つまり、「質問中で設定される状況について、インフォーマントの想像に全面的にゆだねるか、そ

れともビデオで映像・音声を呈示するか」の問題そのものではないのではないかと思うのです」とある。「何と言いますか」等のインフォーマントへの指示は、従来の質問調査票では口頭で行っている。

　このことに関係する問題として、演者はターゲットを共通語で言っているが問題はないか、ということが考えられる。これに関しては、言うのは最小限でいいのではないか、さらには回答候補そのものを言わなくても（サイレントでも）いいのではないか、と考えられる。この考え方は、定延利之（2008: 私信）でも同様である。この問題は、上述のターゲットの提示の問題と根源が同じである。即ち、共通語で画面に提示すれば、インフォーマントにとっては分かりやすくなるかもしれないが、同時にその提示された共通語に回答が誘導されてしまう可能性があるのである。従って、できる限り共通語を画面に出すことなく、しかもインフォーマントへの指示を適切にできる方法を探るべきである。しかも、インフォーマントへの指示も画面上で行う、という方法がより適切であろう。

　以上のような議論を受けて、問題点を克服すべく、次節のようなサンプルを作成することになった。

4. 第二次開発プログラム

4.1 開発プロセス

　定延利之（2008: 私信）では、「テレビが多様な視聴者の多くに状況を理解してもらおうとする際の手法をとりいれればどうか」という提案が成されている。ここでは、この提案を取り入れ、ターゲットは言うまでもなく、演者の発話も最小限に抑え、またインフォーマントへの指示も画面上で行う、という方法を採る。

4.2 内容紹介

　本節では、3.1の調査項目［2］、［3］、［12］、［20］、［24］について紹介する。

　映像自体は第一次開発プログラムと同じものであるが、ここではテロップの内容や提示方法が異なる。テロップの内容は、次の通り

である。

　[2] 友達から／予想外のことを聞いたとき／驚いて思わず／何と声を上げますか。

　[3] 廊下で／ぶつかりそうになったとき／驚いて思わず／何と言いますか。

　[12]偶然／大ファンの芸能人を見かけたとき／感動して思わず／何と声を上げますか。

　[20]疲れて／やっと座れるというとき／腰をかがめながら思わず／何と声を上げますか。

　[24]新しく買ったものを／初めて友達に披露するとき／何と言いますか。

　テロップは、上記のように、記号／で区切ったフレーズごとに画面上に現れる。表示される時間はフレーズの長さにより、短いフレーズは1秒間、長いフレーズは2秒間表示される。また、最後のフレーズ（「何と声を上げますか。」等）は、表示された時点からビデオが終了するまで表示される。

　テロップの大きさは36ポイント、色は赤（［2］［3］［12］の場合）または黄色（［20］［24］の場合）とした。テロップと同じ音声ナレーションは挿入していない。テレビでは音声ナレーションも使用している場合がある。

　具体的な画面としては、以下のようなものとなっている。

　【図3】は上記の調査項目［2］の、【図4】は調査項目［3］の一場面である。テロップは、【図3】では「驚いて思わず」、【図4】では「何と言いますか。」がそれぞれ示されている。このような手法

図3　調査項目［2］：「驚いて思わず」　　図4　調査項目［3］：「何と言いますか。」

を用いることによって、調査者によるインフォーマントへの指示はほとんど不必要となる。

4.3 議論

様々な問題点も残る。まず、ここでは、演者の声は消去していないため、演者が発する「えー」や「わっ」などは聞こえることになる。もちろん、これについてはそれを消去すればいいだけのことかもしれないが、逆に臨場感が失われるかもしれない。

また、ビデオ自体の長さが短く、従って1つのテロップを表示する長さも短いため、高年層対象の調査には向いていないことが懸念される。テレビでは、静止画を順に提示し、演者の声を消す代わりに演者の表情をアップにすることによって強調し、そしてテロップと、テロップを読み上げるナレーションを使用する、という手法を使用している番組もある。このような手法では、1枚の静止画を長めに表示できるので、インフォーマントの回答のしやすさが向上するかもしれない。

さらに、テロップの表示方法にも課題がある。即ち、どのようなテロップを、どのようなタイミングで表示するのかという問題である。例えば、上記調査項目［2］の場合、「予想外のことを聞いたとき」というテロップを1画面上に表示しているが、「予想外のことを」と「聞いたとき」とに分ける必要はないのかということである。また、調査項目［24］の「披露する」という単語を短時間に視覚的に知覚することが可能かどうか、さらに調査項目［2］の「聞いたとき」は「聞かされたとき」の方がいいのかどうか、といった様々な問題が考えられる。つまり、テロップの表示の問題としては、要約、省略、動詞の自他、ヴォイス、単語の簡潔化、区切りの問題等、視覚情報（書き言葉）の圧縮や言語行動・認知行動に関する諸問題が関係してくるのである。ただ、これらの問題は本稿の主旨とは外れるので、今後の課題である。

5. ビデオ質問調査票を利用した調査

本節では、第二次開発プログラムにおいて作成したビデオ質問調査票を使用した調査状況について紹介し、その有効性について検証する。

5.1 調査方法等

調査方法等は以下の通りである。調査日は 2010 年 4 月 16 日、調査場所は大学演習室である。パソコンを 21 インチ画面のモニターに接続して、ビデオ質問調査票を映し出すようにした。ビデオ音声はモニターからは出さなかったので、インフォーマントにはほとんど聞こえない状態であった。インフォーマントは 20 歳代前半の女子学生 3 名である*2。調査者である筆者は同席し、インフォーマントからの質問に答えた。調査の状況はすべてビデオカメラで撮影した。調査項目は、4.2 で挙げた 5 つの調査項目 [2]、[3]、[12]、[20]、[24] である。

調査では、まず冒頭に筆者が、これから言語調査をすること、質問文はビデオの中に現れるのでそれに回答すること、ビデオは何回でも見られること、という旨の指示を与えた。インフォーマントから再度見たい旨の申し出があった場合には、調査者（筆者）がパソコンの操作を行って、再度ビデオ質問調査票を提示した。

5.2 調査結果・考察

ここでは、最初にビデオ質問調査票にインフォーマントがどのような反応を示したかという点に注目したい。

まず、ビデオ質問調査票が提示された直後には、音量の小ささを気にするインフォーマントが 2 名いた。前述したように、モニターからは音声を出さず、パソコン本体からわずかに音声が聞こえるという状況であったため、かえって気になったのかもしれない。ビデオ質問調査票の中での場面や脈絡を明確にするためには、演者がしゃべっている音声もインフォーマントに聞こえるようにした方がいいようである。また、提示直後には、「今答えたらいいんですか」

という旨の質問が2名から出てきた。回答するタイミングが分かりにくいということであるが、これは調査者の指示があれば問題のないことであろう。

　次に、インフォーマントから再度見たい旨の申し出があったのは、調査項目［2］、［12］、［24］のときであった。インフォーマントが若年層ということもあり、ビデオ質問調査票中のテロップは一度見るだけで認識できたのであろう。もちろん、この問題は調査内容とも関連する。調査項目［2］、［12］、［24］については、回答にも多少時間がかかっている。ビデオ質問調査票の作り方、即ち演じられている場面やテロップの適切さ等に起因しているとも考えられるだろう。

　また、調査中に、インフォーマントが何らかのジェスチャーをするなどの非言語行動は観察されなかった。ただ、調査項目［12］において、インフォーマントの知人が演者として登場していたために、笑いが見られた場合があった。

　次に、どのような回答が得られたのかについて記述する。3名のインフォーマントA、B、Cの回答は次の表の通りである。

表1　調査結果

	A	B	C
［2］	えー	えっ	えー
［3］	わー	ほー	ほー
［12］	まじで	えっ	わー
［20］	はー	よっこらしょ	どっこいしょ
［24］	見て見てー	ねえねえこれ買ったんだけど	ちょっと見てほしいものがあるんだけど

　【表1】から分かることは、調査項目［24］以外ではうまく感動詞類が得られたということである。調査項目［24］がうまく行かなかった原因としては、ビデオ質問調査票の内容に問題があったと考えられる。また、回答候補である「ジャーン」が若年層ではすでに使用されなくなっている可能性もある。

　今回の調査は、ビデオ質問調査票の有効性を検証することが目的

であるが、実際はごく限られた世代でしか調査がかなわなかったため、十分な検証ができなかった。今後は、他の世代での調査が必要であろうし、また何より回答のしやすさを求めて、ビデオ質問調査票を改良していくことが重要であろう。

6. おわりに

　定延利之（2005b: 39）には、「感動詞はむしろ、場面やストラテジー、そして発話キャラクタと一緒になって、「私たちが身を任せる行動の流れの型」をなしているのではないだろうか。」とあるが、そうであるならば、観察者は発話される語彙だけでなく、発話する人間の属性や発話に伴う行動なども含めた全般を観察しなければならないということになる。

　それを観察・記録することは、ビデオカメラを使用すれば簡単である。しかし、目的となっている語彙がいつどこで誰から発せられるのかは不明である。まさに、方言調査における自然傍受法に対する問題と同じである。このような問題点を克服し、不十分なデータを補足するためにも質問法という調査法があるのであるが、それでも感動詞類調査のようにうまく行かない場合がある。効率的に調査するためにはどのような方法が考えられるだろうか。本稿で述べたビデオ質問調査は、確かに一つの有効な方法ではあるが、それだけでは発話に伴う行動までをも調査することはできないであろう。

　そこで、より効率的に、そして総合的に調査するための方法として、"バーチャルリアリティ（Virtual Reality）調査"というものが考えられるかもしれない。例えば、人間の目線で撮影した日常生活の映像を、ヘッドマウントディスプレイに流して、インフォーマントが発話した内容と身体的な動きを記録する、というようなものである。もちろん、流す日常生活の映像はインフォーマントの属性によって異なるものである。また、もっと単純に、小型カメラを身体に装着して、インフォーマントの日常生活をすべて撮影することも考えられる。このような方法であると、大規模な装置を使用しなくとも、ある程度の「行動の流れの型」を把握できるかもしれない。

かつて言語調査に使用する道具としては、なるべくコンパクトな記録装置が望まれた。しかし、現在の問題は、大きさよりも記録容量である。いや、それも過去の話である。日常生活のすべてを記録できる時代となりつつある。少なくとも感動詞類の調査には、もはや質問法は時代遅れなのかもしれない。

＊1　本節における議論については、定延利之氏からの私信（2008/07/25）に多くを負っている。記して感謝する次第である。言うまでもなく、定延氏の趣旨を理解していないことによる齟齬等はすべて筆者の責任である。
＊2　今回の調査に協力して下さった山口大学教育学部学生には記して感謝する。

参考文献

小林隆編（2007）『シリーズ方言学4　方言学の技法』岩波書店．
小林隆・篠崎晃一編（2007）『ガイドブック方言調査』ひつじ書房．
定延利之（2005a）『ささやく恋人、りきむリポーター―口のなかの文化―』岩波書店．
定延利之（2005b）「「表す」感動詞から「する」感動詞へ」『月刊言語』34(11)：pp.33–39．大修館書店．
定延利之・田窪行則（1995）「談話における心的操作モニター機構―心的操作標識「ええと」と「あの（ー）」―」『言語研究』108：pp.74–93．日本言語学会．
田窪行則（2005）「感動詞の言語学的位置づけ」『月刊言語』34(11)：pp.14–21．大修館書店．
伝康晴・田中ゆかり編（2006）『講座社会言語科学6　方法』ひつじ書房．
益岡隆志・田窪行則（1989）『基礎日本語文法』くろしお出版．

あとがき

　雑誌『月刊言語』（35巻11号）の感動詞特集に執筆したメンバーの中で、共同研究を継続しようとの機運がもりあがり、幸いにも、平成19年度から4年間の科研費研究が採択された。初年度の広島合同調査や年度末のワークショップの際、早くも、いろいろな検討課題がでてきた。調査の難しさや記述方法、そして、感動詞とは何かという基本的な問題まで、すべてに問い直しが必要と感じられた。そこで、現段階での研究をまとめるとともに、感動詞研究のひろがりを見渡せるような論文集を出版し、それをきっかけとして、特に若い研究者のみなさんに感動詞研究をすすめてほしいという思いが強くなった。感動詞の研究は、既存の文法研究の枠組みの再検討を要求するし、そもそも単語とは何かといった根本問題も問われることになる。新たな視点での大胆な研究を期待したい。

　ただ、このような研究段階のものを、厳しい出版事情の中でお引き受けいただけるとは思えなかったが、蛮勇をふるって、ひつじ書房の松本功社長に相談させていただいた。幸いにも意義をお認めくださり、刊行できることとなったが、その時からずいぶん時間が経ってしまった。執筆者の皆さん、ならびに松本社長と担当の海老澤絵莉さん、渡邉あゆみさんには、心からの感謝とお詫びを申し上げたい。

　本書が、感動詞にとどまらず、音声コミュニケーション全体の研究がいっそうさかんになるきっかけになれば幸いである。

友定賢治

【謝辞】
本書は、日本学術振興会科学研究費補助金による、基盤研究（B）「現代日本語感動詞の実証的・理論的基盤構築のための調査研究」（平成19年度〜平成22年度，課題番号19320067，代表　友定賢治）の研究成果の一部である。

語句索引

H
Hという子音 40
Hの帯気音 48

W
WH質問 169

あ
相手 157, 158, 160
相手情報受信 64
頭高型 12
頭高型アクセント 10
あり得ない事態 88, 90

い
意外感 58, 74
意外感表示類 59, 78
意外性 85, 90, 247
〈意外性〉〈重大性〉標示 125
意外性の程度 87
一語文 98
いま・ここ・私 4, 6, 12
イントネーション 18, 63
イントネーションユニット 30
韻律 9, 12
韻律的特徴 8, 102, 103, 127

う
ヴィレール・コトレの王令 39
受け入れにくさ 73
受け手への訴え 48
後向き（backward-looking） 204
打ち切り 24
「うんにゃ」と「いんにゃ」 135, 136
「うんにゃ」の意味 138
「うんにゃ」の意味用法 135

え
詠嘆タイプ 21, 22
エビデンシャリティ 4
演技的性格 51

お
オイデ 223
応答形式 171
応答詞 23
応答タイプ 182, 183, 187, 189, 190, 203
驚きタイプ 20, 22
オノマトペ 43
音調 54, 60, 64, 69, 97, 98, 110

か
概言 101
回顧的に語る場面 107
過剰使用 162
型不一致の否定応答 121
関係修復の応答 56
間主観的な認識 29
感情的機能 42
感情の指標 42
感情の印 41, 48
間接的対応型 246, 248, 249

間接的対応型（第三層）244
感嘆　41, 245
感嘆詞　40
感嘆の文型　109
間投詞　40, 41
感動詞1類　9, 12
感動詞2類　9, 12
感動詞のイントネーション　11
感動詞の過剰使用　152, 161, 163
感動詞の不使用　152, 162
感動詞の不適切な語形・発音　152, 155, 163
感動詞の不適切な選択　152, 157, 163
感動詞類　256
関連性の優先づけ　55

き

記号学的性格　50
気候決定論　49
既習言語　155
既習言語の感動詞　154
期待・予測と実際とのギャップ　118
強化類　59, 78
共感　72
強形（tonic）　25, 30
強調的用法　98
強度表現　43
拒否的な反応　74

く

くだけた表現　139

け

計算処理　88, 89
形態変化　227
軽蔑的態度　248
言語依存的（language-specific）　27
言語化　227, 235
言語化された形式　224
言語行為　48

検索・照合　72
原始的間投詞　43, 49
現場性　4, 6, 7, 12

こ

行為コース　195, 196, 203
行為の連鎖　172
行動に関連づけられた応答　67
行動の流れの型　266
語基後部の変化　229
語基前部の変化　229
語用論的フィードバック　244
孤立変遷論　218

し

指示系感動詞　215
自然的表出（第一層）　242, 249
自然発生説　42
事態の意外性の高低　89
舌打ち音の言語化　228
舌打ち類　216, 217, 224, 234
舌打ち類の変化過程　226
質問の配置（placement）　196, 199, 203
質問への抵抗　169, 174, 177, 203
シナリオ　259
社会契約説　42
社会的表出　243, 245, 249
弱形（atonic）　25, 30
周圏論的な分布　138, 146
修辞学　40, 41, 47, 51
終助詞　17
周辺性　18
主観的な意見　106, 110
主体的な反応　57
状況設定　255
情動性　40, 49, 50
情熱の声　42
情報提示行為　173
「情報提示行為」の否定　121
情報導入のプロセス　76
情報の強化　58

情報の共有可能性　108
情報の導入　58, 60
真偽性コメント　62
新情報遭遇の応答形式　54
新情報遭遇の反応　53
新情報遭遇応答の非優先性　56
新情報の位置付け　68
身体性　50

せ

制約　170, 175
接線的な関係　202
接続詞　25
接続詞・副詞　29, 33
前提　190, 192, 193, 194, 203

そ

層　242
相互行為　174, 177, 203, 205
相互行為における働き　169
想定　178, 180, 181
想定外　91, 93, 176
挿入連鎖（insertion sequence）　188, 204

た

帯気音　49
待遇性　247
体験　6, 106, 107, 108
体験者　5
体言的（副詞的）性格　119
対象　157, 160
多元的発生　220, 234
魂の表出　41
短音形　116, 120, 122, 129
探索意識　108
断片の終端　25
談話用法　30, 31

ち

知識　6, 108
知識・環境照合類　69
知識勾配（epistemic gradient）　177
知識状態　203
知識状態の変容　62
知識状態への抵抗　179
注意喚起（alert）　171, 175
躊躇的応答　77
躊躇の表示　76
長音形　129
兆候　48
直接的照合　69, 71
直接的対応型（第二層）　243, 245, 249
沈黙　152, 153, 162

て

程度副詞　97, 98
丁寧度増加　246
丁寧な表現　139
テロップ　260, 261, 262, 263
伝播　230, 234
伝播論　218, 220

と

問い返し的な反応　74
問い返し用法　31
同意要求の用法　30, 31
動詞系の応答　66
導入類　58, 59, 79
動物に対する待遇度に地域差　223
動物の待遇　223
動物の待遇に関わる言語的発想法の地域差　234
独立性　18
突発的な事態　86, 90

な

内部状態　3

語句索引　273

鳴き声類　216, 217, 234
名前類　216, 217, 234
「何というか」類　156
「何という」類　156

――――

に

ニャーニャー　231
ニョーニョー　231
認知的プロセス　68

――――

は

バーチャルリアリティ（Virtual Reality）調査　266
「配慮化」の地理的傾向　224
派生　227
派生形式　228, 233, 235
場違い（inappopsite）　175, 199, 202
場違い性　204
発見・思い出し　245
発話者像　98
発話意図的な表現　44
発話意図への対応　55
発話キャラクタ　10, 12
発話行為　105
発話行為の妥当性を否定　121
発話（もしくはターンやセッション）の終点　24
反応的（responsive）な成分　171

――――

ひ

引き伸ばし型の情報導入　59
否定応答詞　133
否定の応答詞　115, 118, 119
否定の陳述副詞　115, 116
〈否定〉標示　122
ビデオ質問調査法　255

――――

ふ

フィクションの間投詞　50

フィラー　115, 122
「ふつう」のことば　12, 13
プネウマ（気息）　49
文中用法　33
文頭用法　16, 30, 31, 32
文末詞　31
文末用法　16, 20, 27, 30, 31, 32, 33

――――

へ

ヘッジ　101

――――

ほ

ポーズ　104
母語の感動詞の使用　152, 153, 163

――――

ま

マイナス評価　92, 93
マイナス評価の事態　87
前向き（forward-looking）　204

――――

む

無標　25

――――

め

命令類　216, 217, 221, 234

――――

ゆ

有標　25

――――

よ

予想外　91, 92, 93
予想外／想定外　85, 86, 91, 93
予想範囲内の事態　92
よそ事・他人事　11, 12
呼びかけ　45, 51
呼びかけ詞　21, 22

り

理解の宣言　66
留保づけ用法　97, 98

わ

わだかまり　99, 100, 101, 110
割り込み　21, 22, 23

執筆者一覧
論文掲載順

定延利之（さだのぶ　としゆき）
　神戸大学大学院国際文化学研究科教授
　主著：『認知言語論』（大修館書店、2000年）、『煩悩の文法―体験を語りたがる人びとの欲望が日本語の文法システムをゆさぶる語―』（筑摩書房、2008年）、『コミュニケーションへの言語的接近（仮）』（ひつじ書房、2015年）。

金田純平（かねだ　じゅんぺい）
　国立民族学博物館機関研究員
　主著・主論文：『私たちの日本語』（共著、朝倉書店、2012年）、「日本語教師によるビデオ教材の作成と共有のすすめ―企画・制作・公開・コミュニケーション―」『日本語音声コミュニケーション』2号（2014年）。

青木三郎（あおき　さぶろう）
　筑波大学人文社会系教授（文芸・言語専攻）
　主著・主論文：『ことばのエクササイズ』（ひつじ書房、2002年）、「日仏語の空間表現の対照的研究―dansとナカの意味分析―」『フランス語学研究の現在―木下教授喜寿記念論文集―』（白水社、2005年）。

森山卓郎（もりやま　たくろう）
　早稲田大学文学学術院教授
　主著：『ここからはじまる日本語文法』（ひつじ書房、2000年）、『日本語の文法3　モダリティ』（共著、岩波書店、2000年）。

冨樫純一（とがし　じゅんいち）
　大東文化大学文学部専任講師
　主論文：「感動詞とコンテクスト」『ひつじ意味論講座6　意味とコンテクスト』（ひつじ書房、2012年）、

「感動詞・応答詞の分析手法」『日本語学 臨時増刊号（特集 ことばの名脇役たち）』32（5）（2013年）。

大工原勇人（だいくはら はやと）
中国人民大学外国語学院日本語学科外国人専門家
主論文：「指示詞系フィラー「あの（ー）」・「その（ー）」の用法」『日本語教育』138（2008年）、「副詞「なんか」の意味と韻律」『日本語文法』9（1）（2009年）。

小西いずみ（こにし いずみ）
広島大学大学院教育学研究科准教授
主論文：「富山県呉西地方における尊敬形「〜テヤ」—意味・構造の地域差と成立・変化過程」『日本語の研究』9（3）（共著、2013年）、「西日本方言における「と言う」「と思う」テ形の引用標識化」『形式語研究論集』（和泉書院、2013年）。

友定賢治（ともさだ けんじ）
県立広島大学名誉教授
主著・主論文：『育児語彙の開く世界』（和泉書院、2005年）、「応答詞の地域差」『方言の発見—知られざる地域差を知る—』（ひつじ書房、2010年）

野田尚史（のだ ひさし）
国立国語研究所日本語教育研究・情報センター教授
主著：『日本語教育のためのコミュニケーション研究』（編著、くろしお出版、2012年）、『日本語の配慮表現の多様性—歴史的変化と地理的・社会的変異—』（共編著、くろしお出版、2014年）。

串田秀也（くしだ しゅうや）
大阪教育大学教育学部教授

主著：『相互行為秩序と会話分析―「話し手」と「共-成員性」をめぐる参加の組織化―』（世界思想社、2006年）、『エスノメソドロジーを学ぶ人のために』（共編、世界思想社、2010年）。

林　誠（はやし　まこと）
　イリノイ大学アーバナ・シャンペーン校東アジア言語文化学部准教授
　主著： *Joint Utterance Construction in Japanese Conversation.* （John Benjamins、2003年）、「相互行為の資源としての投射と文法―指示詞「あれ」の行為投射的用法をめぐって―」『社会言語科学』10（2）（2008年）、*Conversational Repair and Human Understanding.* （共編、Cambridge University Press、2013年）。

小林　隆（こばやし　たかし）
　東北大学大学院文学研究科教授
　主著：『方言学的日本語史の方法』（ひつじ書房、2004年）、『柳田方言学の現代的意義―あいさつ表現と方言形成論―』（編著、ひつじ書房、2014年）、『ものの言いかた西東』（共著、岩波書店、2014年）。

Paul CIBULKA（ぱうる　ちぶるか）
　ヨーテボリ大学　哲学・言語学・科学理論学科PhD課程在籍中

有元光彦（ありもと　みつひこ）
　山口大学教育学部教授
　主著・主論文：『九州西部方言動詞テ形における形態音韻現象の研究』（ひつじ書房、2007年）、「若年層における感動詞の独立性」『山口大学教育学部研究論叢』63（1）（共著、2014年）。

ひつじ研究叢書〈言語編〉第102巻

感動詞の言語学

Linguistic Features of Interjections
Edited by Kenji Tomosada

発行	2015年2月27日　初版1刷
定価	4800円+税
編者	©友定賢治
発行者	松本功
ブックデザイン	白井敬尚形成事務所
組版所	株式会社 ディ・トランスポート
印刷・製本所	株式会社 シナノ
発行所	株式会社 ひつじ書房
	〒112-0011　東京都文京区千石2-1-2 大和ビル2階
	Tel: 03-5319-4916　Fax: 03-5319-4917
	郵便振替 00120-8-142852
	toiawase@hituzi.co.jp　http://www.hituzi.co.jp/

ISBN978-4-89476-612-9

造本には充分注意しておりますが、落丁・乱丁などがございましたら、
小社かお買上げ書店にておとりかえいたします。
ご意見、ご感想など、小社までお寄せ下されば幸いです。